aH 1.- €

Amal Naj, geboren und aufgewachsen in Indien. Er studierte an der Queen's University in Belfast, Nordirland.
In den letzten zwölf Jahren war er Mitarbeiter des *Wall Street Journal*.
Amal Naj lebt in New York.

Foto: Nancy Crampton

Amal Naj

Scharfe Sachen

Reisen, wo der Pfeffer wächst

Deutsch von
Irmela Erckenbrecht

Rowohlt

Die Originalausgabe erschien 1992 unter dem Titel
«Peppers» bei Alfred A. Knopf, Inc., New York

Umschlaggestaltung Walter Hellmann

Deutsche Erstausgabe
Veröffentlicht im Rowohlt Taschenbuch Verlag GmbH,
Reinbek bei Hamburg, April 1995
Copyright © 1995 by Rowohlt Taschenbuch Verlag GmbH,
Reinbek bei Hamburg
«Peppers» Copyright © 1992 by Amal Naj
Alle deutschen Rechte vorbehalten
Satz aus der Berling auf Linotronic 500
Gesamtherstellung Clausen & Bosse, Leck
Printed in Germany
1690-ISBN 3 499 12657 5

Inhalt

Für meine Eltern
Anil und Biva Näg

Scharfe Sachen

Einführung:
Wie der Pfeffer seinen Biß bekam

Meine Erlebnisse mit scharfem Chilipfeffer gehen bis in meine Kindheit zurück. Ich war sechs Jahre alt und wohnte in einem abgelegenen Bauerndorf in Bengalen, einer Landschaft im Nordosten Indiens, die übersät ist mit Reisfeldern und Teichen. Um diese Teiche wird in Bengalen viel Aufhebens gemacht. Wenn ein Bengale von einem Stück Land träumt, wünscht er sich keinen Gemüsegarten, keinen gepflegten Rasen. Er denkt an Fische und setzt sofort den Spaten an. Das ganze Jahr über versorgt ihn der Teich mit seinem Hauptnahrungsmittel. Unser Teich war groß, beschattet von Bambusbäumen und Bananenstauden, und an der einen Seite lag das «Pfefferbeet». Dort wuchsen Chilipflanzen, so groß wie Rosensträucher. Von allen Pflanzen im Garten wurden sie am sorgfältigsten gehegt, und ihre Früchte kamen bei uns täglich auf den Tisch.

An einem regnerischen Nachmittag kam ich beim Spielen in die Nähe des sorgsam gehüteten Beets. Plötzlich hörte ich ein Zischen und sah unter einem der Büsche eine schwarze Schlange, die ihren Kopf weit über den zusammengerollten Körper hob und heftig züngelte. Ich schrie und floh, in Tränen aufgelöst, zurück zur Küche.

«Eine Kobra! Eine Kobra!»

Meine Tante, wie immer durch nichts aus der Fassung zu bringen, wischte sich die Hände ab und ging hinaus, um nachzusehen. Vorsichtig folgte ich ihr. Aber die Schlange war längst davongeglitten. Mit einer beiläufigen Handbewegung tat meine Tante die furchterregende Begegnung ab, trug mir aber auf, mich von nun an von den Chilibüschen und ihren tief lavendelfarbenen Früchten fernzuhalten. «Kobras verstecken sich am liebsten unter Pfefferpflanzen. Daher hat der Pfeffer seinen Biß», erklärte sie mir, als wir gemeinsam zurück zur Küche gingen.

Mit einem Mal war der Chili für mich zu einer bedrohlichen Größe geworden. Er hatte etwas Gruseliges bekommen, und fast fürchtete ich, er könnte irgendwo hervorschnellen und mich beißen, wie die schwarze Kobra. Auch beim Essen mied ich ihn, aber das war kein großes Opfer für mich: Ich hatte ihn sowieso nie gern gegessen. Vielleicht lag es daran, daß ich ihn zuerst als Medizin gekostet hatte. Immer wenn ich erkältet war oder eine Grippe bekam, schnitt meine Tante eine frische Schote in eine Schüssel mit einem dampfenden Gemisch aus Linsen und Reis und zwang mich, alles aufzuessen, sosehr ich auch heulte und schrie. Nach der Begegnung mit der Kobra machte ich einen noch größeren Bogen um den Chili und die Büsche am Teich.

Erst viele Jahre später wurde mir klar, daß meine Tante mich mit ihrer Warnung vom Wasser und natürlich auch von den Kobras fernhalten wollte, die eine kleine Erdhöhle am anderen Ende des Teiches zu ihrem Bau erkoren hatten. Die Kobras durften nicht gestört, geschweige denn getötet werden, denn nach der Hindu-Mythologie sind wir, wie sich auch leicht an unserem Nachnamen ablesen läßt, Nachfahren des Schlangengotts Näg. Doch als mir dämmerte, warum meine Tante die Geschichte erfunden hatte, war mein Gaumen längst gegen den bissigen Chili eingestellt. Und obgleich er nicht nur im Haus meiner Tante, sondern auch in allen anderen Häusern des Dorfes zu praktisch allen Mahlzeiten dazugehörte, ging ich ihm möglichst aus dem Weg.

Bei den meisten Gerichten wurde der Chili mitgegart. Aber beim ersten Gang, der normalerweise aus Trockenfisch oder Gemüse mit Butterreis bestand, hatte er stets einen ungestörten Soloauftritt. Eine grüne Schote, von den Büschen im Garten abgepflückt, prangte auf jedem Teller neben dem Reis. Wenn man sie zwischen Daumen und Zeigefinger nahm und gegen den Tellerrand preßte, zersprang sie mit einem leichten Knall in zwei Hälften. Peng! Peng! Peng! Von allen Seiten des Tisches war das gedämpfte Knallen zu hören. Ein besonders heller Knall bewies, daß es sich um eine frische Schote handelte. Zu jedem Happen Reis wurde dann ein Stück abgebissen, wobei man am aufgeplatzten Ende begann. Manchmal beklagte sich meine Tante sanft: «Oh, die ist aber scharf», um gleich darauf zu ihren Plaudereien zurückzukehren. Entsprach die Schote nicht ihren Erwartungen, rief sie: «Shomnath, hol mir eine bessere», und die Küchenhilfe lief hinaus zum Pfefferbeet. Es war ein Teil der Mahlzeit, um den, wie ich mich erinnere, viel Aufhebens gemacht wurde, obwohl es sich weder um das Hauptgericht noch um eine richtige Beilage handelte. Es war, als bildete der Chili eine Art Gitter, an dem sich der Rest der Mahlzeit emporrankte – eine Stütze, ohne die alles andere in sich zusammenfiel.

Irgendwie gelang es mir, dem Chili während meiner Jugend aus dem Weg zu gehen, obgleich das für die Köche zu Hause ein ständiges Ärgernis war: Meine Mahlzeiten mußten getrennt zubereitet werden, oder sie teilten, ehe sie die scharfen Schoten dazugaben, eine Portion für mich ab. Doch nicht immer war man bereit, mir so weit entgegenzukommen. Denn wurde bei manchen Mahlzeiten der Chili erst am Ende und nicht gleich zu Anfang oder während des Kochens hinzugefügt, brachte das alle anderen um den Genuß. So bekam ich häufig Gemüse und Fleisch, das nach dem allgemeinen Geschmack zubereitet, aber anschließend gewaschen und wieder aufgewärmt worden war.

Als ich zum Studium nach Nordirland kam, ließ ich all diese Erlebnisse weit hinter mir. Doch nicht lange: Ein Jahr eintöniges irisches Essen reichte aus, um selbst meinen wenig abenteuerlustigen Gaumen anzustacheln. An einem späten Sonntagnachmittag in Belfast begann mein Magen dann endgültig zu rebellieren. Ich ging an einer langen Reihe kleiner Steinhäuser vorbei, und durch die geschlossenen Fensterläden wehten mir die trübseligen Schwaden von gekochter Stärke und verbranntem Fett entgegen. Kein Hauch von Estragon, Oregano, Basilikum oder Rosmarin. Kein Knoblauch, Kreuzkümmel oder Koreander. Kein frischer Chili! Ich zerfloß vor Selbstmitleid.

Es nieselte leicht, genau wie damals, als ich in Bengalen am Teich der Kobra begegnet war. Ich lachte über die Behauptung meiner Tante, eine Kobra habe dem Pfeffer seinen Biß verliehen. Doch bei der Erinnerung an die Geschichte stiegen in mir nostalgische Gefühle auf. Plötzlich sehnte ich mich nach einer Dosis des köstlichen Schlangengifts. Als ich dann am gleichen Abend über einem Teller mit pürierten Rüben, pürierten Kartoffeln, pürierten Möhren und einer Kalbsleber saß, die wie durch ein Wunder dem Püriergerät entgangen und statt dessen mit ein paar gerösteten Zwiebeln garniert worden war, verschlechterte sich mein kulinarischer Zustand derart, daß ich in eine akute Krise geriet.

Zu jener Zeit gab es in Belfast wenig Möglichkeiten, einen darbenden, nach Geschmack, nach Aroma, ja *irgendeinem* Reiz lechzenden Gaumen zu besänftigen. Es war Anfang der siebziger Jahre, und die belagerte, von Bernadette Devlen und Ian Paisley aufgehetzte Stadt war wohl der letzte Ort auf Erden, von dem sich unternehmungslustige chinesische und indische Restaurantbesitzer erfolgreiche Geschäfte versprachen. Aber auch in den vielen Lebensmittelgeschäften und Supermärkten konnte man mir nicht weiterhelfen. Fragte ich dort nach rotem Pfeffer – ob ganz, zerkleinert, eingelegt, getrocknet oder gerieben, war mir völlig egal –, erntete ich nur verständnislose Blicke. «Glaube nicht, daß es die Dinger auch in Rot gibt, Junge. Die sind immer schwarz», sagte mir ein Lebensmittelhändler in einem kleinen Laden an der Straßenecke und drückte mir ein Glas mit schwarzen Pfefferkörnern in die Hand.

Schließlich bat ich einen englischen Freund um Hilfe. Er lebte in London – nach Neu-Delhi die zweitbeste Adresse für guten Curry. Per Postpaket bekam ich kurz darauf ein halbes Dutzend Tüten mit Gewürzen in herrlichen braunen, gelben und roten Farben. Und auch meinen Wunsch nach frischen Chilischoten hatte mein Freund nicht vergessen. Sofort brach ich eine auf und hielt sie mir in sicherer Entfernung unter die Nase. Sie sandte rasiermesserscharfe, stechende Pfeile in meine Nasenlöcher, und meine Zunge hielt sich, der lauernden Gefahren bewußt, wohlweislich hinter den zusammengebissenen Zähnen versteckt. Erst am Abend kam es dann zu einer vorsichtigen Annäherung. Anstatt wie meine Tante direkt in die frische Schote zu beißen, hackte ich sie klein und mischte sie unter meine gebackenen Bohnen. Bohnen aus der Dose, Würstchen und Pommes frites bildeten damals in Belfast ein besonders bei Studenten beliebtes, weil preiswertes Gericht. Schniefend und schwitzend verzehrte ich meine pfeffrige Mahlzeit in der Abgeschiedenheit meiner Studentenbude.

Warum das Experiment auf Bohnen beschränken? Und warum nicht die anderen Mitbewohnerinnen und Mitbewohner in meine kulinarischen Abenteuer einbeziehen? dachte ich damals. Was als Gedankenspiel begann, wurde mit Hilfe meiner irischen Kommilitoninnen und Kommilitonen rasch zu einer allabendlichen Zeremonie. Scharfe Chilischeibchen würzten bald so manchen Shepherd's Pie. Brachte jemand nach dem Wochenende von zu Hause eine Schüssel Lammeintopf mit, wurden sofort ganze Schoten hineingeworfen, um der aufgewärmten Suppe etwas Pfiff zu geben. Als spätabendliche Mahlzeit waren Sandwiches mit Cheddarkäse und Orangenmarmelade beliebt; schon bald wurde die Marmelade durch gehackte Chilischoten ersetzt, und die Sandwiches wurden im Grill überbacken. Ein Kommilitone überraschte uns eines Tages mit einer Flasche Essig, in der er scharfe Chilischoten eingelegt hatte. In England und Irland ist es üblich, Fisch und Pommes frites mit Essig zu beträufeln. Auf dieses fettige, matschige Essen freuten wir uns besonders, wenn wir in den frühen Morgenstunden von einem Pub nach Hause wankten. «Danke, keinen Essig», sagten wir dem Straßenverkäufer, um zu unserer Flasche mit feurigem Chiliessig nach Hause zu eilen. Mein Londoner Freund hatte der Tüte mit den Schoten einen Zettel beigelegt: «Die werden wohl für Deine restliche Zeit in Ulster reichen.» Er hatte sich gründlich verschätzt.

Am auffälligsten an unseren Chiliorgien war, daß wir nach den ersten zögerlichen Versuchen ein regelrechtes Verlangen nach dem scharfen Zeug entwickelten. Die sonst so faden irischen Gerichte wirkten, waren sie mit scharfem Chili gewürzt, mit einem Mal viel schmackhafter. Bei einer Flasche Bushmills Whiskey grübelten wir gemeinsam darüber nach, ob der Chili tatsächlich das Essen verwandelte oder ob er die Zunge empfindlicher machte, indem er die Geschmacksknospen mit Gewalt zum Blühen trieb. Vielleicht war es aber auch der Chili selbst, der uns in seinen Bann zog? Angesichts der Zusprache, die er bei meinen irischen Freundinnen und Freunden fand, konnte mein plötzlicher Hang zu scharfen Genüssen jedenfalls nicht als ererbt oder anerzogen gelten.

Unsere wachsende Sucht – wenn es denn eine Sucht war – gestanden wir uns jedoch nur sehr zögerlich ein. Wir gaben sie als ungewöhnliche Vorliebe aus, die angesichts der starken körperlichen Reaktionen – brennender Mund, tränende Augen, heftig nach Luft ringende Lungen – sogar als ein wenig peinlich galt. Damit hätte ich die Sache auf sich beruhen lassen, doch traf ich Jahre später in der amerikanischen Fleisch-und-Kartoffel-Welt andere Menschen, die sich insgeheim zur Sucht nach der scharfen Droge bekannten.

Viele scheuten weder Kosten noch Mühen, um sich ihren

Lieblingsstoff zu beschaffen. Sie gaben sich nicht mit irgendeiner Chilisorte zufrieden, sondern suchten nach einem besonderen «Bouquet», einem angenehmen Biß, einer Schärfe, die ihr Feuer nicht auf dem vorderen, sondern auf dem hinteren Teil der Zunge entfachte und ihnen so einen noch größeren sinnlichen Kitzel verschaffte. Ich traf auf Liebhaber, die überschwenglich von ihrer Vernarrtheit schwärmten und sich wie Weinkenner über die Eigenschaften bestimmter Lagen und Jahrgänge ausließen. Ich lernte einen amerikanischen Geschäftsmann kennen, der selbst noch in Thailand auf dem Markt eine Tüte extrem scharfer Chilischoten erstand, ehe er ein Restaurant betrat, weil er befürchtete, die Thai-Köche nähmen ihn nicht beim Wort, wenn er sie bat, seine Mahlzeit so scharf wie möglich zu würzen.

Was ist so außergewöhnlich an scharfem Chili? Ich hatte das Gefühl, es herausfinden zu müssen.

Ich entdeckte eine Unterwelt der Chilikultur, reich an Überlieferungen und Geheimnissen, die bis zu den Anfängen der Geschichtsschreibung zurückverfolgt werden kann. Der Chili gehörte zu den ersten Pflanzen, welche die Jäger und Sammler kultivierten. Wegen seines beißenden Geschmacks wurden unerforschte Meere bereist – nicht zuletzt von Christoph Kolumbus, der versuchte, den indischen Subkontinent auf dem Seeweg zu erreichen, um schwarzen Pfeffer und andere Gewürze zu beschaffen, und seinen Bestimmungsort erreicht zu haben glaubte, als er in Wirklichkeit in der Karibik landete und auf den scharfen Chili stieß. Aufgrund seines Irrtums werden die Ureinwohner Amerikas bis heute fälschlicherweise «Indianer» und die grünen und roten Chilifrüchte in vielen Gegenden der Welt noch immer «Pfefferschoten» genannt.

Kolumbus starb in Unwissenheit, und der «indianische Pfeffer», den er von seinen Reisen mitbrachte, stieß in seinem Heimatland auf wenig Gegenliebe. Aber die Schoten reisten weiter in andere Länder und veränderten nicht nur für alle Zeit die Kochgewohnheiten ganzer Völker, sondern erweiterten auch das Geschmacksspektrum der bekannten Welt, das bis dahin aus «süß», «sauer», «bitter» und «salzig» bestanden hatte, um die Geschmacksnote «scharf». Die Vorstellung, daß es vor Kolumbus in Indien keinen Chili gegeben hat, ruft bei vielen Indern Entsetzen hervor. «Soll das heißen, wir hätten ihn nicht als erste gehabt?» fragen sie überrascht. Sie sind mit Recht erstaunt über diese Tatsache, denn der Chili wird meist mit der scharfen Küche Asiens und Mexikos in Verbindung gebracht.

Um so verblüffender, daß es mehrere Jahrhunderte dauerte, bis der Appetit auf scharfen Chili die Vereinigten Staaten erreichte, obgleich sie doch von seinem Herkunftsgebiet in Südamerika nur einen Steinwurf entfernt sind. Ich reiste in den Südwesten der USA, wo eine wachsende Vorliebe für Scharfgewürztes einen ganzen Industriezweig entstehen ließ. Dort traf ich einen Mann, den alle «Dr. Pepper» nennen, der aber mit dem in den USA sehr beliebten Getränk gleichen Namens nicht zu tun hat. In Hatch, New Mexico, traf ich Farmer, die Chili anbauen und einer gespannten Öffentlichkeit ihre neuen Züchtungen mit ebensoviel Tamtam vorstellen wie die Automobilindustrie in Detroit ihre neuesten Pkw-Modelle.

Ich reiste nach Louisiana, wo ein besonders scharfer Chili Gegenstand einer langwierigen juristischen Auseinandersetzung war, die sogar den *U. S. Supreme Court* beschäftigte. In Los Angeles traf ich einen hochangesehenen Arzt, den medizinischen Leiter des renommierten *Olive View Medical Center*, der sich kurz zuvor besonders ins Gespräch gebracht hatte, weil er sich für Chili als Nahrungsmittel und für dessen medizinische Verwendung einsetzte. Schon seit jeher hat der Chili in der mittelamerikanischen, südamerikanischen, afrikanischen und asiatischen Volksmedizin eine wichtige Rolle gespielt. Heute wird das Rätsel seiner chemischen Inhaltsstoffe entschlüsselt und in der Neurowissenschaft mit großem Interesse diskutiert, denn offenbar hilft er bei schmerzhaften Krankheiten, für die es bisher keine Behandlungsmöglichkeiten gibt.

Meine Reise führte mich auch nach Yukatan in Mexiko, wo der heimische Chili – der schärfste der Welt! – für die Mayas die süßeste Versuchung war. Sein unvergleichlich scharfer, aber dennoch sanfter Biß und sein einmaliges Aroma ließen ihn zu meinem Lieblings-Chili werden. Anschließend reiste ich in das Hochland Boliviens, wo das Ursprungsgebiet des wilden Chili vermutet wird. Ich begleitete einen Botaniker, der seit drei Jahrzehnten den Stammbaum der vielgestaltigen Pflanzen erforscht, auf seiner unermüdlichen Suche nach dem «Ur-Chili».

Am Anfang stand für mich die komische Seite im Vordergrund – das Verlangen, das der Chili trotz seiner fast unerträglichen Schärfe in allen leidenschaftlichen Liebhabern dieser Pflanze entfesselt. In Indien, wo der Chili wie selbstverständlich zu fast allen Mahlzeiten dazugehört, war mir dies gar nicht aufgefallen. Erst im Westen wurde mir die eigenartige Beziehung zwischen den Chilifans und dem Objekt ihrer Begierde deutlich. Immer wieder erlebte ich, wie Menschen zunächst heftig ablehnend reagierten, um dann doch Feuer zu fangen und schließlich von ihrer neuen Droge nicht wieder loszukommen.

Auf den ersten Blick ist es schon merkwürdig, daß sich die Menschen überhaupt jemals mit dem Chili abgegeben haben. Schließlich ist er die einzige eßbare Frucht, die zurückbeißt. Eine so boshafte Reaktion signalisiert eigentlich Gefahr, und wir Menschen sind darauf programmiert, Gefahren aus dem Weg zu gehen. Doch der erste Biß in die Chilischote belohnt die Mutigen mit einem unvergleichlichen Genuß, der süchtig macht und jeden von dieser Sucht Befallenen immer noch einen weiteren Biß nehmen läßt – auch auf die Gefahr hin, ein weiteres Mal zurückgebissen zu werden. Am Ende meiner Reise wußte ich, warum es dem Chilipfeffer gelungen war, sich trotz seines streitsüchtigen Wesens rund um den Erdball unzählige treue Freundinnen und Freunde zu schaffen und die kulinarische Landschaft ganzer Länder gründlich umzukrempeln.

I
Wo der Pfeffer wächst

Bedenkt man, zu welchen gewalttätigen Zwecken der Chilipfeffer im Laufe der Geschichte eingesetzt wurde, erscheint es absurd, daß man ihn überhaupt mit Genuß verzehren kann. Die Inkas verbrannten ganze Haufen getrockneter roter Schoten, um die spanischen Eindringlinge durch den beißenden Rauch in die Flucht zu schlagen. Die Mayas traktierten unartige Kinder mit Pfefferrauch und strichen frische Schoten auf die Sexualorgane unzüchtiger Frauen. Die Briten rieben ihren rebellischen Sklaven auf den Westindischen Inseln den scharfen Bahamas-Pfeffer in die Augen, und bei der gewaltsamen Besetzung Kuwaits durch den Irak wurden gefangene Kuwaitis nach neuesten Berichten von ihren Feinden gezwungen, nackt auf scharfer Pfeffersauce zu sitzen. Die Afrikaner sprühen bis auf den heutigen Tag Wasser, das mit scharfem Pfeffersaft vermischt ist, in die Augen ungezogener Kinder. Und eine Zeitung in Neu-Delhi berichtete kürzlich von zwei Einbrechern, die ihren Opfern pulvrigen roten Pfeffer in die Augen streuten, um in aller Ruhe fliehen zu können. Sogar die US-Armee erwog, die chemischen Inhaltsstoffe des Chilis als «nicht tödliches, den Gegner jedoch wirksam außer Gefecht setzendes» Tränengas einzusetzen. Schon 1640 hielt Sir John Parkinson in seinem *Theatricum Botanica* fest, daß Hunde scharfen Pfeffer verabscheuen, und diese Beobachtung mündete Jahrhunderte später in die Produktion von Spraydosen, die in den Taschen unzähliger Postboten auf der ganzen Welt mit auf die Runde gehen. Die Mitglieder des

Grebo-Stammes in Liberia schmieren bei einem Ritus, den sie «Pfefferung des Kindes» nennen, zerdrückte Chilischoten in die Körperöffnungen ihrer Babys und legen die Kinder anschließend in die Sonne, um sie gleich von Anfang an mit dem Überlebenskampf in einer harten Welt vertraut zu machen.

Ohne etwas von diesen Bräuchen zu wissen, ißt mehr als ein Viertel der Weltbevölkerung regelmäßig und mit großer Leidenschaft Chilipfeffer. In Mexiko, wo die Menschen schon als Jäger und Sammler vor achttausend Jahren Gefallen an den scharfen Früchten fanden, würden viele sich weigern, eine Mahlzeit zu essen, die ohne Chili zubereitet worden ist – ja, oft stellt der Chili selbst die eigentliche Mahlzeit dar, und alles andere wird nur als Beilage begriffen. Die Nachfahren der Mayas auf der Halbinsel Yukatan in Mexiko schwören auf den Habanero, den wohl schärfsten Chili der Welt. Sie rösten ihn und tauchen ihn anschließend in frischen Limonensaft, ehe sie ihn als Gewürz verwenden. Zerdrückt ergibt der Habanero-Pfeffer eine Sauce, die man «Xnipek» nennt – in der Sprache der Mayas das Wort für «Hundeschnauze». Und tatsächlich ist diese Sauce scharf genug, um jede menschliche Nase ebenso feucht glänzen zu lassen wie die eines Hundes. In Brasilien schwört man auf die Malagueta, deren zweieinhalb Zentimeter lange Früchte auf einer Pflanze wachsen, die sich wie Unkraut ausbreitet. Die gleiche Sorte findet man auch an der Küste Guineas in Westafrika, doch ist die dortige Malagueta vor allem für ihre pikanten Samen bekannt, die man in Guinea «Paradieskörner», in der westlichen Welt «Pimentkörner» nennt. In Guatemala gelten gebratene grüne Chilischoten als Delikatesse, und die Stadt San Martin Chile Verde führt ihren Namen auf die besondere Vorliebe ihrer Bewohner für grünen Chili zurück. Die Indios in Peru wiederum essen den Rocoto, einen feurigen Chili, dessen Früchte an Kirschen erinnern und in den Höhenlagen der Anden geerntet werden. Wem sie zu scharf sind, der schneidet die Früchte auf, rührt sie in die Suppe und nimmt sie vor dem Essen wieder heraus. Ähnlich kochen die Malaysier gefüllte Chilischoten in einer dampfenden Schweinefleischsuppe, um sie anschließend wieder herauszufischen und mit Fischpaste zu verzehren. Auf diese Weise wird der Chili gekocht und gleichzeitig die Suppe gewürzt. Wenn es um einen Chili mit besonders ausgewogenen Eigenschaften geht, dann schwärmen Liebhaber vom Rocotillo, einem knackigen, knallroten Chili aus Südamerika, dessen Form an Pastetchen erinnert.

Indische Köchinnen und Köche wiederum sind wahre Chili-Alchimisten. Die Zubereitung einer Mahlzeit beginnt bei ihnen damit, daß sie ein paar getrocknete Schoten in heißem Öl anbraten. Im Laufe des weiteren Kochvorgangs fügen sie löffelweise die gleiche Chilisorte in gemahlener Form hinzu, später dann noch ein dickes Püree oder dünne Scheibchen aus frischen Schoten. So enthält ein Gericht häufig die gleiche Chilisorte in drei verschiedenen Formen, und jede einzelne gibt dem Ganzen einen eigenen, unverwechselbaren Pfiff. In Indien wird die Schärfe des Chilis meist mehr gepriesen als sein Geschmack. Einen kleinen purpurroten bis schwarzen Chili nennt man in Nordindien schlicht *ake lota pepper* – das heißt, daß ein Glas Wasser nötig ist, um seine Schärfe zu löschen. Guntur in Südostindien gilt als *das* Chilizentrum der Welt. Chili aus ganz Indien wird dorthin gebracht, gehandelt und in die übrige Welt verschifft. Rund um die Lagerhäuser ist die Luft dunstig vom Chilistaub. Im Gegensatz zur landläufigen Vorstellung werden die Menschen, die dort arbeiten, dagegen nie immun, und deshalb wird überall geniest. Ein sehr beliebter Imbiß in dieser Gegend besteht aus in Joghurt marinierten, knusprig gebratenen Chilischoten. Die Studentinnen und Studenten tragen sie in Papiertüten mit sich herum und bestreuen sie mit einem Gewürz, das – natürlich – aus gemahlenem rotem Chili besteht.

Thais essen mehr scharfen Chili als jedes andere Volk der Welt – durchschnittlich fünf Gramm pro Kopf täglich, also doppelt soviel wie die Inder. Sie lassen nicht einmal ihre klaren Suppen aus, die sie mit dem extrem scharfen grünen Pickeeno in flüssiges Feuer verwandeln. Die Koreanerinnen und Koreaner, die, was den Chilikonsum betrifft, mit den Thais fast gleichauf liegen, bevorzugen einen fleischigen, äußerst scharfen roten Chili, der auch bei der Zubereitung von Kimchi, dem Nationalgericht Koreas, eine wichtige Rolle spielt. Nach der gleichen beißenden Schärfe sehnt sich auch das Volk von Tsetschuan in China; es beginnt den Tag mit einem Frühstück aus Nudeln, über die scharfes Chiliöl gegossen wird.

Die japanische Küche ist für Gerichte bekannt, bei denen kein Gewürz durchschmeckt, doch auch sie kennt das Verlangen nach Schärfe, das im *wasabi*, einem scharfen grünen Meerrettich seine Erfüllung findet. In Japan selbst werden kleine Mengen der sehr scharfen Chilisorten Santakar und Hontakar produziert. Weil die Kosten des Anbaus im landarmen Japan jedoch sehr hoch sind, führt das Land die gleichen Sorten auch aus China ein, um der steigenden Nachfrage gerecht zu werden. Die in Tianjin, südöstlich von Peking, angebauten Schoten sind vertraglich vereinbart und werden unter dem Namen «Tentaka» nach Japan importiert. Sie werden in getrockneter und gemahlener Form über Suppen gestreut, doch manche Sushi-Köchinnen und -Köche finden die wunderschönen, drei bis vier Zoll langen zinnoberroten Schoten unwiderstehlich. Sie schälen einen ganzen Daikon-Rettich, stechen, über die ganze Länge verteilt, vier Löcher hinein und drücken dann die Schoten in diese Löcher. Anschließend rösten sie die Rettiche von Hand. Die auf diese Weise entstehende Würze, die sie «geröstete Herbstblätter» nennen, bereichert eine feine Fischsuppe um das einzigartige Spiel mit den herbstlichen Gegensätzen «kühl» und «heiß».

In Afrika spielen Chilisaucen, also nicht so sehr die frischen Schoten selbst, eine herausragende Rolle. Dies hat seinen Ursprung möglicherweise in der Praxis der Medizinmänner, die Kräuter und Pflanzen geschickt miteinander kombinierten und dabei den Chili als geheimnisvolle und zugleich wirksame Zutat für ihre Heilmittel entdeckten. Die Berbere-Sauce, welche die äthiopische Küche auszeichnet, wird aus Wein, gemahlenem rotem Chili und nahezu einem Dutzend anderer Gewürze zubereitet. Die Bewohnerinnen und Bewohner der Westindischen Inseln mischen ihre schärfsten Chilisorten mit Kräutern und Gewürzen, um daraus heilende Pasten herzustellen; die einfachste dieser Mischungen besteht aus zerquetschtem Scotch Bonnet, frischem Orangensaft und Honig. Auch viele US-Astronautinnen und Astronauten essen im All gern scharfe Saucen zu ihren Speisen, so daß diese wie selbstverständlich mit zur Bordausrüstung gehören. 1982 nahm der Astronaut William Lenoir sogar einen Jalapeño mit. Die berühmteste Chilisauce der Welt ist wohl die Tabasco-Sauce, die auf Avery Island in Louisiana nach dem 1870 von einem Banker aus New Orleans niedergeschriebenen Rezept hergestellt wird. In den zwanziger Jahren, dem Zeitalter des Jazz, mischte Fernand Petiot Tomatensaft, Limonensaft, Worcestersauce, Salz, Wodka und einen Spritzer Tabasco. In Paris nannte man das Getränk «Bucket of Blood» und später «Red Snapper». Erst als Petiot das Rezept in den dreißiger Jahren mit nach New York nahm, wurde dieser Cocktail zur «Bloody Mary». Inzwischen wird auch mit Chili gewürzter Wodka angeboten; gut gekühlt, kitzelt er den Gaumen gleichzeitig mit Feuer und Eis. 1989 füllte die Pabst Brewing Co. in Milwaukee ein mit Chili gewürztes Bier für einen Vermarkter ab, der in Louisiana mit scharfen Speisen aufgewachsen war, doch das Cajun-Bier fand nicht viele Abnehmer. Die Versuche, Getränken durch Zugabe von scharfem Chilisaft Pep zu verleihen, gehen bis zu den Azteken zurück, die Mais in Wasser einweichten, die Brühe mit Chili würzten und mit diesem Gebräu den Tag begannen.

Unter allen Chilizentren der Welt nimmt Hatch in New Mexico eine besondere Stellung ein. Die dort beschäftigten Wissenschaftlerinnen und Wissenschaftler schaffen immer neue Chilisorten, die dem Publikum wie neue Automodelle vorgestellt werden. Während der Erntezeit sieht man in dieser Gegend ganze Berge glänzender Schoten in Buden am Straßenrand liegen, und es dauert nicht lange, bis sie ihren Weg auf die Gartengrills und Küchenherde gefunden haben und den Abendhimmel mit dem unverwechselbaren Aroma gerösteten Chilis füllen. Über die Gartenzäune hinweg wird dann in der Nachbarschaft der Geschmack der gerösteten Chilischoten verglichen. In Texas wiederum wird vor allem die Schärfe des Chilis geschätzt und das Ertragen höllischer Schärfe bei den regelmäßig veranstalteten Wettessen als Mutprobe verstanden. Nur im Osten der Vereinigten Staaten ist scharfer Chili bisher kaum verbreitet.

Damit kommen wir auch schon auf eine sehr bemerkenswerte, weltweit gültige geographisch-kulinarische Regel zu sprechen: Im Süden essen die Menschen schärfer als im Norden. Diese Feststellung gilt sowohl für Kontinente als auch für einzelne Länder. Die Bevölkerung der südlichen Teile der verschiedenen südamerikanischen Länder würzt ihre Speisen intensiver als ihre Landsleute in den nördlicheren Gegenden; das Essen in Südmexiko ist schärfer als in Nordmexiko; in Südtexas wird schärfer gewürzt als im Norden des gleichen Bundesstaates. In New Mexico wird behauptet, man müßte die Schoten nur kurz probieren, um zu wissen, ob sie nördlich oder südlich des von Ost nach West verlaufenden Interstate 40, der berühmten früheren Route 66, angebaut wurden. Die gleiche Regel trifft auch auf Süd- und Nordkorea, Süd- und Norditalien, Süd- und Nordindien zu. Nur Peru bildet eine Ausnahme.

Gleichzeitig gibt es eine ökonomisch-kulinarische Regel: Arme Leute essen schärfere Speisen als wohlhabende. Die Chilischoten helfen den armen Leuten in Indien und Mexiko, die Monotonie ihrer täglichen Reis- und Tortilla-Gerichte zu ertragen. In Liberia kauen die Menschen, die sich keinen Bissen leisten können, winzige Cayenne-Schoten zwischen den schwarzen Zähnen, um den Speichelfluß anzuregen und so das Hungergefühl zu vertreiben.

Die Inkas nannten die scharfe Frucht Ají, die Spanier übernahmen von den Azteken den Namen Chili. Doch in weiten Teilen der Welt herrscht eine allgemeine Begriffsverwirrung. Ausgelöst wurde sie von Christoph Kolumbus, der dem Irrtum erlag, er habe nicht nur den Seeweg nach Indien, sondern auch den Pfeffer gefunden. Im englischen Sprachraum wird deshalb bis heute vom *hot pepper* (Chili) und *sweet pepper* (Gemüsepaprika) gesprochen. In Wirklichkeit ist der Chili mit dem schwarzen Pfeffer (Gattung *Piper*) botanisch gesehen nicht einmal verwandt. Um die grünen oder roten Früchte der Chilipflanze von den schwarzen Pfefferkörnern unterscheiden zu können, prägten griechische Kaufleute im 16. Jahrhundert den Namen «Chilipfeffer». In Ungarn wurde aus *piper* «Paprika», in Italien «Peperoni». In Deutschland sprach man lange Zeit vom «indianischen Pfeffer», und in Frankreich vom «poivre de l'Inde». Der Franzose Joseph Pitton de Tournefort (1656–1708) gab der eigenständigen Gattung den lateinischen Namen *Capsicum*, den manche auf das lateinische Wort *capsa* («Schachtel») zurückführen. Andere sehen den Ursprung dieses Namens in der griechischen Wurzel *kapto* («ich beiße») – eine durchaus angemessene Beschreibung. Zu der Gattung *Capsicum* gehören heute sowohl der aus der scharfen, kleinen Urform gezüchtete milde Gemüsepaprika als auch der scharfe Chili, den manche auch «Gewürzpaprika» nennen. Doch auch der deutsche Sprachraum ist von der durch Kolumbus ausgelösten Sprachverwirrung nicht ganz verschont geblieben. So spricht man dort z. B. bis heute von «Cayenne-Pfeffer», obwohl damit ein aus der Chilisorte Cayenne hergestelltes Pulver gemeint ist.

Mit der steigenden kulinarischen Wertschätzung des Chilis wurde seine Schärfe mit positiven Erscheinungen in Verbindung gebracht. «Hot Chili» sagt man im Amerikanischen, um eine attraktive junge Frau zu beschreiben. Und die Khalsakrieger im indischen Pandschab, die unter dem Befehl von Guru Nanak, dem Begründer der Sikh-Religion, kämpften, sahen den scharfen Chili als «streitlustige Dame», die sie als Glücksbringerin mit aufs Schlachtfeld nahmen. In Ungarn gilt Jansci Paprika als liebenswerter Held zahlreicher Puppenspiele. Und Lombok, die Nachbarinsel Balis, verdankt ihren Namen dem javanischen Wort für langen roten Chili. Chile, das südamerikanische Land, dessen Form vielleicht am ehesten an eine lange, schlanke Chilischote denken läßt, ist jedoch nicht nach der scharfen Frucht benannt, sondern nach dem Ruf eines heimischen Vogels; manche sagen auch, es sei der Name eines Häuptlings gewesen.

Physiologen haben immer wieder vermutet, daß der Chili einen Suchtstoff enthält, der mit Nikotin oder Kokain vergleichbar ist. Tatsächlich nehmen viele Inderinnen und Inder stets weiche Würzkugeln mit auf Reisen, die hauptsächlich aus Chili bestehen. Auch in Südamerika ist es üblich, stets eigenen Chili bei sich zu tragen, und in Texas tragen manche Leute winzige scharfe Piquínschoten in Pillendöschen mit sich herum. Ja, es könnte durchaus etwas dran sein an der Theorie mit dem Suchtstoff, denn viele Menschen, die gerne Chili essen, geben zu, dabei eine Art Rausch oder zumindest eine gewisse Euphorie zu erleben.

Der Genuß von Chili kann, so glauben viele, tiefgreifende Folgen haben. Nach einer Reihe sexueller Übergriffe in peruanischen Gefängnissen verbannte die Regierung 1970 scharfe Chilisaucen aus den Gefängnisküchen, da sie der Überzeugung war, der Chili würde sexuelle Begierden entfachen und sei daher «für Männer, die zu einem eingeschränkten Lebensstil gezwungen sind, nicht geeignet». Die Regeln des *brahmacharya*, durch das sich die Reinheit von Seele und

Körper erreichen läßt, verbot den jungen indischen Brahmanen den Genuß scharfer Chilischoten. Das Verbot gründete auf der Vorstellung, die scharfe Frucht erzeuge im Körper «zuviel Hitze», bringe «das Blut und die anderen Körpersäfte zum Sieden» und mache «den Geist ruhelos». Daß Pfeffer das Blut erhitzen könne, glaubten auch die südamerikanischen Indios, und in der Türkei wurden aus zerdrücktem rotem Chili, Wein und verschiedenen anderen Gewürzen Liebestränke zubereitet. Der schottische Missionar und Entdeckungsreisende David Livingstone berichtete von afrikanischen Frauen, die ihr Badewasser mit Chilisaft vermischten, um «ihre Anziehungskraft zu erhöhen».

Die Verbindung von Schärfe und Sinnlichkeit geht bis ins mittelalterliche Indien (600–1526 n. Chr.) zurück. Einer der Liebestränke, die den Frauen damals zum Orgasmus verhelfen sollten, war mit der Gebrauchsanweisung versehen: «Ein Mann, der seinen Penis mit einer Mischung aus Chiliblättern, Rosinen, zerstoßenem Chili und reinem Honig einreibt, kann selbst eine sehr alte Frau in die richtige Liebesstimmung bringen.» Doch nicht nur wegen der Hitze, die ihre Schärfe entfacht, sondern auch wegen ihrer Form wird die Chilischote mit dem männlichen Sexualorgan in Verbindung gebracht. Auf Suaheli ist *pili pili* nicht nur das Wort für scharfen Chili, sondern auch der umgangssprachliche Ausdruck für den Penis. In Louisiana und Texas hat eine besonders scharfe Chilisorte eine so unverkennbare Ähnlichkeit mit dem männlichen Geschlechtsorgan, daß man sie «Penis»- oder «Peter»-Chili nennt.

Die Ursache für die durch den Chili hervorgerufene «Euphorie» befindet sich an den Innenwänden der Früchte, vor allem um das Stielende herum. Es handelt sich um einen geruchs- und geschmacklosen chemischen Stoff namens Capsaicin. Die Menge dieses chemischen Stoffes, für dessen Bildung ein einziges Gen verantwortlich ist, bestimmt den jeweiligen Schärfegrad und ist von Sorte zu Sorte sehr unterschiedlich. Die Azteken, die zur Sprachfamilie der Nahua gehörten, unterschieden zwischen sechs Schärfegraden: *coco* (scharf), *cocopatic* (sehr scharf), *cocopetz-patic* (sehr, sehr scharf), *cocopetztic* (äußerst scharf), *cocopetzquauitl* (extrem scharf) und *cocopalatic* (zum Weglaufen scharf). In ähnlichen Kategorien beschreiben die Menschen auch heute noch ihre Reaktion, wenn sie in eine scharfe Schote beißen.

1912 erfand Wilbur L. Scoville, ein Pharmazeut der in Detroit ansässigen Firma Parke, Davis & Co., die mittlerweile zum Pharmakonzern Warner-Lambert Company gehört, die erste moderne Meßtechnik zur Bewertung des Schärfegrads. Seine Technik wird bis heute von Gewürz- und Saucenherstellern angewandt. Würde man alle bekannten Sorten der Gattung Capsicum mit Hilfe dieser Technik bewerten, würde die Bandbreite von 0 Scoville für den milden Gemüsepaprika bis etwa 350000 Scoville für den mexikanischen Habanero reichen.

Ohne dafür einen faktischen Grund zu kennen, haben zahlreiche Völker den Chili von alters her als Heilmittel gegen Erkältungen, Grippe und andere Atemwegserkrankungen verwendet. Im 18. Jahrhundert wurde ihm auch eine heilsame Wirkung gegen Malaria und Arthritis zugeschrieben. Daß der Verzehr von Capsicumfrüchten der Gesundheit förderlich ist, bestätigte schließlich der ungarische Wissenschaftler Albert Szent-Györgyi, der im Fruchtfleisch der Schoten einen enorm hohen Gehalt an Vitamin C nachwies. Als er für die Entdeckung dieses wichtigen Vitamins 1937 den Nobelpreis bekam, bezeichnete die Zeitschrift *Time* diesen damals scherzhaft als «Paprikapreis».

Capsicumfrüchte sorgen auch für ein gesundes Aussehen, allerdings nur rein oberflächlich. Das strahlend rote Pigment der Schoten wird nicht nur in Rouges und Lippenstiften verarbeitet, sondern verleiht auch Würsten und Schinken eine kräftige Farbe. Hühnern mischt man Paprikapulver ins Fertigfutter, um ihre Füße und das Gelb ihrer Eier orangerot zu färben. Bei Hühnern, die ohne Streß frei herumlaufen und sich ihr eigenes Futter suchen können, entsteht diese Färbung auf ganz natürliche Weise. Sind sie zusammengepfercht in der drangvollen Enge von Massenställen, geht die natürliche Färbung verloren. Während freilaufende Hühner heute immer seltener werden, füttert man ihre eingesperrten Artgenossen mit rotem Paprikapulver, um die Illusion zu erwecken, daß sie ein gesundes Leben führen.

Gegenwärtig beschäftigt sich die Wissenschaft noch mit anderen geheimnisvollen Eigenschaften der Chilischoten. In renommierten medizinischen Fachzeitschriften wurden bereits verschiedentlich Vermutungen über die vorbeugenden Eigenschaften bei Herzerkrankungen, Krebs und Fettleibigkeit angestellt. Für die Behandlung der Gürtelrose, einer äußerst schmerzhaften Nervenerkrankung, wurde ein Medikament entwickelt, das sich die chemischen Bestandteile des Chilis zunutze macht. Es gilt bis heute als einzige wirksame Behandlungsmethode gegen die mit dieser Krankheit verbundenen Schmerzen, die jährlich Tausende von Menschen treffen und viele zum Selbstmord treiben. Schon 1850 wurde in der *Dublin Medical Press* die besondere schmerzstillende Eigenschaft des Capsaicins erwähnt. Ein bis zwei Tropfen Chili-Extrakt auf einen schmerzenden Zahn gebracht, können, so die medizinische Fachzeitschrift, sofortige Linderung bringen. Tatsächlich zieht Capsaicin, in die Haut einmassiert, selektiv Überträgerstoffe an, die für den Transport der Schmerzbotschaft ans Gehirn zuständig sind, und vernichtet sie. Die Fähigkeit des Capsaicins, zwischen verschiedenen Überträgerstoffen unterscheiden zu können, unterscheidet es von allen anderen bekannten chemischen Stoffen.

*E*ntgegen landläufigen Vorstellungen kam der Chili nicht aus Indien oder China, sondern aus Südamerika zu uns. Über seinen genauen Herkunftsort wird in der Botanik noch geforscht und gestritten, doch geht man inzwischen wohl allgemein davon aus, daß er aus Zentralbolivien stammt. Die fälschliche Annahme, er stamme aus Indien, geht auf einen der größten Irrtümer der Geschichte zurück und wurde durch die Begeisterung, mit der man sich in Indien dieses Gewürzes annahm, nachhaltig verstärkt. Aus Indien, genauer gesagt, von der Malabar-Küste stammt das Pfefferkorn *(Piper nigrum)*, der «schwarze Pfeffer». Von Kalikut und Quilon an der Westküste Indiens erreichte er durch den Handel mit arabischen Kaufleuten die Griechen und Römer. Später waren diese Pfefferkörner in Portugal, Spanien, Italien, den Niederlanden und in England so beliebt, daß diese Länder in einen erbitterten Wettstreit traten und Schiffe in unerforschte Meere schickten, um eine Vormachtstellung im Gewürzhandel zu begründen. 1492 segelte Kolumbus westwärts und landete in der Karibik. Er selbst war fest davon überzeugt, Indien, sein Reiseziel, erreicht zu haben. Ja er sprach sogar davon, er könne bereits den Ganges riechen. Diego Chanca, ein gelehrter Arzt und kenntnisreicher Botaniker, der Kolumbus auf seiner zweiten Reise begleitete, war ebenfalls so begeistert von dem Gefühl, den Orient entdeckt zu haben, daß er einen Ureinwohner beschrieb, der «um seinen Hals eine Kette aus Ingwerwurzeln» trug – ein Ding der Unmöglichkeit, denn der Ingwer ist eine asiatische Pflanze und in Südamerika nicht beheimatet. Kolumbus nannte die Ureinwohner «Indianer». Diego Chanca schrieb an den spanischen Königshof, man habe den eigentlichen, den «indianischen Pfeffer» entdeckt. Später schrieb Kolumbus selbst: «Im Land fanden wir viel Ají, den Pfeffer der Indianer, der sehr viel wertvoller ist als der gemeine Pfeffer (das schwarze Pfefferkorn); sie halten ihn für sehr gesund und essen keine Mahlzeit ohne ihn. Fünfzig Karavellen jährlich könnten mit dem Pfeffer beladen und nach Española verschifft werden.» Aber die Chilischoten, die Kolumbus mit nach Hause brachte, beeindruckten die katholischen Majestäten wenig und blieben – ebenso wie später der genuesische Abenteurer selbst – in Europa lange Zeit unbeachtet.

Währenddessen waren die Portugiesen auf einer umständlichen Route südwärts gesegelt und bei ihrem Handelsposten Pernambuco an der Ostküste Brasiliens auf den Chili gestoßen. Gemeinsam mit Tabak und Baumwolle reiste er auf portugiesischen Handelsschiffen und Galeonen zum nächsten Handelsposten an der Westküste Afrikas. Anschließend umrundete er das Kap der Guten Hoffnung und reiste nach Goa an der Westküste Indiens, wo er unter der Bezeichnung «Pernambuco-Pfeffer» bekannt wurde, und weiter nach Malakka an der Meerenge zwischen der malaysischen Halbinsel und Sumatra, nach Macao in Südchina, nach Nagasaki in Japan und schließlich wieder südlich zu den Philippinen. Von dort aus führte die Segelreise über den Pazifik zu den Gewürzinseln, von wo aus der Chili schließlich mit afrikanischen Sklaven auf holländischen und englischen Schiffen zurück nach Nordamerika gelangte – eine Weltumseglung in weniger als fünfzig Jahren. (Ebenso lange brauchten die Kartoffel und die Tomate, zwei weitere Entdeckungen aus der Neuen Welt, um in Europa Fuß zu fassen. Die Ärzte verkündeten zunächst, die Kartoffel – die Carl von Linné «das Kraut des Teufels» nannte – löse Lepra und Syphilis aus. Von der Tomate behaupteten sie, ihre Früchte seien giftig und ihr Genuß führe zum Wahnsinn.)

Noch fünfzig Jahre nach seiner Ankunft aus der Neuen Welt wurde der Chili irrtümlicherweise mit Indien in Verbindung gebracht. In seinen großartigen Illustrationen, die in den botanischen und medizinischen Journalen des 16. Jahrhunderts große Verbreitung fanden, beschrieb Leonhart Fuchs, ein Medizinprofessor an der Universität Tübingen, die Früchte als «Kalikutischen Pfeffer». Kalikut war die indische Hafenstadt, von der aus die Chilischoten, die zu der Zeit in Indien bereits in recht großem Umfang angebaut wurden, auf Schiffen nach Deutschland verladen wurden. Die erste schriftlich belegte Schiffsladung wurde dort 1542 gelöscht. George Eberhard Rumphius, ein in Deutschland geborener niederländischer Naturforscher und einer der größten Botaniker seiner Zeit, war davon überzeugt, daß der Chili schon Jahrhunderte vor Kolumbus' Entdeckung der Neuen Welt in Indien angebaut worden war. Er galt als Autorität auf dem Gebiet, weil er die seltene Gelegenheit hatte, auf beiden Kontinenten Chilipflanzen unter die Lupe zu nehmen – 1646 reiste er mit der *Dutch West India Company* nach Brasilien, 1653 mit der *Dutch East India Company* nach Batavia (dem heutigen Djakarta) auf Java. Den Rest seines Lebens verbrachte der Botaniker auf der Molukkeninsel Ambon, wo er sein sechsbändiges Werk über die Botanik Malaysias verfaßte. Darin versuchte er eine erste Klassifikation der verschiedenen Capsicumarten und tat auch seine Meinung über die Herkunft der Früchte kund.

«Von Capsicum wird heute vielfach angenommen, daß er aus Brasilien, aus Westindien oder Ostindien stammt», schrieb Rumphius. «Tatsächlich stammt er aus Ostindien, von wo aus er allmählich nach Europa und Amerika vordrang. Ich weiß aber auch, daß Capsicum in unsere Gegend vor allem aus Amerika gelangt.» Doch es gibt keinerlei schriftlichen Beweis, der Rumphius' Behauptung untermauern könnte: keinerlei Hinweis auf Capsicum im Sanskrit und auch nicht in der römischen, griechischen, hebräischen oder arabischen Literatur.

Schließlich waren es die Türken, die den Chili als Gewürz und Lebensmittel in Europa ins Gespräch brachten. Es begann mit der türkischen Invasion Indiens. Das Osmanische Reich besiegte die portugiesische Kolonie Diu bei Kalikut und kam so in den Besitz des «Kalikutischen Pfeffers», der mit den osmanischen Soldaten zurück in die besetzten Gebiete nach Ungarn wanderte. Dort – nicht in Spanien oder

Portugal, den beiden Ländern, die ihn zuerst aus der Neuen Welt mit nach Europa brachten – fand er die leidenschaftlichste Aufnahme und stellte innerhalb kürzester Zeit die Küche Ungarns gründlich auf den Kopf.

Der Legende nach mußte jedoch erst ein junges ungarisches Mädchen namens Ilonka dafür sorgen, daß die Capsicumpflanzen, die außerhalb tropischer Klimazonen leicht empfindlich reagieren können, in Ungarn eine Heimat fanden. Ilonka war in den Harem des Paschas von Buda verschleppt worden und sah dort den Palastgärtnern beim Pflanzen von Paprika zu. Die fremdartigen Früchte erregten ihr Interesse, und als sie, von ungarischen Truppen befreit, endlich in ihr Heimatdorf zurückkehren konnte, führte sie die Bauern in den Paprika-Anbau ein. Die scharfen Früchte wurden bald zum Gewürz der Armen.

Napoleons Seeblockade, die den Handel mit schwarzen Pfefferkörnern und anderen Gewürzen wirksam unterband, zwang schließlich auch die oberen Klassen, sich mit den Chilischoten abzugeben. Sie fingen rasch Feuer. Von seiner Reise durch Ungarn im Jahre 1793 schrieb Graf Hoffmannsegg an seine Schwester: «Das Angenehmste war für mich hier... die Begegnung mit dem Paprika, den ich sehr liebgewonnen habe. Er muß gesund sein, denn obgleich ich des abends sehr viel davon aß, tat er mir keinen Schaden... Paprika zu essen ist nichts weiter als eine Angewohnheit, aber mir scheint sie sehr angenehm. Wenn Du Zeit hast, pflanze Paprika in Blumentöpfen, ich würde gern im Winter davon essen.» In einem ungarischen Sprichwort heißt es: «Der eine sehnt sich nach Ruhm, der andere nach Geld, aber nach einem ordentlichen Paprikagulasch sehnen sich alle.»

In Ungarn spielte der Geschmack der Früchte jedoch von Anfang an eine größere Rolle als ihre Schärfe. Zur Erntezeit hockten Hunderte von Frauen vor wahren Paprikabergen, um die Samen und Scheidewände zu entfernen und damit das Temperament der Früchte zu zähmen. Im Jahre 1945 gelang es dem Pflanzenforscher Ernö Obermayer nach fünfundzwanzig Jahren sorgfältiger Auswahl und Kreuzung schließlich, einen capsicumfreien Paprika zu züchten. Er begründete damit Ungarns inzwischen weltberühmte Paprikaindustrie. Heute wachsen die süßen, leuchtend roten Paprikaschoten hauptsächlich in den Feldern rund um die südungarische Stadt Szegedin am Ufer der Theiß, und das «Szegediner Gulasch» kennt man überall auf der Welt. Die Gegend wurde ebenso wie das Anbaugebiet um Kalocsa an der Donau zu einem Zentrum der Paprikaproduktion, weil dort «besonders glückliche Umstände zusammentrafen», wie es in einem Bericht über den Paprika-Anbau in Ungarn heißt. Um einen auf die besonderen Bedürfnisse der Paprikapflanze «perfekt abgestimmten Wechsel» von Wärme, Sonnenschein und Regen summieren sich in Szegedin und Kalocsa die täglichen Durchschnittstemperaturen über die fünfmonatige Wachstumsperiode auf insgesamt 2900 °C. Ähnliche Werte werden sonst nirgendwo erreicht. Schon eine Gesamtsumme unter 2700 °C würde bestenfalls zu einer mittelmäßigen Ernte führen.

Der größte Teil der ungarischen Paprikaproduktion wird getrocknet und zu Pulver vermahlen. Das so gewonnene Gewürz verleiht der ungarischen Fischsuppe und dem berühmten Gulasch sein typisches Aroma. Es wird auch in Spanien, Portugal, Jugoslawien, Marokko, Bulgarien, Rumänien, Italien und Griechenland hergestellt, doch die ungarische Variante, vor allem der für sein süßes Aroma und seine strahlende Farbe bekannte ungarische «Rosenpaprika», wird von Gourmets besonders geschätzt. Um diesen Vorsprung zu wahren, bewachen die ungarischen Landwirtschaftsbehörden eifersüchtig ihren Paprikasamen. Versucht ein Außenstehender, sich an die Samen heranzumachen, begeht er ein Verbrechen, das mit dem Diebstahl von Staatsgeheimnissen auf eine Stufe gestellt wird. «Wenn sie dich in der Nähe eines Paprikafelds erwischen, kann es gut sein, daß sie das Feuer eröffnen», meint Bob Heisey von der Asgrow Seed Company in Kalamazoo, Michigan. Deshalb hat er seine Bemühungen, an ungarischen Paprikasamen zu gelangen, auf die offiziellen Kanäle beschränkt, damit aber bisher nur wenig Erfolg gehabt. «Sie haben mir eine bulgarische und eine russische Variante gegeben, bloß nicht die ungarische, die ich eigentlich haben wollte. Der Handel mit Paprikasamen sei beschränkt, war die einzige Erklärung, die sie mir gegeben haben.»

Einige Paprikasamen haben dennoch ihren Weg nach Amerika gefunden. Zumindest verkündete eine Landwirtschaftszeitung am 10. Oktober 1941 schadenfroh, es sei «einigen Emigranten gelungen, einen kleinen Vorrat mitzubringen». Die Samen wurden im Yakima Valley im US-Staat Washington sowie in St. James Parish, Louisiana, ausgesät. Doch die klimatischen Anforderungen für den erfolgreichen Anbau von Paprika sind so hoch, daß es weder in den USA noch in irgendeinem anderen Land der Erde gelungen ist, die Vormachtstellung der ungarischen Paprikaindustrie auch nur anzukratzen. Also konzentriert sich der Rest der Welt auf die scharfe Version des roten Paprikapulvers, den Cayenne-Pfeffer. Anders als sein Name vermuten läßt, kommt er nicht aus Cayenne, der Hauptstadt Französisch-Guyanas, sondern aus Indien, Afrika, Mexiko, China, Japan und Louisiana.

Ungarn gewinnt durch den Export von Paprika wertvolle Devisen, und so überrascht es nicht, daß die mit Paprika bepflanzte Fläche dort doppelt so groß ist wie die im Tomatenanbau. 1989 produzierte Ungarn 62 000 Tonnen Paprika. Im gleichen Jahr erntete Indien, der größte Produzent der Welt, 800 000 Tonnen, verbrauchte aber 95 Prozent dieser Ernte im Inland. Die Länder, die Chili anbauen (einschließlich China, Pakistan, Mexiko, Sri Lanka, Nigeria, Äthiopien, Thailand und Japan), produzierten 1989 etwa vier Millionen Tonnen. Im gleichen Jahr lag die weltweite Produktion von schwarzem Pfeffer, auf den Kolumbus ja eigentlich aus war, als er zufällig auf den Chili stieß, bei weniger als 200 000 Tonnen.

*D*ie Gattung *Capsicum* hat eine verwirrende Anzahl unterschiedlicher Arten, Sorten und Varietäten hervorgebracht, die je nach den örtlichen Gegebenheiten (Bodenbeschaffenheit, Niederschläge, Temperaturen) die verschiedensten Formen angenommen haben. So gibt es z. B. den erbsenförmigen Piquín, den laternenförmigen Tepin, den gedrungenen, spitz zulaufenden Jalapeño, den pastetenförmigen Rocotillo und den langen, dünnen Anaheim-Chili. Die Früchte wachsen auf buschigen Pflanzen, die meist sechzig bis neunzig Zentimeter groß werden. Wilde Sorten bilden bis zu drei Meter hohe Pflanzen aus; in Bolivien ist sogar einmal eine achtzehn Meter hohe Pflanze gemessen worden. Alle Capsicumfrüchte werden rot, wenn sie reifen. Im unreifen Zustand sind einige hellgrün, manche dunkelgrün, blaugrün oder braungrün; aber auch gelbliche, lavendelfarbene und lila-schwärzliche Färbungen sind möglich. Auch Geschmack und Schärfegrad sind von Sorte zu Sorte unterschiedlich. Selbst bei Schoten von der gleichen Größe und Farbe kann es erhebliche Schwankungen geben. Wer das launische Temperament der Früchte kennt, gibt sich daher nicht mit dem bloßen Augenschein zufrieden, sondern bricht, ehe er einen neuen Vorrat kauft, am Gemüsestand verschiedene Schoten auf, um ein paar Bissen zu probieren. Eine allgemeine Regel besagt, daß Früchte, die in heißem Klima wachsen, schärfer sind als die, die in kühlerem Klima gereift sind. Außerdem sind schlanke, spitz zulaufende Früchte meist schärfer als Schoten mit gedrungenen, rundlichen Formen.

Immerhin haben zwei Chilisorten, die in unterschiedlichen Gegenden der Welt gedeihen, wegen eines ähnlichen Verhaltens den gleichen Namen bekommen: Der Mirasol (spanisch «in die Sonne schauen») wird so genannt, weil die in Mexiko so beliebten scharfen Schoten sich, sobald die Sonne scheint, vom Zweig weg dem Licht entgegenkrümmen. Die gleiche Eigenart haben auch die gedrungenen, spitz zulaufenden Früchte, die man in Bengalen Akashi lanka («in den Himmel schauen») und Surjamukhi («in die Sonne schauen») nennt. Die Neigung der Capsicumfrüchte, unterschiedliche Charakterzüge anzunehmen, hat die Menschen dazu verführt, eine Vielzahl von Namen für sie zu ersinnen, obgleich die scheinbar so unterschiedlichen Schoten zur gleichen Sorte gehören. Schon 1902 stellte das US-Landwirtschaftsministerium fest, «daß es angesichts des wahllosen Gebrauchs von Beinamen fast unmöglich ist, zwischen den verschiedenen Sorten korrekt zu unterscheiden». 1976 intervenierte die für Landwirtschaft zuständige Organisation der Vereinten Nationen und stellte eine verbindliche Nomenklatur zusammen. Nach der neuesten Aufstellung werden den verschiedenen Gattungen sechszehnhundert Sorten zugeordnet. Nur etwa zweihundert dieser Sorten werden kommerziell angebaut. Der größte Teil gehört zur Gattung *Capsicum annuum*, die sich dadurch auszeichnet, daß sie, um Früchte zu tragen, Jahr für Jahr neu ausgepflanzt werden muß.

Die größte Anzahl verschiedener Sorten und Varietäten wird in Mexiko angebaut. Die mexikanischen Gemüsemärkte sind daher ein wahres Fest fürs Auge. Von den 53 000 Tonnen Capsicumfrüchten, die Mexiko jährlich produziert, entfällt nur ein winziger Anteil auf den milden Gemüsepaprika, der fast ausschließlich in die USA exportiert wird. Der Gemüsepaprika, der mit seinen runden Ausbuchtungen eher wie ein Apfel aussieht, zu Beginn des Jahrhunderts in manchen Gegenden aber auch «Mangopaprika» hieß, wird ausschließlich als Gemüse verwendet. Er macht 60 Prozent der insgesamt 687 000 in den USA produzierten Tonnen aus und hat dort eine erstaunliche Anzahl verschiedener Namen bekommen, die über den jeweiligen Herkunfsort, oft aber auch nur über die Phantasie des Züchters Aufschluß geben: Lady Bell, Yolo Wonder, Keystone Resistant Giant, Canape, Green Boy, Big Bertha, E. Calwonder, Shamrock, Big Jim, Ruby King, California Wonder, um nur einige zu nennen.

Die zweithöchsten Anbauzahlen erzielt in den USA der

herzförmige Tomatenpaprika («Pimiento»), eine weitere milde Varietät des Gemüsepaprikas. Der erste amerikanische Tomatenpaprika wurde 1911 in Spalding County, Georgia, von dem Farmer S. D. Riegel und seinem Sohn George gezogen. Aus Neugier hatte er sich von einer Samenzuchtanstalt in Philadelphia einige Paprikasamen schicken lassen und in seinem Gemüsegarten ausgesät. Die Früchte erinnerten an die spanischen Tomatenpaprikas, die in Dosen nach Georgia kamen, waren aber insgesamt längst nicht so kräftig. S. D. Riegel gelang es, seinen örtlichen Kongreßabgeordneten dazu zu bewegen, mit dem amerikanischen Konsul in Spanien Kontakt aufzunehmen. Bald bekamen die Riegels direkt aus Spanien Samen zugeschickt. Den aus diesen Samen gezogenen Tomatenpaprika fanden die Riegels endlich perfekt und dosten bald ihre eigenen Paprikas («Perfect Pimiento») ein.

Zu den ersten Amerikanern, die scharfen Chili anbauten, gehörte George Washington. Am 13. Juni 1785 pflanzte er zwei Reihen «Bird Pepper» («Vogelaugen-Chili») und eine Reihe Cayenne in seinem botanischen Garten in Mount Vernon, Virginia, aus. Doch es muß reine Neugier gewesen sein, die zu diesem Experiment geführt hatte, denn die scharfen Schoten werden in keinem der Rezepte erwähnt, die Martha Washington in ihrem *Book of Cookery* gesammelt hat.

Zu den bekannteren Chilisorten und -varietäten gehören: Cayenne, Serrano, Cascabel, Jalapeño, Habanero, Rocoto, Tabasco, Sandía, Birdeye, Piquín, Santaka, Hontaka, Ancho, Du Chili, Coral Gem, Devil, Louisiana Sport, Chiltepins, Sannam, Mundu, Coimbatore, Bombay Cherries und Tinajin aus China. Sie unterscheiden sich in Größe, Form, Farbe, Schärfe und Aroma. Die meisten Früchte aus Mexiko, Afrika und Louisiana sind – ebenso wie ihre wildwachsenden Verwandten – weniger als drei Zentimeter lang und äußerst scharf. Die Schoten aus Kalifornien und New Mexico sind wesentlich größer (manche von ihnen über zehn Zentimeter lang), röter und nicht so scharf.

Von allen scharfen Capsicumfrüchten hat sich der Jalapeño in den USA am stärksten durchgesetzt. Er verbindet angenehme Saftigkeit mit einem Schärfegrad, den der amerikanische Gaumen weder als zu scharf noch als zu mild empfindet. Auf Nachos und Hot Dogs erlangt er auch in den Baseballstadien eine immer stärkere Präsenz. Fast 90 Prozent aller Jalapeño-Schoten werden aus Mexiko importiert, wo die Pflanze vor Tausenden von Jahren domestiziert wurde und mittlerweile fast ein Fünftel aller angebauten Sorten ausmacht, und zwar vor allem in der Region, der sie ihren Namen verdankt: der Gegend rund um Jalapa im mexikanischen Bundesstaat Veracruz. Trotz der starken Nachfrage sind die Farmer in den USA bis heute nicht in der Lage, diese Sorte erfolgreich anzubauen.

Eine andere sehr beliebte Sorte, die in den USA wild vorkommt, trägt lange, gekrümmte grüne Früchte, die zwischen sieben und sechzehn Zentimeter lang werden können, und hat, abhängig von der jeweiligen Form, verschiedene Namen. Offiziell heißt es, die ersten Samen seien 1597 mit General Juan de Oñate, der den Staat kolonisierte, nach New Mexico gekommen. Archäologen, die entlang der Handelsrouten, die vor Tausenden von Jahren New Mexico mit Zentralmexiko verbanden, Überreste der Pflanzen fanden, bestreiten jedoch diese Theorie. Die Nachkommen dieser Pflanzen sind heute unter anderem als Anaheim, Cayenne und Sandía bekannt.

1896 zog Emilio Ortega, der bis dahin in New Mexico Vieh und Alfalfa gezüchtet hatte, zurück in die Heimat seiner Familie am Westufer des Ventura in Kalifornien und nahm, weil er etwas Neues ausprobieren wollte, einige Chilipflanzen mit. In wenigen Jahren hatte er in Santa Ana eine blühende Chilizucht mit angeschlossener Konservenfabrik aufgebaut, und seine Pflanzen wurden rasch unter dem Namen Anaheim bekannt. Heute ist der Anaheim-Chili die meistangebaute Sorte in Kalifornien. Ortega gelangte zu einigem Ansehen. Der in Ventura erscheinende *Daily Democrat* vom 1. August 1902 beschrieb ihn als «Gentleman, der es dank seines grünen Chilis zu großer Berühmtheit gebracht hat».

Die Entwicklung weiterer Sorten, die im Südwesten der USA angebaut werden, verdanken die Chilifans Fabian Garcia, einem Gärtner am New Mexico College of Agriculture and Mechanic Arts, das heute zur New Mexico State University gehört. Das große Durcheinander an verschieden geformten Schoten, die in seiner unmittelbaren Umgebung in Las Cruces gediehen, ging ihm so gegen den Strich, daß er 1907 damit begann, Samen zu sammeln und durch einen mühsamen Kreuzungsprozeß «die ideale Schote» zu züchten, die später zur Stammutter zahlreicher ebenso edler Sorten wurde. Feld für Feld räumten die Farmer in Kalifornien ihre Anbauflächen und schalteten auf Garcias Chili um. Noch Jahrzehnte später verlangten die Chililiebhaber in New Mexico von Gemüsehändlern und Kellnern einfach «ein paar Fabian Garcia».

2
Dr. Pepper

Zum Höhepunkt der Chilisaison reiste ich in den Süden und Südwesten der USA, wo eine ständig steigende Nachfrage einem ganzen Industriezweig aus Pflanzenzucht, Landwirtschaft, Konservenindustrie und Gastronomie eine wahre Hochkonjunktur bescherte. Als ich einige Fachleute bat, mir einen geeigneten Ausgangspunkt für meine Forschungsreise vorzuschlagen, kamen sie sofort auf Benigno Villalon zu sprechen, einen Pflanzenpathologen, der auf der Versuchsstation der Texas A & M University in Weslaco arbeitete und für seine Zuchtprogramme und Forschungen über Planzenviren bekannt geworden war. Um Villalons herausragende Rolle in der Welt des Chilis zu unterstreichen, verriet man mir seinen Spitznamen: «Dr. Pepper».

Auf dem kleinen Flughafen von Weslaco holte mich William Warfield ab. Der drahtige junge Mann mit der goldenen Haarmähne erklärte mir, er sei Villalons Assistent, der Chef selbst mache an diesem Vormittag Besuche auf den am Zuchtprogramm beteiligten Farmen. Ich kletterte in den blauen Lieferwagen. Es war erst zehn Uhr morgens, aber die Sonne brannte sengend heiß. Rasch kurbelte ich das Fenster herunter, um wenigstens einen Luftzug zu spüren. Später erfuhr ich, daß es in dieser Gegend im Sommer für viele Chilisorten schlicht zu heiß ist und die Schoten, die der extremen Glut trotzen, ein sehr viel hitzigeres Temperament haben als anderswo.

Während der Fahrt erzählte mir Warfield, er sei eigentlich

kein Chilispezialist, sondern Schmetterlingsforscher und wegen der Falter ins vegetationsreiche Tal des Rio Grande gekommen.

«Die einzigartige Vegetation zieht unzählige Schmetterlinge an.» Der scharfe Chili ließ ihn völlig kalt; nur für Schmetterlinge, vor allem Nachtfalter, konnte er sich erwärmen. Voller Begeisterung schwärmte er von den Tieren, und nichts – weder rote Ampeln noch Stoppschilder, noch Verkehrsgetümmel – konnte seinen Redefluß unterbrechen. «Ich habe etwa dreitausend verschiedene Falter gesammelt», erklärte er mir und schwärmte von seinen regelmäßigen Exkursionen bei Sonnenuntergang, bei denen er Schmetterlinge und andere Insekten in sein mit Äthylacetat gefülltes «Todesglas» lockte. Während ich noch über Warfields seltsame Interessen nachdachte, kam er zum ersten Mal von sich aus auf das Thema Chili zu sprechen: «Wer dieses verdammte scharfe Zeug freiwillig ißt, muß ziemlich seltsam draufsein.»

Villalon war noch nicht zurückgekehrt, als wir zur Versuchsstation kamen. Die Station bestand aus einem niedrigen Gebäudekomplex. Davor waren lange Reihen mit gepflegten Beeten angelegt. Warfield schlug vor, erst einmal zu Mittag zu essen, und lud einen der mexikanischen Assistenten ein, uns zu begleiten. Wir gingen in ein örtliches Eßlokal, wo die Hamburger mit einem Teller eingelegter Jalapeños serviert wurden (schließlich waren wir nahe an der Grenze zu Mexiko). Warfield beachtete seinen Hamburger nicht und griff sofort nach einer Jalapeño-Schote. «Hm», sagte er und kniff angestrengt die Augen zusammen, als bemühe er sich, eine Art innerliches Thermometer abzulesen.

Der mexikanische Assistent schaute Warfield an und griff selbst nach einer Schote. «Höchstens fünf», sagte er kauend.

Sie versuchten, auf einer Skala von eins bis zehn den Schärfegrad der Jalapeños einzuschätzen. Die abweichenden Meinungen führten zu neuen Versuchen und neuen Hypothesen. Nach und nach aßen sie alle Schoten auf und schienen fast vergessen zu haben, warum wir gekommen waren.

Erst als sie alle Jalapeños durchprobiert hatten, wandten sie sich ihrem eigentlichen Mittagessen zu.

Warfield erklärte mir, die Skala sei ihnen so in Fleisch und Blut übergegangen, daß sie jede Chilischote, ob roh oder eingelegt, sofort probieren müßten. «Chili zu testen ist mein Beruf», seufzte er. «Zu Hause in Wisconsin hätte ich mir nie träumen lassen, daß ich einmal dieses höllisch scharfe Zeug essen muß, um meinen Lebensunterhalt zu verdienen.»

Die in der Versuchsstation von Weslaco gezogenen Schoten werden nach strengen Regeln auf ihre Schärfe getestet, denn die Landwirtschaft benötigt Sorten, die auf die Bedürfnisse ganz bestimmter Kundengruppen ausgerichtet sind. Außerdem muß sichergestellt sein, daß die Schoten von Jahr zu Jahr den gleichen Schärfegrad besitzen. Dazu bedient man sich auf der Versuchsstation des *Scoville Organoleptic Test*, wie er von Wilbur Scoville entwickelt wurde. Der Wissenschaftler stand bei seinen Studien über einen möglichen pharmakologischen Einsatz von Chili-Inhaltsstoffen immer wieder vor dem Problem, daß die Schärfe der Früchte unberechenbar war. «Hat man glücklich eine bestimmte Sorte der Gattung *Capsicum* bestimmt, kann man sich über ihren Capsaicin-Gehalt noch lange nicht sicher sein», klagte er 1912 im *Journal of the American Pharmaceutical Association*. Scoville suchte nach einer Möglichkeit, den Schärfegrad jeder einzelnen Schote messen zu können, da es selbst innerhalb einer Sorte zu erheblichen Schwankungen kommen kann.

*E*s lohnt sich, kurz bei Scovilles Technik und deren Auswirkungen auf die Chili-Industrie zu verweilen. Wilbur Scoville versuchte zunächst, die Reaktion von Chili-Extrakten mit anderen Chemikalien zu beobachten, mußte aber recht bald einsehen, daß keine dieser Reaktionen so deutlich war, daß sich aus ihr präzise Schlüsse hätten ableiten lassen. Die menschliche Zunge dagegen erwies sich in ihrer Reaktion als sehr viel empfindlicher. Scoville stellte fest, daß sie Capsaicin selbst dann noch wahrnehmen kann, wenn es mit einer Flüssigkeit vermischt ist, deren Volumen einemillionmal so groß ist wie die darin aufgelöste Capsaicin-Menge. Durch keinen Labortest ließ sich eine so niedrige Konzentration nachweisen. Daß er die Reaktion der menschlichen Zunge zum Maßstab seiner Untersuchungen machen wollte, brachte Scoville den Spott seiner Kollegen ein. «Was könnte subjektiver sein als die menschliche Zunge?» mokierten sie sich laut. Doch Scoville ließ sich nicht entmutigen: «Physiologische Testverfahren sind in manchen Kreisen schlicht tabu. Aber die Zunge, die weniger als ein Millionstel Gran wahrnehmen kann, hat unzweifelhaft so manchen Vorteil.»

Scovilles Methode war denkbar einfach. Er besorgte sich die zu seiner Zeit führenden Chilisorten, die für ihre Schärfe bekannt waren – Schoten aus Japan, Sansibar und Mombasa –, und weichte sie einzeln über Nacht in Alkohol ein. Weil das Capsaicin alkohollöslich ist, wurde es den Schoten durch diese Maßnahme entzogen. Dem Extrakt fügte er in vorher genau abgemessenen Mengen gesüßtes Wasser hinzu, bis er die Schärfe des Capsaicins auf seiner Zunge gerade noch wahrnehmen konnte. Im Fall des japanischen Chili brauchte er dafür 20000- bis 30000mal soviel gesüßtes Wasser wie Chiliextrakt und hatte damit einen Schärfegrad von 20000 bis 30000 Scoville ermittelt. Der Chili aus Sansibar lag bei 40000 bis 50000, der aus Mombasa, offenbar der schärfste, bei 50000 bis 100000 Scoville. (Scoville konnte der Versuchung nicht widerstehen, sich auch zum Aroma der verschiedenen Sorten zu äußern. Das Capsaicin selbst, das vor allem in der Plazenta, den Samen und den Scheidewänden sitzt, ist nämlich geschmacklos. Das Aroma wird von den Fruchtwänden bestimmt. Dem japanischen Chili bescheinigte Scoville «ein volles, reiches Aroma», den aus Mombasa fand er «besonders arm an Geschmack».)

Scovilles Name ist bis heute mit der Messung des Schärfegrads verbunden, auch wenn der Zungentest inzwischen durch eine moderne Maschine ersetzt wurde, die als ebenso empfindlich gelten kann. Sie heißt *High Pressure Liquid Chromatograph*, abgekürzt HPLC, kostet 30000 Dollar und sieht aus wie eine Hi-Fi-Anlage, die man in eine rechteckige Metallbox gezwängt hat. Sie hat jede Menge Anzeigen, Regler und Knöpfe und ist an einen Computer angeschlossen. In der Mitte der Box befindet sich eine fünfzehn Zentimeter lange Röhre, die mit einem weichen, porösen Kohlematerial gefüllt ist. Der mit Hilfe von Äthanol gewonnene Chili-Extrakt wird unter großem Druck durch die Röhre gepreßt. Auf diese Weise wird das Capsaicin von anderen Bestandteilen wie Farbpigmenten und Säuren getrennt. Das fluoreszierende Capsaicin wird anschließend einem Lichtstrahl ausgesetzt. Ein empfindliches Meßgerät ermittelt die Fluoreszenz und setzt sie elektronisch in eine Kurve um, die an ein Seismogramm erinnert. Je größer die Fluoreszenz, desto höher der Schärfegrad. Doch es hat sich herausgestellt, daß das Capsaicin aus mehreren Einzelbestandteilen zusammengesetzt ist, die jeweils eine andere Art von Schärfe repräsentieren. Die graphische Umsetzung des HPLC zeigt daher mehrere steigende oder fallende Linien. Die Spitzenwerte aller dieser Kurven werden zusammengerechnet, und die Summe bezeichnet den Schärfegrad.

In einem Gespräch fragte ich James Woodbury, den technischen Direktor bei der Cal-Compack Foods Company in Santa Ana, Kalifornien, ob die Maschine seiner Firma, die Gewürze und Salsas herstellt, große Veränderungen gebracht habe. «Eine sehr positive Entwicklung», antwortete er und erzählte mir, seine Firma habe früher fünf Leute angestellt, die nichts anderes zu tun hatten, als der laufenden Produktion Proben zu entnehmen und auf ihre Schärfe zu testen. Dadurch sollte sichergestellt werden, daß die Produkte auch tatsächlich die angestrebten Schärfegrade erreichten und diese weder über- noch unterschritten, denn eine zu scharfe oder zu milde Gewürzsauce wäre bei den Kunden sofort auf Protest gestoßen. Jedes einzelne Mitglied des Fünfergremiums kostete von den Proben und hielt schriftlich seine Einschätzung des Scoville-Schärfegrads fest. Kaum einmal stimmten jedoch zwei Zungen überein. Es wurden daher aus den Schätzungen Durchschnittswerte ermittelt, mit deren Hilfe sich dann entscheiden ließ, ob das Produkt von den festgelegten Standards abwich. Die Anzahl von Tests, die ein Mitglied des Gremiums pro Tag durchführen konnte, war allerdings begrenzt. Die menschliche Zunge gewöhnt sich vorübergehend an einen bestimmten Schärfegrad, sie muß Zeit haben, um sich abzukühlen, ehe sie wieder Scharfes schmecken kann. «An einem Achtstundentag konnte das Gremium kaum mehr als sechs Proben bewältigen», erzählte Woodbury. «Jetzt, wo die Maschine das Gremium ersetzt hat, könnten wir in acht Stunden dreißig Proben testen. Und was noch viel wichtiger ist: Wir brauchen uns über die Genauigkeit der Messungen keine Sorgen mehr zu machen.»

Genauigkeit ist für die Gewürzhersteller ebenso wichtig wie für die Kunden, die für eine scharfe Sauce ihr Geld ausgeben. «Wir kaufen und verkaufen Schärfe, nicht Aroma oder Farbe», sagte mir ein Vertreter von MacCornick and Company. «Die Leute wollen etwas für ihr Geld – je teurer, desto schärfer.» Die Gewürzhersteller beziehen tonnenweise Chili aus fast einem Dutzend Länder und müssen damit rechnen, daß der Schärfegrad der Schoten schwankt. In der Produktion muß aber nicht nur verhindert werden, daß eine Sauce zu mild ausfällt. «Wir wollen schließlich nicht, daß unsere Kunden Feuer speien», sagte der Mann von MacCornick.

Die *American Spice Trade Association (ASTA)*, ein Zusammenschluß verschiedener Handelsunternehmen, setzt sich sehr für den Einsatz der Maschine ein. Die HPLC-Messungen werden sogar in ASTA-Einheiten ausgedruckt. Aber Scovilles Name ist bis heute so stark mit dem Schärfegrad von Chilischoten verbunden, daß die meisten Firmen, die die Maschine einsetzen, eine Umrechnungstabelle haben, mit deren Hilfe sie die ASTA-Einheiten in die vertrauten Scoville-Werte umsetzen.

Zurück zur Versuchsstation. Warfield führte mich in das niedrige weiße Gebäude, in dem die Forschungsabteilung untergebracht war. Im Flur kamen wir an einer Gruppe von Männern mit hohen Stiefeln und Cowboyhüten vorbei, die auf Bänken und Stühlen hockten und an die Szenerie im Wartezimmer einer Notfallstation erinnerten. Anstelle eines Namensschildes hing ein Kranz getrockneter Anaheim-Schoten an Ben Villalons Tür. Der höfliche, energische Villalon trug ein kurzärmeliges Hemd und eine altmodische breite Krawatte, von der Sorte, wie sie heute in Änderungs-schneidereien für wenig Geld schmaler gemacht werden. Er sagte, er sei gerade von einer Rundfahrt zu verschiedenen Farmen zurückgekehrt. Eines seiner Ziele bestehe darin, Texas zum führenden Chiliproduzenten des Landes zu machen. «Unsere Farmen gehen pleite. Warum bauen sie keinen Chili an? Sie müssen ihre Produktpalette erweitern. Dann brauchten sie auch nicht mehr mit den Farmen in Iowa oder Illinois zu konkurrieren, ihre eigene Konkurrenz säße jenseits der Grenze, in Mexiko. Statt dessen wird hier Mais und Hirse angebaut und das letzte Geld buchstäblich in den Sand gesetzt. Unsere Banken wären heilfroh, wenn die Farmen endlich auf Chili umschwenken würden.»

Aber er stoße allmählich auf offenere Ohren, sagte mir Villalon. Einige der Farmer, die ich im Flur gesehen hätte, wollten mit ihm über den Anbau von Chili sprechen. Der aus Mexiko importierte Chili würde in Texas hohe Preise erzielen, das habe schließlich das Interesse der örtlichen Farmer geweckt. Sie hätten den Chili lange Zeit als exotisches Lebensmittel armer Immigrantenfamilien angesehen. Er sagte, die texanische Saucen- und Konservenindustrie würde ihre Verarbeitungs- und Vermarktungskapazitäten erweitern und kürzlich sei ein Zusammenschluß namens *Texas Pepper Foundation* gegründet worden, um Texas in den USA «zum Chiliproduzenten Nummer 1» zu machen. Villalon zeigte mir einige Kalkulationen über die Gewinne beim Chili-Anbau und verglich sie mit den Erträgen anderer Feldfrüchte.

«Gleich nach Marihuana wirft Chili die größten Profite ab», sagte er.

Ähnliches hatte ich auch schon von anderen Chili-Enthusiasten gehört. Jean Andrews, eine texanische Künstlerin, die Chilipflanzen malte, über sie schrieb und in Feldern und wilden Sümpfen nach wilden Chilipflanzen suchte, hatte in einer Radiosendung gesagt, beim Anbau von Chiltepin, einem Chili mit erbsengroßen Früchten, die sich für 64 Dollar das Pfund verkauften, ließen sich 10 000 Dollar pro Morgen verdienen. Chiltepin komme wild in den verwüsteten Gebirgszügen von Arizona bis nach Südamerika vor, doch das Sammeln von den verstreuten Büschen erfordere viel Mühe und Zeit. Nach der Radiosendung klingelte in der Versuchsstation und bei Jean Andrews wochenlang ununterbrochen das Telefon. Zahllose Menschen wollten wissen, wo sie den Samen bekommen könnten. Villalon bestätigte Andrews' Angaben und sagte, sie habe nicht übertrieben.

Um die Landwirtschaft zum Anbau von Chili zu bewegen, widmet Villalon den größten Teil seiner Arbeit der Entwicklung von Sorten, die auch in der texanischen Hitze gedeihen und den heimischen Viren und Insekten widerstehen. Ein Grund für die Skepsis vieler Farmer sei nämlich die große Anfälligkeit der Chilipflanzen. «Manche Farmer haben ein, zwei Monate nachdem sie die Pflanzen ausgesetzt hatten, resigniert mit den Schultern gezuckt und einfach aufgegeben.»

Villalon, der an der Texas A & M University Agronomie studiert und seine Doktorarbeit über Pflanzenvirologie geschrieben hatte, rief 1971, als er auf die Versuchsstation in Weslaco kam, ein eigenes Virologie-Programm der Universität ins Leben. Um seine «Chiliklinik» aufzubauen, besorgte er Samen aus den umfangreichen Sammlungen der University of California in Davis, der University of Florida in Gainesville und Belle Glade, der Auburn University, der Michigan State University und von verschiedenen Samenzuchtbetrieben. Durch sorgfältige Kreuzung sind in seinem Gewächshaus mehrere Sorten entstanden, die das texanische Klima gut vertragen.

Villalons Gewächshaus, ein riesiges, einstöckiges Glasgebilde, war mit Überwachungsgeräten, Rohren und Temperaturreglern ausgestattet. Auf dem Boden und auf unzähligen Picknicktischen standen kniehohe Pflanzen mit Schoten in den unterschiedlichsten Formen und Farben. «Dies hier nennen wir die Isolierzelle. Unsere gesamte Entwicklungsarbeit findet hier statt. Erst wenn wir glauben, daß wir eine Züchtung mit den gewünschten Eigenschaften geschaffen haben, bringen wir die Samen in unsere Versuchtsbeete aus», sagte er.

Ich erfuhr, daß eine der größten Schwierigkeiten bei der Entwicklung krankheitsresistenter Chilipflanzen darin besteht, die ursprüngliche Form und Größe der Früchte zu bewahren. Durch Kreuzungen kann es in dieser Hinsicht zu starken Veränderungen kommen, und von den Nachkommen, die der Ursprungspflanze, die resistent gemacht werden soll, am ehesten gleichen, haben viele das entscheidende Gen noch nicht geerbt. Villalon sagte mir, die Kunden hätten sich so an eine bestimmte Form und Größe gewöhnt, daß sie sich weigerten, Abweichungen hinzunehmen, auch wenn sich Geschmack und Aroma dadurch nicht verändert hatten. Er zeigte mir die langen, roten, schrumpeligen Cayenne-Schoten, die für die scharfe Louisiana-Sauce verwendet werden. «Wenn Sie mich fragen, ist dies die häßlichste Sorte weit und breit, und man sollte meinen, die Leute wären froh, wenn sich ihr Aussehen verbessern würde. Aber die Kunden in Louisiana sind nun mal an diese schrumpeligen Dinger gewöhnt», sagte Villalon. «Ich soll sie gegen Krankheiten resistent machen, aber ich darf ihre häßliche Form nicht verändern. Die Farmer bleiben angeblich sonst auf ihrer Ernte sitzen.» Villalon kann also nichts weiter tun, als geduldig weiterzukreuzen, bis er endlich die richtige Kombination gefunden hat. Ein solcher Prozeß kann sechs, sieben Jahre oder gar länger dauern. Manchmal bringt die Methode auch nicht den gewünschten Erfolg, und alle Bemühungen sind vergeblich.

In einigen Fällen wird aber auch eine Veränderung der Form gewünscht. In dem Wunsch spiegelt sich meist irgendein Markttrend wider. So zeigte mir Villalon einen Gemüsepaprika, den er mit einer Reihe anderer Sorten kreuzte, um eine Schote zu züchten, die nicht nur sämtlichen texanischen Pflanzenkrankheiten widerstand, sondern auch vier ganz symmetrische Ausbuchtungen besaß. Er sagte, der Auftrag komme von einer Fast-food-Kette, die ihr Image aufpolieren und in Zukunft auch Salate anbieten wolle. Für diese Salate kämen aber nicht irgendwelche krummgewachsenen Paprika, sondern nur ganz symmetrische Ringe in Frage.

Zu der Zeit, als ich die Versuchsstation besuchte, arbeitete Villalon gerade an einem anderen ungewöhnlichen Auftrag. Er zeigte mir eine Reihe von Tabascopflanzen, die für Pflanzenkrankheiten besonders anfällig waren. Er kreuzte sie mit Serrano und anderen Chilisorten, jedoch nicht nur, um sie resistent zu machen, sondern auch, um Pflanzen mit herabhängenden Schoten zu züchten. Der Tabasco gehört nämlich zu den wenigen Chilisorten, bei denen die Schoten aufrecht wachsen, und kann deshalb nicht von Maschinen abgeerntet werden.

Die hervorragende Leistung, die Villalon zum Liebling der Landwirtschaft und Konservenindustrie machte, liegt jedoch auf einem anderen Gebiet: Es ist ihm gelungen, das feurige Temperament des Chilis zu zähmen. So hat er zum Beispiel den Charakter des Jalapeño – der gedrungenen dunkelgrünen Chilischote, die in den USA lange Zeit als Synonym für scharfen Chili galt – dauerhaft verdrängt, indem er eine milde Sorte schuf. Bis dahin waren Jalapeños einheitlich scharf – Punktum. Milden Jalapeño hatte es nicht gegeben.

Allerdings war es ein unbeachsichtigter Erfolg gewesen.

Villalon hatte versucht, einen virusresistenten Gewürzpaprika zu züchten, indem er ihn mit Serrano kreuzte. Serrano ist weniger domestiziert als andere Chilisorten und enthält noch viele primitive Gene. Die Vereinigung zwischen dem Gemüsepaprika von der Sorte «Rio Grande 66» und dem Serrano führte zu einem wahren Capsicum-Karneval: Einige Pflanzen trugen große, andere kleine glockenförmige Paprika; einige waren süß, andere scharf; einige Pflanzen trugen süße, andere scharfe tomatenförmige Paprika; einige trugen kleine, andere große Serranos, einige dunkle, andere helle Jalapeños; und manche Schoten konnten keiner dieser Kategorien zugeordnet werden. «Wenn sich die Gene mischen, kann niemand voraussagen, was dabei herauskommen wird. Jede Chilisorte hat Hunderttausende von Genen», sagte Villalon.

Aber Villalon dachte nur daran, einen neuen, virusresistenten Gemüsepaprika zu züchten, und würdigte die anderen Pflanzen, die aus der Kreuzung hervorgegangen waren, kaum eines Blickes. Er vermehrte die Pflanzen, die glockenförmige Früchte trugen, kreuzte so lange, bis er eine Frucht erhielt, die dem ursprünglichen Paprika nicht nur täuschend ähnlich sah, sondern auch allen texanischen Viren widerstand. Doch die Menschen, die Villalon in seinem Gewächshaus besuchten, um sich über seine Fortschritte auf dem laufenden zu halten, interessierten sich mehr für einen Nachkommen der ursprünglichen Kreuzung: eine Pflanze, deren Schoten dem Jalapeño sehr ähnlich sahen, aber nicht scharf waren. Die Besucherinnen und Besucher hatten beobachtet, daß sich Villalon, während er ihnen seine neuesten Züchtungen im Gewächshaus erläuterte, gelegentlich einen milden Jalapeño pflückte und gedankenverloren darauf herumkaute. Ein Konservenfabrikant, der aus San Antonio zu Besuch auf die Versuchsstation kam, sagte begeistert: «Wenn ich milde Jalapeños hätte, hätte ich keine Sorgen mehr. Ich könnte sie an McDonald's und all die anderen Fast-food-Ketten verkaufen und wäre innerhalb kürzester Zeit Millionär.»

Doch Villalon, der selbst die schärfsten Schoten bevorzugte, erkannte zu der Zeit immer noch nicht, daß dieser «sonderbare milde Jalapeño einmal ganz groß herauskommen würde».

Das Gerücht von dem milden Jalapeño verbreitete sich rasch. Abgesandte von Landwirtschaft und Konservenindustrie aus dem ganzen Land strömten herbei, um ihn in Augenschein zu nehmen. Sie brachen in Begeisterungsstürme aus: Endlich gab es einen Jalapeño, der sich auch an Chili-Abstinenzler verkaufen ließ. Auf ihr Drängen hin züchtete Villalon den milden Jalapeño über mehrere Generationen weiter, um sicherzustellen, daß er sein mildes Wesen auch beibehielt und gegen Krankheiten widerstandsfähig war – ein Prozeß, der fünf Jahre in Anspruch nahm. 1981 gab er die milde Sorte als «TAM Mild Jalapeño-1» zum Anbau frei. Eine Konservenfabrik war ihm so dankbar für das Geschäft, das sich mit dieser neuen Sorte machen ließ, daß sie ihm ein Bild von einer riesigen Spritze schenkte, auf das sie eine überschwengliche Lobeshymne gekritzelt hatten. Damit wollten sie Villalon auf eine Stufe mit den Großen der modernen Medizin stellen. Sie priesen ihn als «Heiler», dem es gelungen sei, das widerspenstige Temperament des Jalapeño zu zähmen. Das Bild brachte Villalon den Spitznamen «Dr. Pepper» ein. (Das in den USA sehr beliebte Getränk gleichen Namens hat nichts mit Chili oder schwarzem Pfeffer zu tun. Es ist nach Dr. Charles Pepper, einem Arzt aus Virginia, benannt. Ein Pharmazeut, der einige Zeit mit Dr. Pepper zusammengearbeitet hatte und später in die texanische Getränkeindustrie ging, nannte 1885 die letzte Neuentwicklung seiner Firma «Dr. Pepper», in dem vergeblichen Versuch, dem ehemaligen Kollegen die Zustimmung zur Heirat mit dessen Tochter abzuringen.)

Der gezähmte Jalapeño wurde sofort ein Hit. Inzwischen wird er in Texas, Arizona, Florida und Kalifornien angebaut. Selbst in Wisconsin, dem Heimatstaat des schmetterlingsbegeisterten William Warfield, gedeiht er in den Verwaltungsbezirken Warshara und Dodge. Die großen Käsereien in Wisconsin mischen den milden Jalapeño in ihren Monterey Jack und andere Käsesorten, und diese würzigen Käse sind so beliebt, daß manche Käsereien inzwischen eigene Jalapeño-Farmen betreiben. Auch in Imbißstuben und Sportstadien hat der milde Jalapeño in der Zwischenzeit Einzug gehalten.

«Ein zivilisierter Jalapeño!» verkündete das *Milwaukee Journal*, als es einen Bericht des *Houston Chronicle* über Villalons Leistungen nachdruckte. «Manchen Puristen der mexikanischen Küche auf beiden Seiten des Rio Grande mag es vorkommen wie ein Bruch mit heiligen Traditionen – so als würde man Pancho Villa Sombrero und Umhang abnehmen und versuchen, ihn in Melone und Nadelstreifenanzug zu zwängen. Doch das milde, köstliche Aroma schmeichelt dem Gaumen.»

Von diesen Erfolgen mehr als ermutigt, gab Villalon 1986 zwei weitere milde Züchtungen frei: «Hidalgo», einen milden Serrano-Chili, und «TAM Mild Chile-2», einen leicht scharfen, faserigen Chili.

Ich war mir nicht so sicher, was ich von Villalons Glanzstück halten sollte. Als zunehmend kampferprobtem Chilifan kam es mir wenig verlockend vor, aus dem immer verwirrender werdenden Angebot zwischen all den faden Hochstaplern die echten, scharfen Schoten heraussuchen zu müssen. Ich empfand es als schlimm genug, daß man sich auch ohne menschliche Manipulation irgendwelcher Gene nicht auf die gleichmäßige Schärfe einer Sorte verlassen kann. Zu Villalon sagte ich, irgendwie komme es mir völlig unsinnig vor, einen Jalapeño mild zu nennen. Jalapeños seien nun einmal scharf, das gehöre zu ihrem Wesen. Wenn ein Chilikenner einen Jalapeño verlange, verbinde er damit einen bestimmten Schärfegrad – er drücke damit seine Vorliebe für scharfe Sachen aus.

Vielleicht hätte Villalon seine kraftlosen Schoten irgendwie anders nennen sollen. Ein regelmäßiger Chili-Esser, dem ich von Villalons Versuchsstation berichtete, sagte mir: «Warum hat er sich für die Dinger keinen anderen Namen ausgedacht? Ich habe mir neulich Jalapeños gekauft und erst zu Hause gemerkt, daß sie überhaupt nicht scharf waren. Das Abendessen war für mich gelaufen.»

Ich konnte es ihm nachfühlen. Ich selbst hatte in so manchem Supermarkt im mittleren Westen oder Nordosten der USA einen Jalapeño nach dem anderen aufgebrochen und, da ich keine einzige Schote fand, die ihrem Charakter treu geblieben war, als Zeugnis meiner Enttäuschung zurückgelassen. Damals wußte ich bloß noch nicht, wer hinter diesen faden Schoten steckte. Ich sagte dem ehrwürdigen Dr. Pepper voraus, daß jetzt, wo sich niemand mehr sicher sein konnte, mit einem bestimmten Namen auch eine bestimmte Schärfe einzukaufen, immer mehr Leute die Schoten aufbrechen würden. «Aber die Liebhaber scharfer Schoten gibt es doch noch mehr als genug», tröstete mich Villalon und hob hervor, wie viele scharfe Sorten es gebe.

Tatsächlich würde ich Villalon Unrecht tun, wenn ich behauptete, er würde die Liebhaber scharfer Chilischoten vernachlässigen. In seinem Gewächshaus zog er neben vielen anderen scharfen Sorten auch den berüchtigten Habanero. Er sagte, er habe «dieses alberne Ding» zuerst aus purer Neugier gepflanzt, doch jetzt würde er damit herumexperimentieren und sehen, ob sich die Pflanze, die in Yukatan so gut gedieh, auch in Texas kultivieren ließe. «Wahre Chilikenner wollen mehr als Schärfe», sagte Villalon. Der Habanero ist extrem scharf. Er pflückte eine Schote, nahm ein Taschenmesser heraus, hielt die Frucht vorsichtig zwischen den Fingern und schnitt ein paar dünne Scheiben ab. Eine davon steckte er in den Mund, jeweils eine gab er an Warfield und mich weiter.

«Zwanzigtausend, schätze ich», sagte Villalon zu Warfield, schien sich seiner Sache aber nicht ganz sicher zu sein, denn er kaute nachdenklich weiter.

«Hm», erwiderte Warfield und nickte.

«Höchstens dreißigtausend», sagte Villalon. «Aber wenn er reif wird, kann der Habanero spielend zweihundert- bis dreihunderttausend Scoville erreichen.» Schon die unreife Schote war so scharf, daß das Gewächshaus von unserem Husten und Schniefen erfüllt war, als hätten wir plötzlich alle eine schwere Grippe bekommen. Ich fragte Warfield, wie er das Aroma des Habanero beschreiben würde. Er nahm Zuflucht zur Sprache der Musik. «Er hat einen sehr hohen Ton», sagte er. «Für meinen Geschmack ein bißchen zu hoch.» Villalon ließ eine Packung Spearmint herumgehen.

Der Habanero hat tatsächlich eine extreme Schärfe. Schon der Jalapeño, der zwischen 3500 und 4500 Scoville anzusiedeln ist, wird in den USA von vielen als zu scharf empfunden. Villalon, der bei der Bestimmung des Schärfegrads noch immer Scovilles Zungenmethode folgt, zeigte mir seine Schärfetabelle: Gemüsepaprika und Pimientos: 0 Scoville; der lange grüne Anaheim zwischen 250 und 1400; Poblano um die 3000; der ungarische gelbe Chili bei 4000; Serrano zwischen 7000 und 25000; Chile de arbol zwischen 15000 und 30000; Tabasco zwischen 30000 und 50000; japanischer Santaka zwischen 50000 und 60000; mexikanischer Tabiche um die 100000; Cayenne zwischen 100000 und 105000; Bird Eye aus Indien zwischen 100000 und 105000; japanischer Kumataka zwischen 125000 und 150000; Habanero 300000.

Der für die Schärfe verantwortliche chemische Stoff wurde erstmals im Jahre 1877 von einem Engländer in Indien isoliert und später als 8-Methyl-N-Vanillyl-6-Nonenamid analysiert. Auch die anderen Geheimnisse hinter der Schärfe des Chilis werden allmählich gelöst. So hat man beispielsweise herausgefunden, daß der Schärfegrad nicht von der Menge des vorhandenen Capsaicins abhängt, sondern von dessen chemischer Struktur. Je länger die Säureketten, desto geringer der Schärfegrad. Doch die Schoten unterscheiden sich nicht nur in der Intensität ihrer Schärfe. Auch die Art der Schärfe kann höchst unterschiedlich sein. So kann eine Sorte, die auf der Scoville-Skala sehr hoch rangiert, für die Zunge angenehmer sein als eine andere, die auf der gleichen Skala niedriger angesiedelt ist. Die Schärfe des Habanero zum Beispiel ist sehr aggressiv, läßt aber ebenso rasch wieder nach, und es bleibt ein wohltuendes, aromatisches Gefühl zurück. Wer diese milde Euphorie genießt, erinnert sich kaum daran, wie übel ihm noch wenige Sekunden zuvor mitgespielt worden ist. Bei anderen Sorten wie den dünnen, kleinen Schoten aus Thailand und Indien oder den gedrungenen Jalapeños aus Mexiko bleibt die Schärfe sehr viel länger im Mund, so daß selbst Chiliveteranen nach einem Getränk verlangen. Chilisorten vom gleichen Schärfegrad können sich im Mund außerdem an sehr unterschiedlichen Stellen bemerkbar machen: Einige reizen eher den hinteren, andere eher den vorderen oder den mittleren Teil der Zunge, und wieder andere brennen vor allem auf den Lippen.

Diese Eigenarten gehen auf die Bestandteile des Capsaicins zurück, die man Capsaicinoide nennt und die sich in ihren chemischen Strukturen deutlich voneinander unterscheiden. Die Zusammensetzung des Capsaicins fällt bei allen Sorten unterschiedlich aus, und so hat jede ihre charakteristische Schärfe. Auf Drängen der Gewürz- und Konservenindustrie wird diesem Umstand in letzter Zeit in der Forschung viel Aufmerksamkeit geschenkt. Das Interesse der Industrie liegt auf der Hand: Wenn es gelingt, Schoten zu züchten, deren Schärfe nach der ersten Wahrnehmung rasch verblaßt, würde dies den Verbrauch ebenso in die Höhe treiben wie die Gewinne.

Doch bis heute weiß man nicht viel über die Ursachen der charakteristischen Schärfe. Immerhin weiß man, was den Schärfegrad beeinflußt, wenn das erforderliche Gen einmal vorhanden ist: Hitze und Sonnenlicht. In den kalifornischen

Küstentälern zum Beispiel ist es im Durchschnitt zehn Grad kälter als im Innern des Landes. Die milden Schoten, aus denen das rote Paprikapulver hergestellt wird, gedeihen daher am besten in den Küstenregionen. Die Pflanzenkrankheiten in den kühleren Tälern haben jedoch viele Anbauer bewogen, ins Landesinnere zu ziehen, bis sie erstaunt feststellen mußten, daß die geernteten Schoten an Schärfe zunahmen. Am Fuße der Alpen nahe Turin – der Heimat des Asti Spumante – wird der fleischige, milde «Giallo Quadrato di Asti», der «gelbe, rechteckige Paprika», angebaut – in Streifen geschnitten und in Olivenöl eingelegt eine wahre Köstlichkeit. Die in Sizilien geernteten Früchte der gleichen Sorte sind wesentlich schärfer. Auch in den USA versuchte man, den milden Paprika aus der italienischen Provinz Asti anzubauen, doch im heißen amerikanischen Klima trugen dieselben Pflanzen sowohl süße als auch scharfe Früchte – die scharfen wuchsen auf der Seite, die am meisten Sonne bekam. Ein Angestellter der Asgrow-Samenzucht in Kalifornien sagte mir: «Es gibt vieles, was wir noch nicht verstehen, aber daß die Schärfe der Schoten von den Umweltbedingungen beeinflußt wird, ist eindeutig. Die Sonnenstrahlen verwandeln sich in Schärfegrade.» Ein anderer Züchter erklärte mir, es käme dabei nicht nur auf die Tagestemperatur, sondern vor allem auf die abendlichen Temperaturen an. «Lange Abende mit warmen Temperaturen bringen scharfe Chilischoten.»

Auch an der Gründung der *National Pepper Conference*, die 1973 ihr erstes internationales Treffen abhielt, war Ben Villalon beteiligt. Pflanzenpathologie und Pflanzenzucht, Gärtnerei und Landwirtschaft, Genetik, Physiologie, Virologie und Botanik, Saucen- und Konservenindustrie sowie Groß- und Einzelhandel waren vertreten. Die Teilnehmerinnen und Teilnehmer kamen aus Kalifornien, Florida, Louisiana,

Pennsylvania, Texas, Mexiko, Honduras, Kolumbien und Venezuela. Die Idee eines internationalen Kongresses zum Thema Chili erschien mir gleichermaßen absurd und faszinierend. Ich fragte mich, welche gewichtigen Themen wohl bei einer solchen Konferenz zur Sprache kommen würden, und stellte mir bei allen Beiträgen einen amüsierten Unterton vor. Doch dann erzählte man mir, man habe bei diesem ersten Treffen das Thema so ernst genommen, daß es bei der Eröffnung nur «scharfe Sachen» gegeben habe: gefüllte Paprika, eingelegte Jalapeños, gefüllte Jalapeños, Nachos mit Serranos, mit süßem Paprika gewürzte Desserts und dazu einen von einem kalifornischen Winzer hergestellten Paprikawein.

Die neunte *National Pepper Conference* wurde im Juni 1988 in North Carolina abgehalten. Als ich das North Raleigh Hilton betrat, wo die dreitägige Konferenz stattfinden sollte, sah ich in der Eingangshalle ausschließlich Leute in Sommerhosen, kurzärmeligen Hemden und T-Shirts. Ich fragte an der Rezeption, wo sich die Teilnehmer der *National Pepper Conference* versammeln würden.

«Wie bitte?» fragte die attraktive dunkelhaarige Dame an der Rezeption erstaunt. Die Vorstellung einer ernstgemeinten Konferenz zu diesem Thema schien sie zu amüsieren. Sie schaute in einem Ordner nach.

«Wir haben eine nationale Konferenz der Postbediensteten und ein Treffen von Bauunternehmern, aber... Aha! Hier steht es. *Pepper Conference*. Ich muß mich entschuldigen.»

Im Saal, in dem der Empfang stattfand, war schon ein großer Teil der 175 Teilnehmerinnen und Teilnehmer versammelt. Ich stürzte mich in die Menge. José Ivan Ortiz Monasterio Rosas, *profesor investigador* an der technischen Hochschule in Querétano in Mexiko, erzählte mir, sein Spezialgebiet sei der Jalapeño. Mexiko sei äußerst streng, was die Qualität des in die USA exportierten Jalapeño angehe. «Jede Schote muß mindestens sieben Zentimeter lang und dickfleischig sein. Veracruz ist der größte Produzent von Jalapeños, die Schoten aus Veracruz werden bevorzugt, weil sie scharf und dickwandig sind.» Der Bundesstaat Chihuahua habe Veracruz zu überrunden versucht, doch anstatt mehr Flächen mit Jalapeño zu bepflanzen, habe man es mit einem Trick probiert und für die Neuanpflanzung Jahr für Jahr nur die Pflanzen ausgesucht, die mehr als den normalen Fruchtertrag gebracht hatten. Das Resultat dieses enormen Drucks auf die Produktivität sei, daß die Pflanzen aus Chihuahua zwar wesentlich mehr Früchte trügen als die in Veracruz, die Fruchtwände aber sehr viel dünner seien. Dünnwandige Jalapeños verkauften sich in Amerika jedoch nicht so gut, weshalb die Jalapeños aus Chihuahua fast ausschließlich in Mexiko selbst verzehrt würden – am häufigsten in dünnen Streifen, *carreros* genannt. Auf diese Weise habe Chihuahua, weit davon entfernt, Veracruz zu überrunden, den gewinnträchtigen Exportmarkt verloren.

Hugo Restrepo, ein bedeutender Tabasco-Farmer aus Bogotá, hatte das Gesicht des Country-Sängers Willie Nelson und die Figur von Orson Welles. Er erzählte mir von einem Forscher, der im Auftrag des kolumbianischen Landwirtschaftsministeriums in einer Gegend namens Mitu nahe Orinoguia tief in den Amazonasdschungel eingedrungen sei, um die Eßgewohnheiten eines Indiostamms zu studieren. Er habe herausgefunden, daß die Stammesmitglieder eine winzige heimische Chilischote rauchten, die sie, weil sie wie ein Vogelschnabel aussah, Pajarito («kleiner Vogel») nannten. «Sie rauchen das Zeug», wiederholte Restrepo, um die Wirkung seiner Worte auszukosten. «Das kolumbianische Landwirtschaftsministerium will der Sache nachgehen.»

Ein anderer Teilnehmer zeigte einem anderen Mann Polaroidbilder von verschrumpelten Chilisorten, und beide rätselten, welches Virus die Pflanzen befallen haben könnte. Ted Winsberg, Farmer aus Boynton Beach, Florida, erklärte, zwar baue er aus kommerziellen Gründen Gemüsepaprika an, seine eigentliche Leidenschaft gelte jedoch den scharfen

Chilischoten. «Ich bin süchtig danach», räumte er freimütig ein und fügte hinzu, auch für seine Frau sei scharfer Chili inzwischen unverzichtbar geworden. «Ein ganzheitlich ausgerichteter Arzt hat ihr geraten, täglich einen halben Teelöffel Cayenne-Pulver zu essen, seitdem fühlt sie sich kerngesund.»

Sam Meiner, ein früherer Anwalt, hatte in Orlando, Florida, ein Spezialitätenrestaurant für scharfe Gerichte eröffnet. «Ich bin ständig auf der Suche nach noch schärferen Sachen», nannte er als Grund für seinen Besuch bei der Konferenz. «Bisher habe ich noch keinen Chili gefunden, den ich hätte ausspucken müssen. Für mich kann's gar nicht scharf genug sein.» Chris Schlesinger, der in Cambridge, Massachusetts, einen Grillimbiß mit scharfen Speisen betrieb, war ebenfalls zur Konferenz gekommen, um sich nach Neuigkeiten umzuhören. «Meine Kunden verlangen immer schärfere Gerichte von mir.» Schlesinger sagte, er habe sein Geschäft kürzlich um eigene Saucen aus jamaikanischem Chili erweitert, die er in Flaschen abfüllte und vermarktete. «Die Sauce hat's in sich. Ich habe sie ‹Inner Beauty› genannt.»

In der Broschüre zum Programm der Konferenz war zu lesen:

Wir haben für Sie ein Treffen geplant, das Sie noch lange in Erinnerung behalten werden. Sie haben Gelegenheit, die Gewürzindustrie North Carolinas kennenzulernen, sich mit Gleichgesinnten auszutauschen und sich über die letzten Forschungsergebnisse zu informieren. Wir wollen gemeinsam eine Chili-Konservenfabrik, eine führende Zuchtstation, eine Farm mit neuartigen Mulch- und Bewässerungsmethoden und eine Saucenfabrik besichtigen. Mit einem gemütlichen Umtrunk in unserem Hotel in Raleigh wird der Tag zu Ende gehen.

Am nächsten Morgen, noch vor dem Frühstück, tagte das Zuchtkomitee. Nach ausführlichen Erörterungen kam man zu dem Schluß, verstärkt Samen wilder Sorten aus der ganzen Welt, vor allem aber aus Südamerika, zu sammeln, um den kommerziell angebauten Sorten einen neuen Genschub geben zu können.

Zwei Tage lang gab es Referate und Diavorträge zu den verschiedensten Themen, z. B.: «Genetische Kontrolle sechs verschiedener Viren beim Anbau von Capsicum.» «Blütenabwurf beim Gemüsepaprika: Ursachen und Gegenmaßnahmen.» «Technische Neuerungen bei der maschinellen Paprika-Ernte.» «Auswirkungen von Ethephon auf Ertrag und Farbe von langem, leicht scharfem grünem Chili.» «Kirschpaprika-Anbau in Delaware.» «Wesentliche Aspekte der Unkrautbekämpfung beim Anbau verschiedener Paprikasorten.» «Tierische Schädlinge als Bedrohung der Gewürzindustrie in Georgia.» «Neuentwicklungen bei der verarbeitenden Chili-Industrie.»

Außerhalb der wissenschaftlichen Vorträge und Diskussionen beherrschte ein Thema die Gespräche der Expertinnen und Experten: Der amerikanische Geschmack war im Wandel begriffen. Leute, die früher um Chili einen großen Bogen machten, rangen sich zu vorsichtigen Annäherungsversuchen durch, und die bereits Eingeweihten verlangten nach immer schärferen Sorten. Die steigende Nachfrage nach Pikantem schien die Fachleute des Landes zu überraschen. Immer wieder hieß es, das Angebot an scharfen Schoten reiche nicht aus, und dies war besonders für Michael G. Natali, der zur Konferenz gekommen war, um neue Lieferquellen zu erschließen, eine schlechte Nachricht. Seine kleine Firma in Melrose Park, Illinois, doste Serrano, Jalapeño und eine Mischung aus sauer eingelegten Gemüsen und scharfen Chilischoten ein. «Ich habe große Probleme, ausreichend scharfen Chili zu bekommen», klagte er mir sein Leid, als wir gemeinsam in einem Bus zu einem Feld schaukelten, um die «Technischen Neuerungen bei der maschinellen Paprika-Ernte» zu bewundern. «Ich bin ein kleiner Fisch. Die großen Hechte machen sich breit und kaufen alles auf. Kein Wunder, daß die Farmer keine Lust haben, sich mit einem kleinen Abnehmer wie mir abzugeben. Aber ich muß neue Lieferanten finden. Mittlerweile ist jeder Hot dog in Chicago mit mindestens zwei Scheiben Serrano verziert. Bisher beziehe ich meinen Serrano aus Mississippi, aber die Mengen reichen längst nicht mehr aus. Ich habe schon ganz Jamaika, Costa Rica und Tahiti abgegrast.» Der kleine, stämmige, stets ein wenig ängstlich wirkende Mann erweckte den Eindruck, als hinge sein wirtschaftliches Überleben davon ab, mehr Chili beziehen zu können. Ich hatte gesehen, wie er sich durch die Menge schob, hier und da Hände schüttelte und aufgeregt auf die anderen Gäste einredete. «Ich habe Lieferanten zum Frühstück, zum Mittagessen und zum Abendessen eingeladen. Ich bin extra einen Tag früher gekommen, um gleich die großen Produzenten abzufangen. Ich habe sogar Arturo Jurados Tasche getragen.» Jurado, einer der größten Chiliproduzenten New Mexicos, liefert den Cayenne für die berühmten scharfen Saucen aus Louisana.

Abends gegen elf traf ich Natali neben dem Eingang zur Hoteldisco wieder. Der Rock ’n’ Roll und die bunten Lampen zogen junge Männer und Frauen in festlicher Kleidung an wie lichtsüchtige Motten, nur Natali stand wie ein Rausschmeißer ganz allein an der Tür.

«Schon Erfolg gehabt?» fragte ich.

Ein Außenstehender hätte diese Frage auf die hübschen jungen Frauen beziehen können, die in Scharen in die laute Disco strömten.

«Nein, aber aufgegeben habe ich auch noch nicht», erwiderte er. «Bestimmt kommen einige, mit denen ich noch nicht gesprochen habe, heute abend hierher. Ich habe mir überlegt, hier habe ich am letzten Abend die größte Chance, sie abzufangen. Ich selbst würde um keinen Preis da reingehen. Das kann ich meiner Frau nicht antun. Sie liegt vielleicht schon im Kindbett. Morgen ist der errechnete Geburtstermin.»

Ängstlich hielt er einen Stapel Visitenkarten in der Hand.

3
Big Jim

In New Mexico ist «Nr. 6» die Nummer 1. Noch vor einigen Jahren hielt «Nr. 9» den Spitzenplatz, doch zuletzt gab es einige andere heiße Anwärter: Española, Sandía, NuMex R Naky, NuMex Joe Parker, Rio Grande 21. Zu den neuesten Konkurrenten zählt Big Jim, der es in kurzer Zeit geschafft hat, die Leute für sich zu begeistern.

Willkommen in Hatch, wo die Farmer «Designer-Chili» züchten und sie mit blumigen Namen schmücken. Hier befindet sich das Mekka der Chiliproduktion. Und hier, gleich neben dem Interstate 25, der am Rio Grande verläuft, steht auch Jim Lytle juniors «Hatch Chile Express». Stolz steht Lytle junior vor seinem Geschäft und läßt seinen Blick über die ordentlich aufgereihten Eimer und offenen Säcke schweifen, die mit nur einem einzigen Produkt gefüllt sind: Chilischoten. Auf den ersten Blick allerdings sieht sein Stand wie ein bunter Gemüsemarkt aus, so unterschiedlich sind die Formen, Größen und Farben der Früchte, die er führt. Doch von allen Chilisorten in seinem Sortiment ist ihm Big Jim am liebsten. Die Schoten sind so groß, daß man sie aus der Entfernung mit grünen Bananen verwechseln könnte, obgleich sie flach sind und spitz zulaufen wie ein Kreisel. «Wenn das keine Prachtexemplare sind», sagt Lytle, ein Auge stolz auf seine Ware, das andere auf den Strom von Autos gerichtet, der sich stetig auf seinen Parkplatz ergießt.

Eine große, mit Chili gefüllte Drahtwalze dreht sich über einer Reihe zischender Gasbrenner. Wer bei Lytle Chili kauft, und die meisten kaufen sie in rauhen Mengen, macht anschließend bei der rotierenden Walze halt. Die Luft ist schwer vom scharfen, nach brennender Melasse riechenden Rauch. Lieferwagen bringen emsig Nachschub von den dreihundert Morgen Land, die Lytle mit Chili bebaut. Doch die Schoten verlassen seinen Umschlagplatz so schnell, wie sie gekommen sind – drei Arbeiter beladen einen Sattelschlepper mit Leinensäcken, die mit farbigen Etiketten gekennzeichnet sind: Grün heißt «mild», gelb «mäßig scharf», orange «scharf» und rot «sehr scharf».

«Die gehen nach Arizona und Colorado», erklärt mir Lytle.

Um diese Jahreszeit ist er ein vielbeschäftiger Mann. Es ist Ende August, der Höhepunkt der Chili-Ernte. In der linken Hand hält er ein Motorola-Funktelefon, die rechte braucht er, um über seinen langen, himmelwärts weisenden Schnurrbart zu streichen. Lytle ist siebenundvierzig und stämmig gebaut. Mit dem Cowboyhut aus Stroh und der dunklen Sonnenbrille sieht er eher wie ein Sheriff aus, nicht wie der wichtigste Chilifarmer von Hatch Valley. Big Jim wurde nach seinem Vater, Jim Lytle senior, benannt. Big Jim ist der absolute Verkaufsschlager in Lytles Sortiment.

Wenn die Leute in Hatch und Umgebung einkaufen gehen, fragen sie nicht nach irgendeinem Chili, sie verlangen NuMex 6 oder einfach Nr. 6. Manche wollen auch Nr. 6-4, eine spätere, verbesserte Version. Und wer es gern ein wenig schärfer hat, verlangt Sandía. Ungeübte Augen mögen Nr. 6 und Sandía zum Verwechseln ähnlich finden, doch wer auf die eine oder die andere Sorte schwört, sieht einen himmelweiten Unterschied. Lytle meint, seine Kunden wüßten ganz genau Bescheid und legten großen Wert auf die gewohnte Farbe, Konsistenz und Schärfe. Würde die Sorte verwechselt, brächten sie entrüstet den ganzen Sack zurück. «Ein Versehen der Pflücker», sagt Lytle dann und tauscht ihn nicht nur gegen einen Sack mit den gewünschten Schoten um, sondern gibt auch das Geld zurück.

Lytle steckt voller Geschichten über die Treue seiner Kundinnen und Kunden zu bestimmten Chilisorten. Einmal, so sagt er, habe eine Kundin eine Tüte Big Jim gekauft, anschließend jedoch behauptet, die Schoten seien für Big Jim viel zu scharf und erinnerten eher an Española. Lytle, der für sich in Anspruch nimmt, seine Chilisorten noch aus zwanzig Meter Entfernung auseinanderhalten zu können, wollte dies nicht glauben. Er nahm eine Schote aus der Tüte der Kundin und erkannte nach einem Biß, daß sie recht hatte: Tatsächlich waren die Schoten für Big Jim viel zu scharf. Aber Lytle wußte sofort, was geschehen war. Zu scharfe Schoten, erklärte er mir, kämen von Pflanzen, die unter Streß stünden. Die Schärfe sei für die Pflanzen der natürliche Schutz. Auf Streß reagierten sie deshalb mit schärferen Schoten. Und diese Schärfe habe sich bestens bewährt, um Plünderer abzuschrecken, die sich an ihren Blättern gütlich tun wollten.

In diesem Fall jedoch hatten keine Raubtiere die Pflanzen unter Streß gesetzt. Nein, Lytle wußte genau, von welchen Pflanzen die Früchte kamen. «Die Seite des Feldes war sehr sandig und hatte nicht genug Wasser bekommen, da haben sich die Pflanzen auf ihre Weise zur Wehr gesetzt. Ich habe der Frau eine andere Tüte Big Jim gegeben, bin zur Kasse gegangen und habe ihr das Geld in die Hand gedrückt. Schließlich habe ich einen guten Ruf zu verteidigen.»

Die Leute fahren bis zu fünfzig Meilen nach Hatch, um Lytles Chili zu kaufen. Lytle gehört zu den mehr als einem Dutzend Chilifarmern, die der Stadt mit ihren Chilifeldern und Verkaufsständen am Straßenrand einen ganz besonderen Charakter verleihen. Während der Erntezeit scheint man hier nichts anderes kaufen zu können als Chili. Und auf dem Höhepunkt der Erntezeit hält die Stadt, die sich selbst zur «Chili-Hauptstadt der Welt» ernannt hat, ihr «Hatch Chile Festival» ab.

Die ganze Stadt ist in Chilimanie verfallen. In einem riesigen Zelt mit Banjo- und Fiedelmusik sehe ich die Stadtväter, verstärkt durch Fachleute und andere Juroren, über vierzehn verschiedenen Chilisorten brüten, deren Erträge von winzig kleinen, perlförmigen Früchten bis zu enorm großen, über dreißig Zentimeter großen Schoten reichen und von den örtlichen Farmern im Wettbewerb um den «Chili des Jahres» eingereicht wurden. Die Geschäfte, ja, selbst die Tankstellen sind mit *ristras*, langen Girlanden mit roten Schoten, geschmückt. Eine Genossenschaftsbank feiert gerade ihre Eröffnung, und ich sehe die Honoratioren der Stadt mit großen Scheren ausgerüstet hinter einem breiten Band aus Chilischoten stehen.

Chili macht sich auch auf sämtlichen Speisekarten breit. Er beherrscht *rellenos* (gefüllte Paprika) und *salsas* (aus frischen, kleingehackten Zutaten bestehende Saucen), schmückt Pizzas und Eier, würzt Kürbis- und Maisgerichte und schmiegt sich in die Falten warmer Tortillas. Er schmort im Sud von Rind- und Schweinefleisch und wird kleingeschnitten auf Hamburger oder Hot dogs gestreut. Manche Eßlokale bieten sogar mit Chili geschmortes Fleisch von Büffeln und Klapperschlangen an. Manchmal werden aber auch einfach die fleischigsten Schoten gegrillt und als Beilage serviert. Selbst im entfernten Santa Fe gilt die «Hatch Chile Soup» noch als besondere Köstlichkeit.

Weil die Erntezeit weniger als zwei Monate dauert, setzt, sobald der erste Chili auf den Markt kommt, ein gieriges Gerangel ein. Gegen Ende der Saison, rund um den Labor Day, verwandelt sich die Gier fast in Raserei, weil jeder unbedingt genug Chili einlagern will, um über den Winter zu kommen. Nicht selten habe ich Familien mit Fünfzigpfundsäcken davonfahren sehen.

Um sie für das Einfrieren vorzubereiten, werden die Schoten geröstet – ja, das Rösten der Schoten gehört hier ebenso zur Chili-Ernte wie das Pflücken selbst. Seit Jahrzehnten landen ganze Berge von Chilischoten auf den Hinterhofgrills, die bei den Häusern rund um Hatch zur Grundausstattung gehören. Erst in letzter Zeit wurde eine modernere Version erfunden, eine Trommel, die sich über mehreren Gasflammen dreht. Das Gerät, das ich zum ersten Mal vor Lytles «Hatch Chile Express» sah, hat eine ganze neue Spezies von Straßenhändlern hervorgebracht, die mit ihrem Röster von Farm zu Farm reisen oder sich vor Geschäften und Supermärkten aufstellen und darauf warten, daß die Leute mit ihren frisch erworbenen Chilivorräten zu ihnen kommen. Der Rauch der zahllosen Grills und Röster legt sich zur Erntezeit über das Tal und hüllt es in einen unverwechselbaren Duft ein.

Gleich nach dem Rösten werden die Schoten fest in Plastiktüten verschlossen. Auf diese Weise werden sie warm gehalten, und weil der Feuchtigkeitsgehalt der Schoten steigt, löst sich die zellophanartige Haut. Das glänzend grüne, nackte Fruchtfleisch hat die glitschige Konsistenz einer frischen Auster. Mit Knoblauchsalz bestreut und in eine warme Tortilla gehüllt, wird es zu einem köstlichen Imbiß. Häufig wird es auch in Teig gehüllt und in glühend heißem Öl ausgebacken.

Für den Winter werden die Chilischoten auch zu langen *ristras* aufgefädelt, die dreißig bis vierzig Pfund wiegen und in den *patios* oder von den Außenwänden der Lehmziegelhäuser zum Trocknen herunterhängen. Bei der Länge dieser *ristras* wird nichts dem Zufall überlassen. Eine altbewährte Faustregel besagt, daß die für einen bestimmten Haushalt bis zur nächsten Ernte benötigte Chilimenge einer *ristra* entspricht, die doppelt so lang ist wie die Körpergröße aller Familienmitglieder zusammengerechnet. Im getrockneten Zustand werden die *ristras* in der Küche aufgehängt, damit man sie jederzeit bequem erreichen kann, und die getrockneten Schoten werden bei der Zubereitung von Saucen und anderen Speisen großzügig verwendet.

Aber auch Chilischoten in nichteßbarer Form gibt es in Hatch: Plastikchili als Ohrringe; Chili auf T-Shirts, Sokken, Kissenhüllen, Bettzeug und Tischdecken gedruckt; Chili auf Töpfen und Pfannen. In der nahen Stadt Mesilla, wo der Revolverheld Billy the Kid als Auftragskiller manch offene Rechnung beglich, hat der Chili Kunst und Kunsthandwerk inspiriert. Die Souvenirläden am Marktplatz heißen «Chiletos» und «Chilpepe».

Wie der Chili in das Hatch Valley kam, ist bis heute umstritten. Der gängigen Geschichtsschreibung nach brachte ihn 1598 der Konquistador Don Juan de Oñate mit. Die indianische Bevölkerung hat diese Behauptung wiederholt zurückgewiesen. Einer ihrer Vertreter sagte mir während meines Besuches in Hatch: «Das ist so typisch! Immer, wenn es um positive Dinge geht, wird automatisch angenommen, die Europäer hätten sie mitgebracht.» Rückendeckung bekommt die indianische Bevölkerung von der Archäologie, die kürzlich nachgewiesen hat, daß schon in voreuropäischer Zeit zwischen New Mexico und Zentralamerika eine rege Handelsverbindung bestand und der Chili in der Ernährung der Pueblo-Indianer längst vor der Ankunft Oñates eine wichtige Rolle spielte. (Der Nachweis kam allerdings zu spät, um zu verhindern, daß eine neue Chilizüchtung zu Ehren Oñates auf den Namen «Conquistador» getauft wurde.)

Doch wer auch immer den Chili mitgebracht hat – nachdem er einmal in New Mexico angekommen war, wurde er im trockenen Klima des natürlich bewässerten Tals des Rio Grande rasch heimisch. Heute führen mehrere Meilen lange Kanäle vom Rio Grande auf die Chilifelder, die in der Sonne brüten und träge das Wasser des großen Flusses schlürfen. Im Hatch Valley, das im südlichen Teil des Staates New Mexico liegt, besonders hohe Tages- und Nachttemperaturen aufweist und eine längere Wachstumsperiode hat, wachsen schärfere Sorten als im Norden rund um Albuquerque. Einige *aficionados* halten die nördlichen Sorten für aromatischer. Sie werden in höheren Lagen gezogen, tragen bloß halb so große Früchte wie die Pflanzen im Süden und sind nach den abgelegenen Tälern, in denen sie wachsen, «Chimayo», «Dixon», «Velardes» und «San Juan» benannt. «Nach diesen Chilisorten besteht eine so große Nachfrage, daß man den Farmer persönlich kennen muß, um überhaupt eine Lieferung zu ergattern», erzählt mir Peter Raub, Lehrkoch an der Santa Fe School of Cooking. «Die Kaufverträge werden unterschrieben, ehe die Pflanzen überhaupt in der Erde sind.»

Von Raub erfuhr ich auch, daß die Kochschule kürzlich einen auf Capsicum spezialisierten Botaniker angestellt hatte. Er sollte den Lehrlingen eine gründliche Einführung in die verschiedenen Chilisorten, ihr Aroma und ihre Schärfe geben. Auch an diesem Beispiel zeigt sich, wie ernst man dieses Gewürz mittlerweile in der amerikanischen Küche nimmt.

Raub erzählte mir, er habe unzählige Kurse über die Küche des Südwestens geleitet. Der Chili habe die Teilnehmerinnen und Teilnehmer immer am meisten interessiert und ihre Phantasie beflügelt. Die scharfen Schoten wanderten in Salatsaucen, glasierten Fisch, selbst in bestimmte Desserts. Nicht nur die Lehrlinge der Kochschule, Köchinnen und Köche im gesamten Südwesten würden ausprobieren, welche Chilisorte am besten zu welchen Speisen paßte – welche zu Sahnesauce, welche zu Schweinefleisch, welche zu Geflügel. Und immer wieder würde nach Sorten gesucht, die bisher in die südwestliche Küche noch keinen Eingang gefunden hätten. Bis vor einiger Zeit hätten Köchinnen und Köche ganz auf Knoblauch, schwarzen Pfeffer und bestimmte Kräuter vertraut, um ihren Gerichten Leben einzuhauchen. Jetzt hätten sie mit dem Chili eine neue Zutat entdeckt, wie eine neue Farbskala, mit der sie ihre Rezepte bunter und interessanter machen können.

Die traditionelle Küche im Südwesten der USA habe zwar schon immer scharfen Chili verwendet. In dem Versuch, die europäisch geprägte Küche Amerikas mit den Traditionen der indianischen Bevölkerung, Mexikos und der Karibik zu vereinen, sei in den letzten Jahren jedoch eine unüberschaubare Anzahl neuer Gerichte entstanden.

An dieser Vereinigung wesentlich beteiligt war Mark Miller, Chefkoch und Eigentümer des Coyote Cafe in Santa Fe. Ich fragte ihn, wieso die Küche des Südwestens den amerikanischen Gaumen plötzlich so entflammt habe. Und er sagte mir, seiner Meinung nach habe dies vor allem soziale und demographische Gründe. Die Immigrantinnen und Immigranten aus Mexiko, Südamerika und den «scharfen» Ländern Asiens würden endlich als Teil der amerikanischen Bevölkerung anerkannt. Dies gehe vielleicht auf die immer stärker werdende Immigration, vielleicht aber auch auf den Nationalismus der Reagan-Ära zurück. Der Nationalismus habe es den Amerikanerinnen und Amerikanern europäischer Abstammung erleichtert, die verschiedenen ethnischen Wurzeln Amerikas anzuerkennen. Jedenfalls sei an den Restauranttischen von San Francisco bis New York ein neues Bewußtsein ausgebrochen und eine ungewohnte Neugier zu spüren. Ein Gericht brauche heutzutage nicht mehr französisch oder italienisch zu sein, um als schick zu gelten.

Die Beliebtheit der italienischen und französischen Küche – die ich für meinen Teil nicht bedeutend besser fand als die irische, die mich einst in die Arme des scharfen Chilis trieb – hat mich schon immer erstaunt. Was ist eigentlich so außergewöhnlich an kaltem Mozzarella auf Tomatenscheiben? Oder an gegrillten Auberginen, die in Olivenöl schwimmen? Und was ist eigentlich das Besondere an Nudeln – von Miller bloß zynisch «trockener Hartweizen» genannt –, die sich, wenn überhaupt, eher durch ihre unzähligen Formen als durch ihren Geschmack unterscheiden?

Und wie sieht es mit der französischen Küche aus? Meine eigenen Erfahrungen waren ziemlich begrenzt, daher gab ich die Frage an Miller, einen der führenden Köche Amerikas, weiter. «Was den Geschmack angeht, rangiert die französische Küche etwas höher als die italienische», sagte er mir. «Sie hat eine große Tradition. Aber die Küche des amerikanischen Südwestens hat mehr Aroma. Sie setzt bei der Zubereitung sehr viel mehr Techniken ein. Sie schmeckt nach Rauch, nach Erde, nach Explosion – und schafft Genüsse, die sich nicht allein auf den Geschmackssinn beschränken. Man sieht schroffe Berge und tiefe grüne Täler, man riecht die Kreosotbüsche in der Wüste nach dem Regen. Die Küche des Südwestens bietet ein ganzes Spektrum an Erfahrungen. Das europäische Essen ist flach dagegen. Der Unterschied ist wie der zwischen einem braven Kammerensemble und einer feurigen Mariachi-Band.»

Die heutigen Restaurantgäste würden die umfassende sinnliche Erfahrung suchen, sagte Miller und erklärte damit die Faszination «neuer» Kräuter und Gewürze, die eigentlich von alters her in Amerika wuchsen. «In den siebziger Jahren entdeckten wir Balsamessig, Himbeeren, grüne Pfefferkörner, Mozzarella, Prosciutto und Radicchio, in den Achtzigern wilde Pilze und Trüffel», erklärte er mir. «Jetzt entdecken wir Kakteen, alte Maissorten, Quinoa, Amaranth, mexikanischen Zimt – und den Chili. Auch verschiedene Knoblauchzehen, das Schwärzen von Tomaten, die Verwendung von Zitrusfrüchten, denn warum sollte man solche Zutaten nur auf die Desserts beschränken?»

Das hauptsächliche Merkmal der südwestamerikanischen Küche liegt natürlich in der großzügigen Verwendung von Chili. Miller sagte, zwei Drittel seiner Rezepte basierten auf Chili, und nannte mir einige Beispiele: zweifarbige Chilisuppe (die eine Seite aus grünen, die andere aus roten Chilischoten); Hummer in einer Crêpe aus geräuchertem Mais, mit geröstetem Poblano und Habanero garniert; mariniertes Rehfleisch in einer Sauce aus Ancho-Chili und frischen Kirschen; gegrillte Rinderlende in einer Sauce aus Serrano-Chili und geschwärzten Tomaten; Rib-eye-Steak mit einer Glasur aus Jalapeño-Senf; Chutney aus mexikanischem grünem Chili, Äpfeln und Pinienkernen. Die Schärfe des Chilis schmeckt man bei diesen Gerichten als erstes. Erst danach haben die anderen Zutaten ihren Auftritt; Haupt- und Nebendarsteller finden zu einem harmonischen Ganzen und vereinigen sich schließlich zum Happy-End.

«Ohne den Chili könnte die Küche des Südwestens nicht

existieren», sagte Miller, der früher als Anthropologe an der University of California in Berkeley lehrte. Wenn er vom Essen spricht, bleibt er nicht wie die meisten Kritiker in Amerika bei den Äußerlichkeiten stehen, sondern gibt seine sinnliche Erfahrung wieder und sucht dabei häufig Zuflucht in der Welt der Musik. «Chili gibt dem Essen Rhythmus. Jede Sorte spricht einen anderen Teil des Gaumens an, so wie jeder Teil des Orchesters ganz eigentümliche Töne hervorbringt, die erst im Zusammenspiel mit den anderen zu einer Symphonie verschmelzen.» Miller erzählte mir, er habe neunzig verschiedene Chilisorten geprüft und, wie bei einer strengen Weinprobe, nach Aroma und Schärfe bewertet. «Die Chilisorten sind unsere Weintrauben», erklärte er mir.

1990 produzierte New Mexico Chilischoten mit einem Trockengewicht von 46 780 Tonnen, doppelt soviel wie 1980, als die Produktionsmenge noch bei 23 410 Tonnen lag. Damit ist New Mexico der größte Chiliproduzent in den USA, und der größte Teil der Produktion kommt aus dem Tal des Rio Grande. Vom Gewicht her wächst in New Mexico mehr Chili als jedes andere landwirtschaftliche Produkt, bei der Anbaufläche wird er von Heu und Baumwolle übertroffen. Mit 1600 Dollar durchschnittlichem Gewinn pro bebautem Morgen stellt er sicherlich das profitabelste landwirtschaftliche Produkt dar (gefolgt vom Heu mit 300 Dollar pro Morgen). Die Chili-Ernte hat für den Staat eine so große Bedeutung, daß das für Fisch und Wild zuständige Ministerium den Farmern die Sondererlaubnis erteilte, Rehe, die offenbar ebenfalls am Chili Gefallen gefunden haben und in ihren Feldern wildern, zu erschießen.

In der Zeit vor dem Chiliboom zeichnete sich Hatch einzig durch das Fort Santa Barbara aus, das am Ostufer des Rio Grande steht und von 1880 bis 1895 von General Edward Hatch befehligt wurde. Der Ort wurde zunächst Hatch's Station und später Hatch's Ranch genannt. In der Mitte zwischen Las Cruces und Truth oder Consequences gelegen, sieht Hatch wie ein kleiner Fleck auf der riesigen Ebene aus, und wenn man auf dem Interstate 25 im falschen Moment mit den Augen zwinkert, kann man es leicht verpassen. Die Stadt hat etwas mehr als dreitausend Seelen, doch in der Chilisaison schwillt die Bevölkerung vorübergehend auf dreißigtausend an. Transparente, die den Beginn des Chili-Festivals ankündigen, werden über alle Straßen gespannt, die nach Hatch führen. Der nächste Flughafen befindet sich in El Paso, Texas; von dort muß man siebzig Meilen in nördlicher Richtung fahren, um nach Hatch zu kommen.

Die junge Frau, die während des Flugs nach El Paso an meiner rechten Seite saß, war ebenfalls nach Hatch unterwegs. Sie hieß Jedre Wilker, arbeitete als Ärztin an einem Krankenhaus in Des Moines, Iowa, hatte davor aber viele Jahre lang in New Mexico gelebt. «Ich habe mir per Post Chili nach Des Moines kommen lassen, aber auf die Qualität konnte ich mich nie verlassen. Wenn ich ihn geröstet und geschält hatte, war manchmal gar nichts mehr übrig, was ich hätte essen können», klagte sie. «Jetzt fahre ich lieber selbst zur Erntezeit nach Hatch, besuche Freunde und kehre mit einem Fünfzigpfundsack wieder zurück.» Sie lächelte verschmitzt. «Nur der Chili kann mich über den kalten Winter in Iowa retten», gestand sie mir. «Ich habe auch versucht, getrockneten aus Hatch zu kaufen, aber das hatte wenig Zweck. In Iowa ist es so feucht, das die *ristras* in meiner Küche schimmelig wurden.» Wir verabredeten uns locker für das Chili-Festival am nächsten Tag.

Gemeinsam mit Jim Lytle junior fahre ich auf seine Chilifelder. Sie sind in Streifen von zehn bis hundert Morgen über ein etwa zwölf Meilen großes Gebiet verstreut. Dahinter stecke Absicht, sagt er mir. Bei einem plötzlichen Hagelschauer könne so der Schaden in Grenzen gehalten werden. Wenn alle seine Felder in einem Gebiet lägen, könnte die gesamte Ernte durch plötzlichen Hagelschlag vernichtet werden.

Die breite Streuung erlaube ihm außerdem, die einzelnen Sorten fein säuberlich voneinander zu trennen und damit deren Reinheit zu gewähren. Die Chilipflanzen würden sich leicht gegenseitig befruchten, und eine ungewollte genetische Vermischung von einem zum nächsten Feld könne die Form, das Aroma und die Schärfe der Früchte beeinflussen. Vor der Pflanzsaison gehe er deshalb überall herum und frage seine Nachbarn, welche Sorte sie wo anzupflanzen gedächten. «Wenn Sie vorhaben, neben meinem Feld ‹NuMex 6› zu pflanzen, pflanze ich auch ‹NuMex 6›. Und wenn sie Sandía pflanzen, pflanze ich Sandía.» Lytle ist höflich; in Wirklichkeit richten sich die anderen nach seinen Plänen. Dennoch ist die gegenseitige Befruchtung ein Problem, da immer mehr Farmer auf den Anbau von Chili umsteigen und ihre Felder dicht beieinander liegen. Die Bienen tragen den Blütenstaub auch zu weiter entfernten Feldern, so daß Lytle immer mal wieder Schoten in den merkwürdigsten Formen findet, die er «Vagabunden» nennt. Er und seine Arbeiter gehen regelmäßig durch die Felder, um die unerwünschten Pflanzen auszureißen. Lytle sagt, sein guter Ruf gründe sich auf der gleichbleibend hohen Qualität seines Chili, und für diese Qualität seien seine Kundinnen und Kunden bereit, auch ein wenig mehr zu zahlen; jede Tüte sei bei ihm einen Dollar teurer als bei der Konkurrenz.

Beim Gang durch die Felder fällt sofort das Mißverhältnis zwischen der Größe der Früchte und der Größe der Pflanzen auf. Die Pflanzen, deren Blätter oben eine dichte Krone bilden, sind etwa sechzig Zentimeter hoch, die Schoten, die von ihren Zweigen herunterhängen, etwa fünfundzwanzig bis dreißig Zentimeter lang, also halb so groß wie die Pflanze. Jede Pflanze trägt durchschnittlich fünfzehn bis zwanzig Schoten. Daß die Pflanze unter dieser Last noch aufrecht stehen kann, grenzt fast schon an ein Wunder.

«Ganz am Anfang hatte der Chili winzig kleine Früchte»,

sagt Lytle und hält eine glänzende, fünfunddreißig Zentimeter lange Schote gegen das Sonnenlicht.

Auf den ersten Blick wirkt sie unnatürlich. Ihre unverhältnismäßige Größe weckt in mir das gleiche beklommene Gefühl wie das viel zu klein geratene «Baby»-Gemüse, das man auf viel zu groß geratenen Tellern in den Restaurants der *haute cuisine* vorgesetzt bekommt. Ein ähnliches Gefühl beschleicht mich, wenn ich im Supermarkt die regelmäßigen Reihen gleichförmiger Tomaten, Kartoffeln, Äpfel oder Orangen sehe, deren natürliche Vielfalt der kommerziellen Bequemlichkeit zum Opfer fiel. Wie verführerisch sind dagegen die Märkte in Bolivien, in Mexiko oder Indien, auf denen sich die genetisch noch ungezähmte Natur in all ihrer Vielgestaltigkeit vor unseren Augen ausbreitet. Keine Symmetrie in den überbordenden Ständen, Säcken und Körben. Kein Großhandel, keine Konservenfabrik, die auf regelmäßige Proportionen besteht. Wer die Hand um die verschiedenartigen Formen schließt, hat das Gefühl, die Erde selbst zu spüren. Der Blick auf die gleichförmige Ware im Supermarkt ruft bei mir dagegen bloß Bilder von Abpackbetrieben und Dosenfabriken wach, und vor meinem geistigen Auge erscheinen robotergleiche Hände, die all die identischen Tomaten, Äpfel und Paprikaschoten in standardisierte Kartons und Dosen einpassen. Ähnliche Bilder kamen mir auch auf Lytles Chilifeldern. Hinter diesen viel zu groß gewachsenen Chilifrüchten, die eher zu einem Baum oder mindestens einem Gewächs von der Höhe einer Bananenstaude gepaßt hätten als zu einem kniehohen Busch, konnten nur kommerzielle Wünsche stehen.

Lytle ist stolz auf die durch genetische Spielereien geschaffene Größe. «Je größer die Schote, desto höher der Ertrag», erklärt er mir. Bei gleichem Pflückaufwand käme ein sehr viel höheres Gewicht zustande. Deshalb bemühe man sich auch, die Größe ständig zu steigern. Am Ende jeder Woche zahlten er und seine Frau dem Pflücker, der die größte Schote gefunden habe, einen Bonus von fünf Dollar aus. Die

Schoten würden gesammelt und die Samen für den Anbau im nächsten Jahr verwendet.

Den Rekord hält jedoch nicht einer von Lytles Pflückern, sondern seine Mutter, June Lytle. Sie kam 1988 mit einer dreiunddreißig Zentimeter langen Schote ins *Guinness-Buch der Rekorde*. «Dabei habe ich inzwischen schon zweiundvierzig Zentimeter lange Schoten gezogen», erzählte sie mir, als ich sie während meines Besuches kennenlernte. Dank der Werbespots für Düngemittel, in denen sie aufgetreten ist, gilt sie in Hatch als Star. «Zwei Jahre lang war ich in der Werbung. Im Radio. Im Fernsehen. Seitdem halten mich alle für einen Filmstar. Sogar die Mitgliedschaft in der Schauspielergewerkschaft hat man mir angeboten.»

Beim Gang durch die Felder pflückt Lytle hier und da eine Schote ab, um seine Erklärungen zu untermalen. «Ein perfekter Chili!» ruft er bei einer Frucht entzückt und steckt sie in die Tasche. Als wir zum Auto zurückkehren, haben wir beide Hände voller Chilischoten. Er breitet sie im Kofferraum aus. Ich habe längst vergessen, welche Schote zu welcher Sorte gehört; für meine ungeübten Augen sind die meisten ohnehin nicht zu unterscheiden. «Sie können zehn verschiedene Sorten in eine Tüte stecken, kräftig schütteln und vor mir auskippen. Ich sage ihnen genau, welche Schote zu welcher Sorte gehört», sagt Lytle. Dann greift er sich willkürlich ein halbes Dutzend Schoten heraus, reiht sie nebeneinander auf und geht sie eine nach der anderen durch. «Big Jim ist schwerer als alle anderen, glatt und sehr breit. Sandía hat rechteckige Schultern und ist unten viel spitzer als Big Jim. NuMex sieht Big Jim sehr ähnlich, hat aber eine dunklere Haut und hängende Schultern. Española ist von allen Chilisorten die leichteste und kleinste.»

Schon als Junge war Lytle ständig mit seinem Vater in den Chilifeldern. Sein erstes eigenes Chilifeld besaß er, als er noch zur High School ging. «Ich habe mich immer auf den Herbst gefreut. Zwischen meinem Vater und mir ging es dann immer darum, wer den schönsten Chili geerntet hat.»

Ich frage ihn, was er unter einem «perfekten Chili» versteht.

«Für mich ist ein perfekter Chili groß, fünfundzwanzig bis fünfunddreißig Zentimeter lang, glatt, hat hübsche, abgerundete Schultern und eine schöne Spitze. Bei einem perfekten Chili kann man nach dem Rösten die Haut mit einem Gartenschlauch abspülen. Ideal ist, wenn man seine Finger nicht benutzen muß. Und aus dem Samen eines perfekten Chilis muß man fünfhundert Morgen bepflanzen und davon ausgehen können, daß jede Pflanze die gleiche Größe, die gleiche Blattform und das gleiche hübsche, schattenspendende Blätterdach hat. Das ist ein perfekter Chili.»

Abgerundete Schultern, damit das Wasser nicht auf der Schote hängenbleibt und zu Fäulnis führt. Spitzes Ende, damit sich die Haut am Ende der Schote leicht abziehen läßt. Groß, damit jeder Pflückeinsatz den größtmöglichen Ertrag einbringt. Gleiche Pflanzengröße – sechzig Zentimeter plus dreißig Zentimeter aufgehäufelte Erde –, damit man sich beim Pflücken nicht allzusehr bücken muß. Perfektion im Dienste der Bequemlichkeit und des Kommerzes. Ich fragte mich, ob Big Jim das gleiche trostlose Schicksal erwartete wie unsere Supermarkt-Tomaten (wäßrig und geschmacklos), Supermarkt-Gurken (ledrig und zäh) und Supermarkt-Erdbeeren (trocken und fad).

Den Wunsch, einen perfekten Chili zu schaffen, der die vermeintlichen Bedürfnisse der Kundinnen und Kunden am besten erfüllt, hatte schon Fabian Garcia. Der bekannte Züchter führte im Februar 1921 den Chili ein, der über Jahrzehnte hinweg den Anbau beherrschen sollte: «Nr. 9».

Garcia hielt wenig von den verschiedenen Chilisorten, die zu Beginn des Jahrhunderts in New Mexico angebaut wurden. «Unsere Chilisorten tragen Schoten von höchst unregelmäßiger Form, sind faltig, wenig fleischig und am Stilende tief eingekerbt», schrieb er in einer landwirtschaftlichen Fachzeitschrift. «Alle diese Eigenschaften geraten zum Nachteil der Konservenindustrie, denn eine fleischige, glatte, spitz zulaufende und am Stielende abgerundete Schote ließe sich viel leichter schälen. Und da alle eingelegten Chilischoten geröstet und anschließend von Hand geschält werden müssen, könnte die Produktion dadurch enorm verbilligt werden.»

Um seine Vorstellungen vom perfekten Chili in die Wirklichkeit umzusetzen, sammelte Garcia in der Nachbarschaft Samen von allen verfügbaren Chilisorten und ging schließlich im Frühling 1907 ans Werk. Elf Jahre lang kreuzte Garcia die verschiedenen Sorten und ihre Nachkommen, bis er nach einem wahren Tauziehen mit der Natur endlich in der Lage war, die kommerziell wünschenswerten genetischen Merkmale herauszuziehen. Garcia begann mit zwölf verschiedenen Typen eines langen, faserigen Chilis namens Pasilla sowie mit einem «schwarzen Chili» und einem «roten Chili». Er numerierte sie von 1 bis 14, pflanzte sie im Januar 1908 im Gewächshaus ein und im April ins Freiland um. Doch eine Welkekrankheit befiel im Juli und August die Pflanzen und vernichtete den größten Teil. 1909 wählte Garcia unter den überlebenden Pflanzen die besten aus. Wieder wurde ein großer Teil durch Krankheit vernichtet, und die überlebenden Pflanzen wurden 1910 neu ausgepflanzt. Bis 1912 verlor Garcia die meisten Pflanzen, 1913 hatte er endlich eine gesunde Population.

Die Nachkommen der Nummern 2, 9, 11 und 13 trugen Früchte, die dem von Garcia angestrebten Ideal am nächsten kamen. Ihre Schultern waren abgerundet. Aber Nr. 2 war ein wenig schmal und dünnwandig, Nr. 11 war ein wenig kurz, und Nr. 13 hatte in der Mitte eine leichte Delle. Nur die Nr. 9 wies keinen dieser Makel auf. 1914 rangierte Garcia daher alle anderen Sorten aus und experimentierte nur noch mit den Nummern 9 und 11. Er verteilte die Samen an befreundete Farmer, um beobachten zu können, wie sie unter den verschiedensten Umweltbedingungen gedeihen würden. Die Auswertung dieses Experiments führte dazu, daß er schließlich auch Nr. 11 fallenließ und sich nun ganz auf Nr. 9

konzentrierte. 1916 setzte er 5455 Pflanzen aus. 198 wurden durch die Welkekrankheit vernichtet.

1917 gab es zwar keinen Verlust durch Krankheit mehr, doch Garcia stellte fest, «daß es noch immer einige Pflanzen gab, deren Schoten faltig und am Stielende eingedellt waren.» Diese «Vagabunden» wurden ausgerissen und die Samen der verbleibenden Pflanzen für das nächste Jahr gesammelt. Erst 1918 glaubte Garcia, seine Kriterien für «eine größere, glattere, fleischigere, spitzere und abgerundetere Schote für die zweckmäßigste Weiterverarbeitung in der Konservenindustrie» erfüllt zu haben. Drei Jahre später gab er seine Züchtung offiziell frei.

«Nr. 9 wächst sechzig bis neunzig Zentimeter hoch. Die Pflanzen sind kräftig und äußerst ertragreich», verkündete er in einem Zeitschriftenartikel.

Bald darauf bekam Garcia begeisterte Briefe:

Ich habe auf meiner Ranch im zurückliegenden Jahr fünf verschiedene Felder mit Chili angebaut. Zwei mit dem Chili aus dem College (Nr. 9), eins mit Chili aus Kalifornien und zwei mit selbstgesammeltem Samen vom letzten Jahr. Der Chili aus dem College wuchs höher und hatte einen höheren Ertrag und größere Schoten als die anderen Sorten. Es war der beste Chili, den ich in dieser Gegend je habe wachsen sehen…

Hugh A. Teel
Teel, N. Mex.

Ich bin Hobbygärtnerin und hätte gern etwas von dem Chilisamen, den Sie vor zwei Jahren an Mr. Watt geschickt haben. Es war der beste Chili weit und breit.

G. T. Davis
Roswell, N. Mex.

Ihren Chili Nr. 9 bauen wir jetzt schon seit vier Jahren an. In den letzten zwei Jahren haben wir uns gar nicht mehr mit anderen Sorten abgegeben.

Percy W. Barker
Mesilla Park, N. Mex.

Garcias Nr. 9, der erste «wissenschaftlich entwickelte» Chili, beherrschte dreißig Jahre lang die Chiliszene von New Mexico, bis er 1951 von Nr. 6 abgelöst wurde.

Auch unter dem Namen «NuMex 6» bekannt, wurde dieser etwa 6 Zoll lange Chili ausschließlich nach den Bedürfnissen der Konservenindustrie gezüchtet. Paul Bosland, Professor für Gartenbau an der New Mexico State University, erzählte mir: «Der Grund für die Größe des ‹NuMex 6› ist sehr interessant. Die Konservenfabriken wollten unbedingt einen Chili, der ohne Stil und Samenkern genau in die 4,5 Zoll hohen Standarddosen paßt. Deshalb mußte er 6 Zoll lang sein.»

Vorangetrieben wurde die Entwicklung des ‹NuMex 6› von Roy Harper, ebenfalls Gartenbauexperte am damaligen New Mexico College of Agriculture and Mechanic Arts. Sein Ausgangsmaterial bildeten einige Chilisorten «unbestimmter Herkunft» sowie der von Garcia gezüchtete Chili Nr. 9. Daß man den sechs Zoll langen Chili «Nr. 6» nennt, hat jedoch nichts mit seiner Länge zu tun. Es war die sechste Gruppe von Harpers Versuchspflanzen, deren Früchte schließlich nicht nur die gewünschte Länge hatten, sondern auch die vorteilhafteste Form. «NuMex 6» wurde auf den Farmen und in den Konservenfabriken ein sofortiger Erfolg, und das wohl auch deshalb, weil er nur halb so scharf war wie der alte Chili Nr. 9 und deshalb auch die uneingeweihten angloamerikanischen Konsumenten für sich gewinnen konnte.

Doch nicht immer führte ein Zuchtauftrag der Industrie zu einer entsprechenden Vermarktung. Auch die Entwicklung von Big Jim war, wie mir Bosland erzählte, eine Auftragsarbeit. Eine Konservenfabrik im Mesilla-Tal wollte unbedingt einen größeren Chili haben, mit dem sich die Arbeitsabläufe weiter automatisieren und Arbeitskräfte einsparen ließen. Einer der größten Kostenfaktoren kam nämlich dadurch zustande, daß die einzelnen Chilischoten von einem messerschwingenden Arbeiter «geköpft» werden mußten, ehe sie aufs Fließband rollen und weiterverarbeitet werden konnten. Die Fabrik spielte mit dem Gedanken, eine Maschine anzuschaffen, die das Stielende der Schoten automatisch abhackte. Sie bat daher Roy Nakayama, der zu der Zeit als Professor für Gartenbau an der New Mexico State University lehrte, einen Chili zu züchten, der sich automatisch köpfen ließe (wobei zwangsläufig ein ziemlich großer Teil der Schote verlorenginge) und trotzdem noch groß genug wäre, um in einer Standarddose konserviert zu werden. Mit seinem besten Freund, dem Farmer Jim Lytle senior, der ihm die nötige Versuchsfläche zur Verfügung stellte, ging Nakayama ans Werk. Eines war den beiden Züchtern klar: Die neue Schote mußte riesig sein – mindestens zweiundzwanzig Zentimeter lang.

Nakayama, der inzwischen gestorben ist, fühlte sich, wie er mir vor seinem Tod erzählte, mit dem Chili besonders verbunden, weil er seiner sonst recht faden Diät Würze verlieh, aber auch in der Zeit der wirtschaftlichen Depression ein wichtiger Nährstofflieferant war. Als Kind japanischer Eltern in den USA geboren, kämpfte Nakayama auf amerikanischer Seite im Zweiten Weltkrieg gegen die deutsche Ardennenoffensive. Später wurde er ein erfahrener Chilizüchter. Er hatte mit Harper an der «NuMex 6» gearbeitet und später eine Weiterentwicklung gezüchtet, die man «NuMex 6-4» oder einfach «6-4» nannte und die den örtlichen Bodenbeschaffenheiten und klimatischen Bedingungen besser angepaßt war. Nakayama, den man auf den Farmen und in den Konservenfabriken nur «Mr. Chili» nannte, tat für den Chili, was Stephen Jobs mit seinem Apple für den Computer tat: Er brachte ihn unter die Massen. 1973 gründete er die Vereinigung der *International Connaisseurs of Green and Red Chili* im nahen Las Cruces und richtete seine Anstrengungen darauf, mildere Sorten zu züchten, damit auch Menschen, die gegen höllische Schärfegrade weniger gefeit waren, Chili genießen konnten. «Ohne milden Chili gäbe es weder Taco Bells noch Old El Paso», sagte er mir stolz. Jahre später sollte Dr. Villalon aus Texas in der gleichen Richtung weiterarbeiten, einen milden Jalapeño züchten und damit eine beträchtliche Kontroverse auslösen.

Nakayama züchtete schließlichen den «langen, großen, milden Chili», den sich die Dosenfabrik aus dem Mesilla-Tal gewünscht hatte, und nannte ihn Big Jim – nach seinem Freund Jim Lytle senior, der inzwischen an Krebs gestorben war. 1975, sieben Jahre nach Beginn der Arbeiten, lieferte Nakayama den neuen Chili bei seinen Auftraggebern ab.

Doch der Fabrik wurde nun klar, was sie vorher nicht bedacht hatte: Bis zu 40 Prozent jeder Schote wurden vergeudet, wenn sie von der Maschine enthauptet wurde. Der Verlust an Fruchtfleisch war höher als der durch die Automatisierung erzielte Gewinn. Die Fabrik verlor ihr Interesse an Big Jim.

Das ärgert Jim Lytle junior, der sich noch deutlich daran erinnert, wie hart sein Vater und Nakayama an der Entwicklung der neuen Sorte gearbeitet hatten. «Es hat die beiden verdammt viel Zeit gekostet, Big Jim zu züchten», erklärte er. «Und am Ende sagen die Fabriken, wir können ihn nicht verwenden, weil wir zuviel wegwerfen müssen.» Vor drei Jahren beschloß Lytle, Big Jim auf eigene Faust auf den Markt zu bringen. «Ich wußte, auf dem Frischmarkt ist Big Jim allen anderen überlegen. Ich pflanzte ihn an, und schon bald wurden die Leute darauf aufmerksam. Die Kunde verbreitete sich im ganzen Tal. Big Jim. Big Jim. Inzwischen hat er sich durchgesetzt. Von allen Chilisorten ist er der schönste. Kein anderer Chili ist derzeit so im Gespräch.»

In New Mexico ist Big Jim gleich nach NuMex 6 und Sandía der große Renner. Sehr geschätzt wegen seines saftigen Fleisches, hat Big Jim nur ein einziges Problem: Sein Schärfegrad ist unberechenbar und kann von Pflanze zu Pflanze beträchtlich schwanken. In den Tälern von Mesilla und Hatch hat dies eine neue Tradition entstehen lassen: Wird ein Gericht serviert, bei dem Big Jim die Hauptrolle spielt, reichen die Leute ihre Teller herum, so daß jeder von jedem Teller ißt und am Ende alle die gleiche Schärfe genossen haben. «Laßt die Teller kreisen, heute abend gibt's Big Jim», heißt es scherzhaft zu Beginn der Mahlzeit.

«NuMex R Naky», ein großer, nach Roy Nakayama benannter Chili, ist dagegen stets gleich scharf. Das gleiche gilt für NuMex 6, Sandía und Española. «Bei Big Jim haben wir den Schärfegrad nie festgelegt», sagt Lytle und verkündet damit auch gleich sein nächstes Ziel. «Wir haben Sandía. Er ist gleichmäßig scharf, aber seine Wände sind dünn. Big Jim ist ein großer, fleischiger Chili, und es wäre schön, beides zu haben, Fleisch und Schärfe. Aber so einen Chili gibt es auf dem Markt heutzutage noch nicht. Dazu brauchen wir erst noch Hilfe von der Universität.»

Die New Mexico State University mit Sitz in Las Cruces arbeitet eng mit der Landwirtschaft zusammen. Aus Dankbarkeit steuerte diese kürzlich 20000 Dollar bei, um zum Andenken an Joseph E. Parker, dem allseits respektierten Außendienstmitarbeiter einer großen Konservenfabrik, nach dem der «NuMex Joe Parker» benannt ist, ein Stipendium einzurichten. Die Universität ist die Brutstätte aller Chilizüchter oder, moderner ausgedrückt, «Chili-Designer». Außer Paul Bosland, der mit der Entwicklung neuer Sorten beschäftigt ist, gibt es in den verschiedenen Abteilungen insgesamt vierundzwanzig Fachleute, die sich auf Chili spezialisiert haben. In den Pflanzenpathologie wird die Bekämpfung von Krankheiten verbessert. In der Physiologie geht es zum Beispiel darum, wie man bei der Lagerung der Chilifrüchte bakterielle Verunreinigungen verhindern kann. In der Molekularbiologie werden die Gene erforscht, die dem Chili seine Schärfe geben. Und in der Ernährungswissenschaft werden Struktur und Nährstoffe des Chilis untersucht sowie neue Verwendungsmöglichkeiten ausgelotet.

«Es geht hier beileibe nicht um ein paar läppische Gewürze. Die Chili-Industrie ist eine große Industrie, und sie fordert mit Recht den ihr gebührenden Respekt», verkündet Bosland, der unermüdlich der Vorstellung entgegentritt, beim Chili handele es sich noch immer um ein Außenseitergewürz. Derzeit stehe die Universität kurz davor, das erste «Chili-Institut» der USA zu gründen, erzählt er mir stolz. Dort wird es Stipendien für die Erforschung des Chilis geben, Kongresse, zu denen man Experten aus der ganzen Welt einladen will, Forschungsarbeiten im Auftrag der Industrie und eine umfangreiche Samenbank für möglichst viele Capsicum-Sorten.

Bosland arbeitet bereits daran, selbst von exotischen Arten wie Piquín und Mirasol Sorten zu schaffen, die sich vermarkten lassen. Beim Piquín handelt es sich um die längliche Version des winzigen, kugeligen Tepín, der bisher ebenfalls nur wild vorkommt und von der Urbevölkerung sehr geschätzt wird; der Mirasol trägt höllisch scharfe Schoten, die man in Mexiko besonders schätzt. Bosland will die von seiner Abteilung entwickelten Sorten künftig auf ganz spezifische Märkte ausrichten: Schoten, die entweder für den Frischmarkt, die Verarbeitung in Konservenfabriken oder die Trocknung als roter Chili geeignet sind. In der Vergangenheit hat es solche Unterscheidungen nicht gegeben. So handelt es sich zum Beispiel bei dem 1990 freigegebenen NuMex Joe Parker um einen Chili, der sich sowohl frisch auf dem «grünen Markt» als auch getrocknet auf dem «roten Markt» vertreiben läßt. Ist der Frischmarkt gesättigt, läßt man die restlichen grünen Schoten an den Pflanzen reifen und vermahlt die getrockneten roten Schoten später zu scharfem Paprikapulver. NuMex Joe Parker ist folglich gerade dickwandig genug, um frisch verzehrt zu werden, und er ist gerade dünnwandig genug, um rasch zu trocknen. Wären seine Fruchtwände dicker, würde er beim Trocknen verderben. «Weil er beiden Märkten gerecht werden muß, ist er weder für den einen noch für den anderen perfekt», sagt Bos land. Deshalb soll NuMex Joe Parker der letzte in seiner Abteilung gezüchtete doppelt verwendbare Chili sein.

Ein anderes neues Bosland-Projekt besteht darin, einen Chili zu züchten, dessen Haut so dünn ist wie die des Gemüsepaprikas. In den Konservenfabriken müßten die Früchte dann nicht mehr enthäutet werden, was eine enorme Kostenersparnis mit sich brächte. Die notwendigen genetischen Manipulationen würden jedoch fünf bis sieben Jahre in Anspruch nehmen und pro Jahr 20 000 Dollar verschlingen.

Bosland glaubt nicht, daß die Kundinnen und Kunden auf dem Frischmarkt bei dieser starken Ausrichtung an kommerziellen Interessen auf der Strecke bleiben. An der Universität würde jedes Jahr eine eintägige Konferenz zum Thema Chili abgehalten, bei der sich alle Seiten, nicht nur die Landwirtschaft und die Industrie, zu Wort melden könnten, erklärt er mir. Vor allem die Konsumentinnen und Konsumenten könnten bei dieser Gelegenheit Vorschläge und Beschwerden vorbringen. «Wenn den Leuten etwas nicht gefällt, kommt uns das früher oder später zu Ohren», sagt er. «Zum Beispiel sind viele unzufrieden damit, daß die Fruchtwände des Sandía so dünn sind. Deshalb arbeiten wir ja auch daran, fleischigeren Sandía zu züchten.»

Manche Beschwerden seien aber auch nicht gerechtfertigt, meint Bosland. «Von manchen Leuten hört man, der NuMex R Naky gefalle ihnen nicht, weil sich die Haut nicht so leicht abziehen lasse wie bei der guten alten Nr. 6. Für die Leute zu Hause mag das wirklich ein Problem sein, aber NuMex R Naky wurde nun mal für die Chili-Industrie entwickelt, die ihn als roten, nicht als grünen Chili verarbeitet. In den Fabriken wird die Haut unter Dampf aufgeknackt. Es gibt damit keinerlei Probleme, deshalb glaube ich auch nicht, daß wir NuMex R Naky verändern werden. Aber in den allermeisten Fällen werden wir uns schon einig.»

Jedre Wilker, die junge Frau, die den weiten Weg von Iowa nach Hatch gemacht hatte, um frischen Chili einzukaufen, hatte ich seit meiner Ankunft nicht mehr gesehen. Ehe ich Hatch verließ, rief ich unter der Nummer an, die sie mir gegeben hatte. Sie fühle sich nicht gut, sagte mir ihre Gastgeberin am Telefon und gab mir die Adresse. Als ich ankam, führte mich Jedre Wilker in die Küche, um mir die Ursache ihrer Qualen zu zeigen. Eine Plastiktüte mit frisch geröstetem Big Jim lag in der Spüle. Sie hatte in der ersten Gier so viel davon gegessen, daß sie Magenkrämpfe bekommen hatte. «Die Dinger machen süchtig», lachte sie.

4
Die Jagd nach dem Ur-Chili

Eine Stunde nach Beginn der Wanderung äußert Hardy Eshbaugh zum ersten Mal die Sorge, unsere nachmittägliche Suche in den Ausläufern der zentralbolivianischen Anden könnte fruchtlos bleiben. Dennoch stapft er unermüdlich weiter von Busch zu Busch, klettert auf einen kleinen Hügel und steht im nächsten Moment schon breitbeinig am Abhang, um kurz darauf in eine kleine Schlucht hinunterzurutschen. Diese besondere Stelle im weiten, zerklüfteten Land hat er ausgesucht, weil er von der staubigen Straße aus Prosopisbäume und Kakteen gesehen hat. «Anzeigerpflanzen», nennt er sie. Wo es sie gibt, könnte auch seine Beute wachsen: ein wilder Chili mit winzigen runden Beeren namens Ulupica.

Es ist nicht das erste Mal, daß Eshbaugh diesen Teil der Sierras durchkämmt; in den letzen zwanzig Jahren war er schon fünfmal hier. Und wenn er nicht in Bolivien auf Beutefang geht, ist er in Peru, in Ecuador oder auf den Jungferninseln unterwegs. Der Professor für Botanik an der Miami University in Oxford, Ohio, forscht seit drei Jahrzehnten über den Chili – und nichts anderes als den Chili. Die Suche nach dem Ulupica ist seine jüngste Leidenschaft.

Vom Ulupica erhofft er sich Hinweise auf die allerersten Stadien der Chili-Evolution. Der Ulupica gehört zu den primitivsten Chilisorten in Bolivien, und Eshbaugh glaubt, daß er sich von hier aus in südöstlicher Richtung nach Paraguay und in nordwestlicher Richtung nach Peru ausgebreitet hat, wobei in Hunderttausenden von Jahren die unterschiedlichsten Arten entstanden sind. Durch eine kartographische Erfassung der verschiedenen Varietäten des Ulupica hofft Eshbaugh, die große Anzahl unterschiedlicher Arten und Unterarten des Chili neu strukturieren zu können, indem er ihren Verwandschaftsgrad beschreibt, ihren Stammbaum nachzeichnet und damit quasi eine Chili-Genealogie erstellt.

Doch jetzt sind wir schon über zwei Stunden zwischen den Büschen herumgestapft und haben noch keinen einzigen Ulupica erspäht. Eshbaugh läßt sich nicht beirren und sucht geduldig weiter. In den Khakihosen mit den übergroßen Taschen, dem karierten Hemd, dem khakifarbenen Armeehut und der um die Taille gebundenen Plastikwasserflasche sieht er wie ein Mann auf Safari aus. Um mich bei Laune zu halten, deutet er bald auf diese Pflanze, bald auf jenen Busch – «Das ist eine Akazie, die finden Sie sonst nur in der afrikanischen Wüste» –, doch wenn sich die «Anzeigerpflanzen» mehren, er eine neue Fährte aufnimmt und den Geruch seiner Beute wittert, wird er stumm. In der Ferne erspäht er einen Busch, hinter dem sich eine Ulupica-Pflanze verbergen könnte, und geht mit großen Schritten darauf zu. Wieder nichts. Eshbaugh läßt sich seine Enttäuschung nicht anmerken und geht unverdrossen weiter. Von weitem muß es so aussehen, als spielten wir mit einer unsichbaren Person Verstecken.

Eshbaugh will schon aufgeben, da sieht er plötzlich eine Spur von Feuchtigkeit in dem sonst so ausgedörrten Land. Erwartungsvoll hält er in seinem Vortrag über die bolivianische Flora inne. Es ist ganz still. Nur das Keuchen unserer Lungen, die immer heftiger gegen die dünne Luft in zweitausendsechshundert Meter Höhe rebellieren, ist noch zu hören. Eshbaugh schreitet auf den grünlichen Schatten unter einem großen Prosopisbaum zu und dringt in den Wirrwarr dorniger Büsche ein. Und tatsächlich, dort steht er, der uralte Chili.

Der ein Meter zwanzig große Busch mit seinen langen, träge herunterhängenden Zweigen steht am Rande eines steilen, ausgetrockneten Wasserlaufs. Dort bekommt er offenbar am meisten Feuchtigkeit, wenn es regnet. Und er fängt, wenn die Sonne scheint, von dem dürren Prosopisbaum soviel Schatten wie möglich ein.

«Sehen Sie, wie perfekt er sich anpassen kann?» fragt Eshbaugh, streicht mit der Hand über die schmalen, spitzen Blätter und spielt mit den schlanken Zweigen. Es sieht so aus, als wollte diese Autorität auf dem Gebiet der Chiliforschung die Pflanze förmlich umarmen.

«Es mag Ihnen lächerlich erscheinen, daß ich diese Pflanze schön finde», sagt er und bricht ein paar Zweige ab, um sie mitzunehmen.

Für ihn hat sich die lange Suche gelohnt, auch wenn wir nur eine Pflanze gefunden haben. «Aber Sie sehen, ich bin nicht völlig verrückt. Ich wußte, daß es hier irgendwo einen Ulupica geben würde.» Auf dem Rückweg über die Hügel begegnen wir einer Aymara-Frau mit ihren Schafen und Ziegen. Eshbaugh winkt ihr mit den Zweigen zu. «Ulupica», sagt die Frau, nickt und hebt beide Hände zu den nahen Bergen und Tälern, als wollte sie sagen: «Es gibt sie hier überall.»

Um die Faszination, die für Eshbaugh seit Jahrzehnten von den alten Chilisorten auszugehen schien, nachvollziehen zu können, hatte ich mich der Exkursion des sechsundfünfzigjährigen Botanikers angeschlossen. Die bolivianischen Anden, der Buckel dieses Landes ohne Zugang zum Meer, sind sein lebendes Labor. Er glaubt, daß sich die Kräfte der Evolution an diesem Ort verschworen haben, um den Chili und seine scharfen Früchte hervorzubringen. Und wenn die Wiege des Chilis tatsächlich in Zentralbolivien stand, müßten dort auch all seine Vorfahren versammelt sein. Die Blüten, Früchte und Zweige, die er hier sammelt, reisen mit ihm nach Ohio zurück, um dort gemeinsam mit den ausführlichen Notizen, die er sich zu jedem Pflanzenteil macht, in sein stetig wachsendes Herbarium eingegliedert zu werden. Außerdem sät er die Samen in seinen Gewächshäusern und auf den Versuchsfeldern aus. Dabei könnte sich herausstellen, daß die auf den ersten Blick so unterschiedlichen Pflanzen in Ohio ihre Eigenheiten verlieren und sich in nachfolgenden Pflanzungen zu einer homogenen Population entwickeln; die Unterschiede wären dann rein klimatisch bedingt. Es könnte aber auch sein, daß die unterschiedlichen Merkmale bestehenbleiben. In dem Fall veranstaltet Eshbaugh mit ihnen ein wahres Kreuzungsfest, um zu prüfen, ob es sich wirklich um eigenständige Spezies handelt – wenn sie sich untereinander vermehren, sind sie es nicht. Würde er eine kommerziell angebaute Sorte mit einem wilden Chili kreuzen und die beiden vermehrten sich untereinander, wäre eine evolutionäre Verbindung nachgewiesen, und man könnte beginnen, darüber nachzudenken, ob der alte Chili wünschenswerte Gene hat, die man für die kommerzielle Sorte nutzen will.

Das Experiment ist nicht nur von akademischem Interesse. Wilde Arten besitzen Gene, die man auf die domestizierten Sorten übertragen könnte, um sie damit aufzuwerten. Die meisten kommerziell genutzen Sorten wachsen in Asien, Europa und Nordamerika und sind aufgrund ihrer genetischen Verarmung für Pflanzenkrankheiten besonders anfällig. Im Züchtungsprozeß wählte der Mensch nämlich stets die kommerziell wertvollsten Eigenschaften aus und vernachlässigte diejenigen Gene, die für die allgemeine Gesundheit der Pflanze verantwortlich sind. Scharfe Chilisorten zum Beispiel sind nach Schärfegrad, Wanddicke und Farbe gezüchtet worden. Der perfekt geformte Gemüsepaprika mit seinen vier gleichmäßigen Wölbungen wirkt wie in eine maschinelle Form gegossen. Über die Jahre wurden die Pflanzen hinsichtlich der Form ihrer Früchte sorgfältig selektiert. Doch die kommerziellen Sorten besitzen nur noch einen sehr kleinen Teil der genetischen Variationen, die sich bei ihren Ahnen finden. Bei dem europäischen Gemüsepaprika

ist die genetische Vielfalt sogar noch extremer eingeschränkt, weil die europäischen Typen ausnahmslos aus der
relativ kleinen Anzahl von Pflanzen gezüchtet wurden, die
im Zuge der ersten europäischen Botanisierung der Neuen
Welt nach Spanien kamen.

Ist die genetische Basis einer Pflanze schmal, steht ihr nur
ein begrenztes Arsenal zur Verfügung, wenn es darum geht,
gegen Viren oder Pilzbefall anzukämpfen. So erging es zum
Beispiel der Kartoffel, als 1845 eine verhängnisvolle Pilzepi-
demie von Irland bis zur Ukraine die gesamte Ernte vernichtete. 1970 machte eine Braunfäule etwa 15 Prozent der amerikanischen Maisernte zunichte, weil der Mensch in seinem
selektiven Zuchteifer Maispflanzen entwickelt hatte, die
schneller wuchsen und mehr Früchte trugen, dabei aber,
ohne es zu wissen, eine Reihe von Genen vernachlässigt
hatte, die den Mais gegen Krankheiten schützen. Solche Ka-
tastrophen lassen sich mit Hilfe riesiger Mengen an chemischen Pestiziden notfalls bekämpfen. Doch Pflanzenviren
und Insekten werden gegen die Chemikalien zunehmend
immun, und viele Pestizide haben sich als so umweltschäd-
lich erwiesen, daß man ihren Einsatz eingeschränkt oder ver-
boten hat. Die Bedrohung der Chili-Ernte durch Krankheiten und Insektenbefall ist ein ernstes Problem, von dem alle
Farmer in Texas, New Mexico oder Honduras ein Lied sin-
gen können. Mit großem Interesse richtet sich daher der
Blick der Forschung auf den Geburtsort des Chilis, von dem
man sich eine genetische Auffrischung verspricht.

Bei der Suche nach den wilden Ahnen drängt aber auch
noch aus einem ganz anderen Grund die Zeit: Die alten
Pflanzen sind vom Aussterben bedroht. Ihre Lebensräume in
Südamerika vermindern sich rasch. Um landwirtschaftlich
nutzbare Fläche zu schaffen, werden Wälder und Buschland
gerodet, und um den weltweit steigenden Appetit nach
Brenn- und Bauholz zu stillen, werden Bäume gefällt. Die
Bedrohung trifft natürlich nicht nur den Chili; auch Kartoffel, Tomaten und Limabohnen sind Nutzpflanzen, die ihren

Ursprung in Südamerika haben. Und so kommt es nicht selten vor, daß Eshbaugh, wenn er durch die Ausläufer der Anden pirscht, mit Tomaten- oder Kartoffelsammlern aus anderen Ländern zusammenstößt. Während einer seiner Exkursionen im Jahre 1977 ließ Eshbaugh seine Frau drei Tage lang allein im Hotel zurück, um tiefer in die Anden vorzustoßen. Eine Gruppe von europäischen Kartoffelforschern war im gleichen Hotel untergebracht und leistete seiner Frau Gesellschaft. «Chili und Kartoffeln sind beides Nachtschattengewächse, wir gehören also praktisch zur gleichen Familie», erklärte einer der holländischen Wissenschaftler und hieß sie in der Gruppe herzlich willkommen.

Besorgt über die Tatsache, daß einige wilde Arten unmittelbar vom Aussterben bedroht sind, schlug das *International Board for Plant Genetic Resources* 1979 Capsicum für die «vordringliche wissenschaftliche Sammlung und Erfassung» vor. Das wissenschaftliche Gremium unter Federführung der Ernährungs- und Landwirtschaftsorganisation der Vereinten Nationen (FAO) forderte einen sofortigen globalen Aktionsplan. 1983 wies sie konkrete Sammelregionen aus und rief in Costa Rica, den Niederlanden und in Indien zentrale «Samenbanken» ins Leben, die das genetische Material lagern sollten, damit die Menschheit später – wie auf eingezahltes Geld auf einem Sparkonto – darauf zurückgreifen könnte.

Die Suche nach den Urformen des Chilis beschäftigt inzwischen fast ein Dutzend bekannter Fachleute aus Südamerika, Europa und den USA. In Peru, Brasilien, Argentinien und Bolivien haben sie zwanzig verschiedene wilde Arten dokumentiert. Eshbaugh ist jedoch davon überzeugt, daß es wenig Sinn macht, willkürlich alle Chilisorten zu sammeln, die einem mehr oder weniger zufällig begegnen, und plädiert dafür, zuerst herauszufinden, welche wilden Arten überhaupt wünschenswerte Eigenschaften besitzen und diese auch auf die kommerziell angebauten Typen übertragen können. Wie sich nämlich herausgestellt hat, erfüllen längst nicht alle wilden Chilisorten diese beiden Bedingungen. Mit seinem botanischen Stammbaum hofft Eshbaugh, Licht ins Dunkel der komplizierten Chili-Verwandschaftsverhältnisse zu bringen.

Mich interessierte, wie Eshbaugh auf das Thema gekommen war und was ihn daran so faszinierte. Für einen Botaniker aus dem Mittelwesten der USA erschien mir die Beschäftigung mit scharfem Chili etwas abwegig. Und tatsächlich erzählte er mir, das Thema sei, als er sich 1959 an der Indiana University als Doktorand einschrieb, auch nicht seine eigene Wahl gewesen. Eigentlich habe er vorgehabt, sich mit dem Anbau von Blaubeeren zu befassen, doch dann habe ihn sein Tutor auf den Chili gebracht. Dieser Tutor hieß Charles Heiser, war Direktor des botanischen Instituts und selbst vom Chilifieber erfaßt. Als Student hatte ihn die Abenteuerlust zum «Botanisieren in die Tropen» getrieben. 1953 unternahm er seine erste Reise nach Südamerika. Als er später an die Indiana University ging, um dort zu unterrichten, brachte er eine große Sammlung südamerikanischen Chilis mit, der jedoch noch nicht «beschrieben» war. Nach und nach setzte er vielversprechende Studentinnen und Studenten daran, die Pflanzen zu bestimmen, ihre Lebensräume zu studieren und die genetischen Beziehungen zwischen ihnen zu erforschen – eben das zu tun, was man in der Botanik «beschreiben» nennt.

Eshbaugh bekam eine Sammlung langer, scharfer Chilifrüchte – den in den Anden beheimateten Ají – und Heisers Feldnotizen zusammen mit dem Auftrag, die Verwandtschaft mit anderen Arten der Gattung zu untersuchen. Barbara Pickersgill, eine Studentin der englischen Reading University, die nach Indiana gekommen war, um dort zu promovieren, bekam eine andere Gruppe von Chili zugeteilt. Seitdem haben beide, Pickersgill und Eshbaugh, weiter über Capsicum geforscht, Pickersgill zu Hause in Reading, Eshbaugh in Oxford, Ohio. In einem regen Austausch bestätigen oder widerlegen sie ständig ihre jeweiligen Ergebnisse. Während sich Eshbaugh und Pickersgill mit der allgemeinen Taxonomie

97

und genealogischen Analyse der Gattung *capsicum* beschäftigen, haben sich die meisten anderen Wissenschaftlerinnen und Wissenschaftler auf ein oder zwei Arten spezialisiert und versuchen, sie in das große Mosaik einzupassen. Eine der umfassendsten taxonomischen Studien, berichtete mir Eshbaugh, habe Armando Hunziker vorgelegt, ein vielbeachteter argentinischer Botaniker der Universität Córdoba und früherer Guggenheim-Stipendat an der Harvard University. Sammler aus ganz Südamerika hätten ihm über Jahre hinweg wilden Chili geschickt.

All diese Bemühungen werden, wie man hofft, in die chaotische Welt der Capsicum-Taxonomie etwas Ordnung bringen. Seit der Ankunft der scharfen Schoten in der Alten Welt haben sich die Fachleute nicht einmal in der einfachen Frage einigen können, wie viele Capsicum-Arten es denn nun tatsächlich gibt.

Der in London als Arzt praktizierende Franzose Joseph Pitton de Tournefort gebrauchte als erster den Gattungsnamen *Capsicum* und unterschied in seinen 1700 veröffentlichten *Institutiones rei herbariae* siebenundzwanzig Varietäten. Der schwedische Botaniker und Begründer der modernen Nomenklatur, Carl von Linné, unterteilte die Gattung in zwei Arten: *Capsicum annuum* (alle Sorten, die jährlich neu ausgepflanzt werden müssen) und *Capsicum frutescens* (alle mehrjährigen Pflanzen). 1832 verzeichnete K. A. Fingerhurtz in seiner herrlich illustrierten *Monographia generis capsici* fünfundzwanzig Arten und merkte an, daß sieben weitere noch näher zu untersuchen wären. Und 1852 unterschied Felix Dunal fünfzig verschiedene Arten. Die Klassifikationen dieser frühen Botaniker stützten sich auf die Form und Größe der Früchte, des Blütenkelchs, der Blütenstiele und andere morphologische Eigenschaften. Eshbaugh spricht von «klerikalen Spitzfindigkeiten».

Als Capsicum zu Beginn unseres Jahrhunderts als Nutzpflanze immer beliebter wurde, trugen Samenzüchter und Farmer zur allgemeinen Verwirrung bei, indem sie eigene

Namen erfanden, um ihre Züchtungen von anderen zu unterscheiden. So konnte ein und dieselbe Sorte, wenn sie sich äußerlich nur ein wenig unterschied, viele verschiedene Bezeichnungen haben. Allein der milde Gemüsepaprika führt in den USA eine große Anzahl phantasievoller Namen: Coral Gem, Little Gem, Kaleidoscope, Celestial, Red Wrinkled, Yellow Wrinkled, Etna, Prince of Wales, Ivory Tusk, County Fair, Cardinal, Elephant's Trunk, Oxheart, Emperor und Giant Emperor. 1867 kam eine grotesk aussehende Frucht aus Frankreich in die USA und zog sofort die Aufmerksamkeit der Landwirtschaft und Konservenindustrie auf sich, weil sie äußerst aromatisch und ertragreich war. Die Frucht war faltig und gewölbt, siebeneinhalb bis fünfzehn Zentimeter lang, dunkelrot und mittelscharf. In Frankreich nannte man sie «piment monstrueux», in England «Grossum», in Deutschland «Großer Monströser». Nach einigen Jahren in den USA wurde daraus «Crimson Queen» und schließlich «Sweet Spanish».

Auch der Zusatz latinisierter Schnörkel war bei neuen Züchtungen sehr beliebt: Capsicum siliquis longis recurvis, Pipe calecuticum, Capsicum nigrum, Capsicum violaceum, Capsicum quitense, Capsicum narunca, Capsicum longum und Capsicum grossum monstrosum.

Dieser freizügige Umgang mit immer neuen Bezeichnungen führte schließlich bei Fachleuten, die für die vielen Unterscheidungen keine botanische Grundlage sahen, zu einigem Unbehagen. Einige von ihnen beschwerten sich bei Edward Lewis Sturtevant, einem führenden Fachmann vom New York Botanical Garden. So schrieb zum Beispiel am 9. April 1888 ein Dr. H. H. Rusby an Sturtevant: «Ich habe selbst in Südamerika einiges an Capsicum gesehen und eine beträchtliche Neigung zur Variation beobachtet. Nach meiner Einschätzung gibt es nur wenige wirklich unterschiedliche Formen, um die sich alle möglichen Abweichungen gruppieren. Was die Unterschiede hinsichtlich der Schärfe und des Geschmacks betrifft, sind die Ureinwohner wahre

Experten. Jeder von ihnen hat seine Lieblingspflanze, die seiner Ansicht nach allen anderen haushoch überlegen ist.»

1892 schrieb J. H. Hart, Leiter des Royal Botanical Garden in Trinidad, an F. W. Dewart, einen Mitarbeiter des Missouri Botanical Garden in St. Louis: «Wir treffen zwischen den Capsicum-Pflanzen hier keine spezifischen Unterscheidungen, und zwar aus dem einfachen Grund, weil sie sich bei Kultivierung so rasch zu einer einzigen Form entwickeln, daß wir nicht mehr als eine Spezies bestimmen können. Selbst die ausgefallensten Pflanzen entpuppen sich nach vier oder fünf Generationen als ‹Vogelaugen-Chili›, von dem es so viele Formen gibt wie Tage im Jahr.»

Mit ihren Beobachtungen wiesen diese Fachleute auf die Tatsache hin, daß Capsicum-Pflanzen sich leicht untereinander vermehren und neue Eigenschaften annehmen. Auch die jeweilige Umgebung scheint sie nachhaltig zu beeinflussen. Die dadurch entstehenden Abweichungen sind deshalb jedoch noch lange nicht als eigenständige Arten oder Sorten anzusehen. Es wuchs das Bedürfnis, die Namen zu vereinheitlichen, damit die Fachwelt ohne unnötige Mißverständnisse miteinander kommunizieren kann.

1892 überließ Sturtevant seine gesamte Capsicum-Sammlung, seine Notizen und Farbtafeln H. C. Irish, einem Botaniker am Missouri Botanical Garden. Die Übergabe war an die Bedingung geknüpft, daß Irish eine gründliche Überarbeitung der Taxonomie vornehmen und seine wissenschaftlichen Erkenntnisse in einer Monographie veröffentlichen sollte. Das Ergebnis war das 1898 von Irish publizierte Werk *A Revision of the Genus Capsicum*. Wie Carl von Linné kam Irish zu dem Schluß, daß es nur zwei Capsicum-Arten gebe: *Capsicum annuum* und *Capsicum frutescens*. Alle kommerziell angebauten Sorten seiner Zeit klassifizierte Irish als Capsicum annuum, weil die Pflanzen weder buschig noch holzig waren und die Pflanzen jährlich neu ausgesät werden mußten, um Früchte zu tragen. Alle holzigen, mehrjährigen Sorten dagegen stufte er als Capsicum frutescens ein. Seine wichtige Studie trug jedoch wenig dazu bei, die Kontroverse zu beenden. So argumentierte zum Beispiel L. H. Bailey von der Cornell University in seinem 1923 veröffentlichten *Gentes Herbarium*, die vermeintlich einjährigen Pflanzen seien nur deshalb weder buschig noch holzig, weil sie in der kurzen Wachstumsperiode der nördlichen Anbaugebiete schon vor dem Ausreifen vernichtet würden. In tropischem Klima oder in einem Gewächshaus gepflanzt, wären auch sie mehrjährig und würden nach einigen Jahren verholzen. Bailey reduzierte daher die Klassifikation auf nur eine einzige Gattung: Capsicum frutescens. Die Botanik war damit wieder an ihrem Ausgangspunkt angekommen.

Die frühen Versuche, eine gültige Capsicum-Taxonomie zu finden, waren noch nicht von ökonomischen Zwängen bestimmt. Es ging eher um das wissenschaftliche Interesse, die genetische Landschaft der Gattung besser überschauen zu können, denn ohne Klassifikation ist keine aufbauende botanische Arbeit möglich. Ich fragte einmal einen Botaniker am New York Botanical Garden, warum seine Zunft soviel Zeit darauf verwende, Pflanzen zu bestimmen und zu «beschreiben». Er verglich sich mit jemandem, der den Verkehr überblicken will. «Wenn ich auf eine grüne Masse blicke, möchte ich die gleichen Einzelheiten sehen wie jemand, der den Verkehr in New York City beobachtet. Ich will nicht nur Autos sehen, sondern Chevrolets, BMWs, Mercedes, Cadillacs.» Die Klassifikation schafft in der Botanik erst die nötige Ordnung, die verschiedenen Arten bilden die Grundeinheiten, Sorten und Varietäten die Untereinheiten. Ohne dieses botanische Äquivalent zum Periodensystem der Chemie wären die Botanikerinnen und Botaniker verloren.

Die erste wissenschaftliche Klassifikation der domestizierten Capsicum-Sorten wurde in den fünfziger Jahren an der University of California in Davis durchgeführt. Federführend daran beteiligt waren Charles Heiser, der Mann, der später in Indiana Hardy Eshbaughs Tutor wurde, und Paul Smith. Auf langwierige Kreuzungsversuche und morphologische Studien gestützt, klassifizierten sie fünf Capsicum-Arten: Die weitaus meisten Sorten bis zum äußerst scharfen Jalapeño bezeichneten sie als *Capsicum annuum*; als *Capsicum frutescens* galt ihnen vor allem der scharfe Tabasco; *Capsicum chinense* umfaßte die schärfsten Sorten – Habanero aus Mexiko und Scotch Bonnet aus Jamaika; als *Capsicum pubescens* bezeichneten sie vor allem den aus den Anden stammenden Rocoto; und *Capsicum baccatum*, die fünfte Kategorie, bezog sich hauptsächlich auf den peruanischen und bolivianischen Ají.

Eshbaugh bemüht sich nun darum, diese taxonomische Studie ins nächste Stadium zu führen, indem er nach den Ahnen der kultivierten Arten forscht. Gemeinsam mit Vertreterinnen und Vertretern des chemischen Instituts an der Miami University veröffentlichte er zwischen 1981 und 1983 einige Arbeiten über die Frage der Evolution. Sieben Jahre lang dauerten die Forschungen, in deren Verlauf sie versuchten, die genetischen Beziehungen der verschiedenen Sorten zu analysieren. Durch den Einsatz modernster chemischer Techniken wurden «genetische Abstände» zwischen 1010 wilden und domestizierten Capsicum-Pflanzen gemessen. Die Gruppe kam zu dem Schluß, daß es eine Art Ur-Capsicum gab, aus dem eine Reihe wildwachsender Arten entstanden sind. Diese verzweigten sich wiederum in drei Richtungen. Aus einer dieser Richtungen entwickelten sich drei der kultivierten Arten, die den Chili-Anbau außerhalb Südamerikas beherrschen; die beiden anderen brachten zwei unterschiedliche Arten hervor, die vor allem in Peru und Bolivien kultiviert werden. In dieses Modell bringt Eshbaugh nun die von ihm gesammelten wilden Arten ein. Durch die Reaktion auf seine Einkreuzungsversuche läßt sich die Gültigkeit des Modells praktisch überprüfen.

«Auf molekularer Ebene wissen wir immer noch sehr wenig über Capsicum. Wir haben noch viel Sammelarbeit vor uns und müssen unsere Studie auf die nächste wissenschaftliche Ebene, die DNA-Analyse, heben», sagt Eshbaugh.

Auf dem Weg nach Bolivien traf ich Eshbaugh in Ohio. Gleich als erstes erfuhr ich etwas, das mich sehr erstaunte: Dieser Mann beschäftigte sich intensiv mit einer Frucht, die er selbst nicht aß. «Ich weiß, für manche Leute ist die extreme Schärfe ein Genuß», gestand er mir verlegen, «aber ich würde freiwillig keinen Chili essen. Ich finde, er verdeckt den natürlichen Geschmack der anderen Zutaten. Es kommt überhaupt ziemlich selten vor, daß ich mein Essen salze oder würze. Vielleicht bin ich für den Eigengeschmack empfindlicher als andere Leute und habe deshalb kein Verlangen nach zusätzlicher Schärfe.» Ich schrieb die Aversion gegen alles Scharfe seiner deutschen Abstammung zu. Wie viele Amerikaner europäischer Herkunft, die im Mittelwesten wohnen, blieb er von der «Hitzewelle», die das restliche Land erfaßte, unberührt.

Ich hatte an unserem ersten gemeinsamen Abend in Oxford, Ohio, ein chinesisches Restaurant gewählt und, da ich mir dachte, es habe sich bereits an den üblichen Geschmack einer amerikanischen Universitätsstadt angepaßt, darum gebeten, mein Gericht mit ganzen roten Chilischoten zuzubereiten. (Der von meiner Bitte völlig verwirrte weiße Kellner brachte mir zu meinem durchschnittlich gewürzten Essen eine separate Schüssel mit rohen Chilischoten.) «Aber ich finde, das normale Essen ist doch schon ungewohnt scharf», versuchte Eshbaugh mich über meine Enttäuschung hinwegzutrösten.

Seine Aversion gegen scharfes Essen hat seine Begeisterung für die Pflanzen mit den scharfen Schoten jedoch nicht dämpfen können. Im botanischen Institut zeigte er mir stolz den Kühlraum gleich neben seinem Büro. Die Stahltüren waren verschlossen. Meßgeräte zeigten an, daß die Innentemperatur bei 0,5 °C lag und die relative Luftfeuchtigkeit 25 bis 30 Prozent betrug. Eshbaugh öffnete die Tür. Auf den bis zur Decke reichenden Regalen lagerten Plastikdosen, die 2200 verschiedene Sammlungen von Chilisamen enthielten. Die Dosen waren mit Namen beschriftet: Iltis, Gentry,

Ochoa, Smith, Heiser, Scillery, Timen – bekannte Sammlerinnen und Sammler, die zwar selbst nicht auf Chili spezialisiert sind, doch Eshbaugh allen Chili schicken, der ihnen auf der Suche nach ihren eigenen Forschungsobjekten begegnete. «Was Sie hier vor sich sehen, ist mein Lebenswerk. Die Fundorte der verschiedenen Samen reichen von Florida bis hinunter nach Argentinien.»

Eshbaugh steht eines der größten Universitätsgewächshäuser zur Verfügung, die ganz dem Chili gewidmet sind. (Als er den Ruf nach Oxford bekam, habe er ein Drittel des Gewächshauses gefordert, das dem ganzen Institut gehörte, erzählte er mir, und habe es auch bekommen. «Das war schon ziemlich dreist. Manche Kolleginnen und Kollegen, die gern diesen oder jenen Farn züchten, waren darüber alles andere als glücklich», grinste er.) Das Gewächshaus bestand im Grunde aus einer langen Reihe eingeglaster Räume. Auf Bänken standen etwa ein Meter zwanzig hohe, eingetopfte Pflanzen: Capsicum annuum aviculare, der «Vogelaugen-Chili»; Capsicum baccatum var. pendulum; Capsicum baccatum var. baccatum; ein etwa murmelgroßer Chili, eine Kreuzung aus dem winzigen wilden Ulupica oder Capsicum eximium und dem knolligen Capsicum pubescens... Alle Pflanzen waren sorgfältig mit Briefen, Zahlen und Daten versehen.

Eshbaugh pflanzt stets 150 verschiedene Sammlungen gleichzeitig aus (eine Sammlung besteht aus den Samen unterschiedlicher Pflanzen aus der gleichen Umgebung). Tragen diese Pflanzen Früchte, sät Eshbaugh wiederum den Samen aus, um die Entwicklung über mehrere Generationen beobachten zu können. Manche Pflanzen werden bereits neun Jahre lang immer weiter vermehrt, und noch immer sind viele Fragen offen. Eshbaugh deutete auf zwei Pflanzen. «Der Streit darüber, ob Capsicum praetermissum eine Varietät von Capsicum baccatum ist oder ob es sich um zwei eigenständige Arten handelt, ist noch immer nicht geklärt», sagte er. Capsicum praetermissum stammt aus Brasilien und hat winzige runde Früchte; der andere, der aus Bolivien stammt, trägt lange Schoten, die an grüne Bohnen erinnern.

«Auch über Capsicum ciliatum wird immer noch heftig debattiert», sagte er und zeigte auf eine Pflanze mit drei murmelgroßen grünen Beeren. «Die Blüten sehen nicht wie Capsicum-Blüten aus, aber die Früchte erinnern stark an Capsicum-Früchte. Sie sind bloß nicht scharf. Und das ist ein großes Problem: Soll man die Schärfe zum Unterscheidungskriterium erheben oder nicht? Gemüsepaprika ist nicht scharf, weil er mit einem einfachen rezessiven Gen ausgestattet ist und das für die Schärfe verantwortliche Gen unterdrückt wird. Capsicum braucht also nicht unbedingt scharf zu sein, aber die Schärfe ist für die meisten Menschen seine wichtigste Eigenschaft. Manche Botaniker, und ich rechne mich zu ihnen, haben vorgeschlagen, die Gattung Capsicum einfach dadurch zu bestimmen, daß sie Capsaicin enthält. Aber es kann gut sein, daß Ciliatum letztendlich nicht zur Gattung Capsicum gerechnet wird, weil er dreizehn Chromosomen hat. Alle anderen Capsicum-Arten, den milden Gemüsepaprika eingeschlossen, haben nur zwölf Chromosomen.»

Zur Zeit meines Besuches erforschte Eshbaugh gerade eine Spezies, die in den sechziger Jahren unseres Jahrhunderts zu einer Neudefinition der gesamten Gattung geführt hatte: Capsicum cardenasii. Im Gegensatz zu allen anderen Capsicum-Pflanzen hat sie glockenförmige Blüten. Noch erstaunlicher ist, daß sie sich, ebenfalls im Gegensatz zu allen anderen Mitgliedern der Gattung, nicht selbst bestäuben kann, sondern auf Insekten angewiesen ist, die den Blütenstaub von einer Pflanze zur anderen tragen. Im Gewächshaus sehen die Pflanzen wie kleine Pyramidenpappeln aus. Im natürlichen Lebensraum können sie bis zu zwei Meter vierzig hoch werden. Die Früchte wurden erstmals im Jahre 1956 von Martín Cárdenas, einem bolivianischen Botaniker und Gelehrten vom Stamm der Quechua-Indios, auf einem Markt in La Paz aufgespürt. Seitdem versuchte Eshbaugh, sie an ihrem Herkunftsort, den abgelegenen Tälern südlich von

La Paz, zu finden. «Die meisten meiner Kollegen wissen nicht, was sie mit dieser Pflanze anfangen sollen», sagte Eshbaugh. «Ich versuche zu ergründen, wo sie herkommt, wie sie sich von der Norm fortentwickelte und wie groß diese Abweichungen tatsächlich sind.»

Zurück im botanischen Institut, führte mich Eshbaugh in ein Zimmer direkt neben seinem Büro. Dort befand sich sein Chili-Herbarium, in dessen hohen Aktenschränken mehr als fünftausend Sammelstücke lagerten – getrocknete Stiele mit Früchten und Blättern, sorgfältig zwischen Stofftüchern gepreßt.

«Die Leute fragen mich: ‹Wie können Sie sich jahraus, jahrein immer wieder mit Chili beschäftigen?›» erzählte Eshbaugh und zog eine Schublade auf. «Schauen Sie sich diese Fülle von Material an. Alles ist verzeichnet: die Farbe der Blüten, die Maße der Blätter, die Form der Frucht, die Farbe des Samens, der Fundort, der Name des Sammlers, die Anzahl der Blütenstiele pro Sproß, die Form des Übergangs von der Frucht zum Stiel usw. Und doch bin ich noch immer nicht dazu gekommen, sie zu beschreiben. Sie gilt noch immer als unbekannt… Hier sind ein paar Früchte, die mir jemand geschickt hat. Sie sehen aus wie Chili, aber ich werde sie zurückschicken und schreiben, daß es kein Chili ist… Und hier habe ich ein paar Fundstücke aus Peru bekommen, bei denen ich noch keine Vorstellung habe, was sich dahinter verbirgt.»

In der Fachwelt besitzt Eshbaugh den Status eines über jeden Zweifel erhabenen Gerichtsmediziners. Wenn irgend jemand – sei es eine hochqualifizierte Fachkraft oder ein Hobbywanderer – in Florida, Texas oder in der schroffen Berglandschaft von Bhutan einen wilden Chili findet, schickt er ihn an Eshbaugh, damit er ihn identifiziert. Und Eshbaugh nimmt jede Anfrage ernst. Auch aus den Herbarien verschiedener Universitäten, an denen es schon seit Jahren Chilisammlungen gibt, die allerdings aus Mangel an Zeit und Fachkenntnis bisher nicht katalogisiert worden sind, bekommt er ständig Material zugesandt. «Ich habe zu identifizierende Fundstücke von der University of Wisconsin, der Harvard University und der Indiana University, um nur einige wenige zu nennen... Gerade jetzt stehe ich vor einem schrecklichen Problem. Ein Kollege in Peru glaubt, eine neue Chilispezies gefunden zu haben, und hat seine Fundstücke an das Field Museum of Natural History in Chicago geschickt, das behauptet, sie an mich weitergegeben zu haben. Aber ich kann mich nicht erinnern, das Material je bekommen zu haben. Es wäre doch eine Tragödie, wenn es sich tatsächlich um eine neue Art handeln würde, die auf diese Weise verschwunden ist.»

Als hätte er mit seinem eigenen Herbarium nicht schon genug zu tun, durchforstet Eshbaugh ständig andere Herbarien, die möglicherweise falsch eingeordneten Chili enthalten. Schließlich sind viele Klassifikationen erst in letzter Zeit entstanden, und manche Sammlungen sind einhundert Jahre alt. Eshbaugh macht auf seinen Reisen deshalb regelmäßig Umwege, zum Beispiel nach Kew Gardens und ans British Museum, wo Fundstücke aus den Jahren um 1812 existieren. Einmal hatte Eshbaugh sogar Gelegenheit, Linné, den Vater der modernen Botanik, zu korrigieren. Er entdeckte den Fehler auf einem Mikrofilm: Ein bestimmtes Fundstück war als «Capsicum annuum var. aviculari» (der von Florida bis Zentralamerika wild vorkommende «Bird Pepper» oder «Vogelaugen-Chili») identifiziert worden. Eshbaugh hatte aber das Gefühl, daß es sich in Wirklichkeit um Capsicum baccatum handelte. «Auf dem Film waren am unteren Ende der Frucht deutlich Spitzen zu sehen, und das deutete eher auf Capsicum baccatum hin.»

Nachdem er seine Argumente in einem 1968 veröffentlichten Artikel vorgetragen hatte, meldete Eshbaugh seinen Besuch bei der ehrwürdigen Linné Society in London an. «Ich war sehr nervös, als ich hinging, um das Original in Augenschein zu nehmen. Ich wußte, jetzt kam der Moment der Wahrheit», gestand mir Eshbaugh. «In solchen Momenten hofft man, recht zu behalten. Nun, ich hatte recht, also brachte ich meine Korrekturen an. Doch in der Linné Society zieht man nicht einfach irgendeine Schublade auf. Man ruft einen Tag vorher an, jemand bringt einem das Sammelstück und setzt sich daneben, um alles genau zu beobachten. Der Kustos und ein paar erlauchte Mitglieder der Linné Society sahen zu, wie ich den Eintrag änderte.»

Inzwischen wünscht Eshbaugh, er hätte den Fehler nie entdeckt, denn jedesmal, wenn er ein Herbarium sieht, kommt ihm der Gedanke, es könnte fälschlicherweise als «Vogelaugen-Chili» klassifizierten Capsicum baccatum enthalten. «Ich könnte meine gesamte Zeit damit verbringen, kreuz und quer durchs Land zu fahren und die Sammlungen anderer Leute ins reine zu bringen.»

Eshbaugh hat an den Universitäten von Kanton und Tsinan in China Vorträge gehalten. Er hat auf Kongressen in Südafrika, England, Frankreich, Deutschland, Australien, den Niederlanden, Kanada und Costa Rica von seinen Forschungen berichtet. Als er 1988 in seiner Eigenschaft als neugewählter Präsident vor der Botanical Society of America in Davis, Kalifornien, sprach, handelte seine Rede vor den über fünfhundert Teilnehmerinnen und Teilnehmern des Festbanketts natürlich ebenfalls vom Chili. Nach den ersten Sätzen, so erzählte er mir, hätten einige Kellner aufgehört, die Tische abzuräumen, und hätten auf den leeren Stühlen im hinteren Teil des Saales Platz genommen. Anschließend seien viele Botanikerinnen und Botaniker, die sich vorher noch nicht mit Chili beschäftigt hatten, zu ihm gekommen und hätten ihn um eine Kopie seines Vortrags gebeten. (Er habe ihrer Bitte nicht entsprechen können, da er sich nur ein paar Notizen gemacht und ansonsten frei gesprochen habe.) Sogar eine Kellnerin habe ihn angesprochen und gesagt, sie habe gar nicht gewußt, daß Chili «so interessant» sein könnte.

«Tja, der Chili war immer sehr mild und gütig zu mir», sagte Eshbaugh lächelnd.

Doch viele, die ihn kennenlernen, sind verblüfft, wenn sie erfahren, womit er seinen Lebensunterhalt verdient. Sogar ein Kolumnist der Lokalzeitung machte sich über Eshbaughs Bemühungen lustig und fragte, als der bekannte Botaniker ein großzügiges Stipendium der *National Science Foundation* bekam, wieso für derart verrückte Hobbys öffentliche Gelder verschwendet würden. Ich erkundigte mich bei Eshbaughs Frau Barbara, was sie vom Beruf ihres Mannes hielt. «Viele Leute lachen, wenn sie hören, was mein Mann Tag für Tag macht», sagte sie. «Aber ein Freund von uns, ein Volkskundler, hat neulich im Seniorenzentrum einen Vortrag über Plumpsklos gehalten, die bald für immer der Vergangenheit angehören werden. Wußten Sie, daß es ein nationales Register für historische Plumpsklos gibt? Ich fand das schrecklich komisch, aber dann fiel mir voller Entsetzen ein, daß mein Mann sich ja auch auf Plumpsklos statt auf Chili hätte spezialisieren können, und bei dem Gedanken war ich dann doch recht froh, daß er beim Chili gelandet ist.»

Als Eshbaugh und ich in Santa Cruz in Bolivien auf unseren verspäteten Weiterflug nach Cochabamba warteten, kamen wir mit einem Mitreisenden ins Gespräch. Der Mann arbeitete als Ingenieur für General Electric und sollte in Cochabamba beim Aufbau einer neuen Maschinenfabrik helfen.

«Und was führt Sie hierher?» fragte er höflich.

«Der Chili. Ich erforsche wilde Chili-Arten.»

«Sie machen Witze! Im Ernst?»

«Ja, im Ernst. Ich habe hier schon wilden Chili gesammelt», sagte Eshbaugh und deutete nach draußen auf den grünen Rasen, «als dieser Flughafen noch eine armselige Ansammlung windschiefer Schuppen war.»

*I*n der Morgendämmerung steigt die Sonne rasch hinter den Tunari-Bergen in den östlichen Anden auf. Cochabamba, tief ins Tal der niedrigeren Ausläufer gebettet, ist so hell erleuchtet wie ein Baseballstadion. Eshbaugh will in Richtung Süden. Ein Botaniker namens Mario Crespo vom landwirtschaftlichen Forschungszentrum Boliviens hat uns mit seinem Geländewagen abgeholt; er hat Eshbaugh schon auf anderen Exkursionen begleitet. Eshbaugh interessiert sich für eine Region, in der ein Kartoffelforscher vom Königlichen Botanischen Garten in Dänemark auf ein paar Ulupica-Pflanzen gestoßen war; er hatte die Schoten anschließend an Eshbaugh geschickt. Unter Pflanzensammlern ist ein solcher Austausch gang und gäbe. Dahinter steht die Gewißheit, daß sich die Gefälligkeiten im Laufe der Zeit ausgleichen werden, denn beim Pflanzensammeln ist der Zufall einer der wichtigsten Faktoren. «Ich hatte bis dahin nicht gewußt, daß es dort Ulupica gibt», erklärt mir Eshbaugh.

Ulupica, eine runde Frucht mit einem Durchmesser von etwa acht bis zwölf Millimetern wächst von allen primitiven Chili-Arten am weitesten verstreut. Genetisch scheint er dem primitivsten aller Chiliarten, dem Chacoense, am nächsten zu stehen. Diesen winzigen, runden und scharfen Chili findet man in den trockenen Niederungen Südboliviens, nahe der Grenze zu Argentinien und Paraguay. Im Chacoense vermutet Eshbaugh den «Ur-Chili», den Vorfahren aller Chiliarten. Er hat bestimmte Enzyme, die, verglichen mit entsprechenden Enzymen bei anderen Chili-Arten, in ihrem Aufbau besonders primitiv sind. «Deshalb glauben wir, daß er als erster da war», meint Eshbaugh.

Schließlich ist er sogar noch einen Schritt weitergegangen und hat versucht, den Geburtsort des Chacoense genau zu bestimmen: ein von Aquile, Comarapa und Villa Montes begrenztes Gebiet, in dem sich die primitiven Enzyme in der allgemeinen Vegetation nachweisen lassen. «Aufgrund dieser Funde haben wir ein Dreieck gezogen», sagt Eshbaugh. «Wir könnten falschliegen, falls unsere Annahme auf inadäquaten Sammlungen beruht, aber zur Zeit gehen wir von dieser Annahme aus.»

Eshbaugh kann mit Fug und Recht als Vorreiter der Chiliforschung gelten, denn von den meisten Wissenschaftlerinnen und Wissenschaftlern ist die Frage der genauen Herkunft des Chilis noch gar nicht diskutiert worden. Einzig Eshbaughs in England arbeitende Kommilitonin Barbara Pickersgill hat diese Frage bereits erwogen. Als ich sie anrief, meinte sie, es gebe nicht genug Beweise, um Zentralbolivien als Geburtsort des Chilis bezeichnen zu können. Und man wisse auch längst noch nicht, welches der erste Chili war. Vielleicht sei er ja auch aus einer ganz anderen, bisher unbekannten Beere hervorgegangen.

«Ich glaube nicht, daß wir über die verwandtschaftlichen Beziehungen innerhalb der Gattung bereits genug wissen. Und ich glaube auch nicht, daß wir die Arten, die zwischen Capsicum und anderen Arten verwandter Gattungen stehen, ausreichend erforscht haben. 1986 und 1987 hat es im alten Hochland von Südbrasilien eine interessante Sammelaktion gegeben, und die dort gefundenen, bisher unbekannten Arten könnten unsere Ansichten über die Herkunft des Chilis gründlich verändern. Wenn es in den Bergen Südbrasiliens eine wilde Zwischenform von Capsicum und verwandten Gattungen gibt, sich in Bolivien aber keine Zwischenformen nachweisen lassen, spräche einiges dafür, den ursprünglichen Herkunftsort in Brasilien zu suchen.»

Pickersgill bereitete sich gerade auf eine große Exkursion nach Brasilien vor. Sie sagte, es gebe dort beerenartige, breiige, nicht hohle Früchte, die sich zwischen Capsicum und Arten anderer Gattungen bewegten.

Als ich Eshbaugh, der mehr wilde Chilipflanzen in ihrem natürlichen Lebensraum gesehen hat als irgendein anderer, davon erzählte, winkte er ab. «Brasilien hat bei der Entwicklung und Verbreitung des wilden Chilis höchstens eine sekundäre Rolle gespielt.» Nach seinem Modell ist der Ulupica direkt aus dem «Ur-Chili» Chacoense hervorgegangen. Er selbst hat den Ulupica in einem von Cochabamba im Nordwesten, Villa Grande im Nordosten und Tarija im Süden begrenzten Gebiet gesammelt. Diese Dreieck deckt seiner Schätzung nach ungefähr 80 Prozent des Gebietes ab, das er für den natürlichen Lebensraum des Ulupica hält. Gründlicher, als wir es von staatlichen Volkszählungen kennen, hat er dieses fünfzig Quadratmeilen große Gebiet immer wieder durchkämmt.

Die Vorstellung, soviel Aufhebens um einen wilden Chili zu machen, scheint auf den ersten Blick absurd. Doch ohne diese Zählungen, sagt Eshbaugh, hätte er keine präzise Vorstellung von der Verbreitung des Ulupica und den Veränderungen, denen der Chili im Laufe der Zeit unterworfen war, gewinnen können. Darüber hinaus würden die genetischen Eigenschaften von Population zu Population variieren, so daß es nicht ausreicht, sich auf die Sammlung einzelner Ulupicas zu beschränken. Eine für die Kreuzung mit kultivierten Sorten wünschenswerte Eigenschaft könnte nur bei einem kleinen Teil der Pflanzen vorhanden sein. «Unter eintausend Exemplaren findet sich vielleicht nur eine einzige Pflanze mit den gesuchten Genen. Ich habe vierhundert Chacoenseproben gesammelt und nur eine einzige Pflanze gefunden, die milde Früchte trägt. Wollte man bestimmte krankheitsresistente Gene auf den milden Gemüsepaprika übertragen, könnte man auf diese Pflanze zurückgreifen.»

*E*he Eshbaugh aufbricht, hat er bereits eine ungefähre Vorstellung davon, wo sich seine Beute aufspüren läßt. Landkarten und Höhenmessungen sind seine wichtigsten Hilfsmittel. Er besitzt fünfzehn Karten. Eine davon ist so groß, daß sie in acht Teilkarten unterteilt ist. Sie liefert ein detailliertes Bild von der Vegetation des Landes. Dennoch lief er, kaum waren wir in Cochabamba angekommen, in den nächsten Buchladen und erstand zwei weitere Karten für den Fall, daß sie aktuellere Informationen enthielten. Die meisten alten Karten, sagte er, enthielten inkorrekte Höhenangaben. Und gerade die Höhenangaben seien das Wichtigste für ihn, weil sie anzeigten, wo er welchen wilden Chili finden könnte. «Über 2800 Meter hat die Suche überhaupt keinen Sinn», sagte er, am Morgen vor dem Aufbruch über eine seiner Karten gebeugt. Das ist die obere Wachstumsgrenze für den Ulupica, der ab 1500 Meter Höhe anzutreffen ist.

Während wir auf der schmalen, von imposanten Bergketten gesäumten Straße vorwärts holpern, zeigt Eshbaugh gelegentlich in die sich rasch wandelnde Landschaft und murmelt: «Viel zu feucht für Ulupica.»

Mario Crespo, der den Lastwagen steuert, stimmt ihm nickend zu. Der sechsunddreißigjährige Botaniker, der sich in den letzten Jahren mit anderen heimischen Pflanzen beschäftigt hat, scheint deshalb auf unseren gemeinsamen Ausflug ziemlich gespannt zu sein. Nach fast zwei Stunden anstrengender Fahrt über grobes Pflaster, tiefe Rinnen, ausgetrocknete Flußläufe und knietiefe Bäche bleibt Crespo schließlich in einem kleinen Dorf namens Anzaldo stehen. Der Höhenmesser zeigt 3400 Meter über dem Meeresspiegel an. Noch immer viel zu hoch für Ulupica. Crespo fragt ein paar junge Männer, die vor den Lehmziegelhäusern stehen, ob sie in den umliegenden Tälern Ulupica-Pflanzen gesehen hätten. Sie nicken und zeigen geradeaus. Ein alter Mann, der Crespos Frage gehört hat, schlurft herbei und fordert uns auf, ihm in sein Haus zu folgen. Durch ein wahres Labyrinth offener Zimmer kommen wir in einen Hof. Vor einer hohen Wand steht eine zwei Meter zehn große Pflanze. Der aufgelockerte Boden zeigt, daß diese Ulupica-Pflanze sorgsam gepflegt wird. Desiderio Flores, ein Quechua-Indio, dem mehrere Vorderzähne fehlen, erklärt uns, er habe ursprünglich sechs Pflanzen ausgesetzt, doch nur eine habe überlebt. «Im Winter esse ich am liebsten Ulupica, aber es gibt keinen auf dem Markt.» Eshbaugh macht Fotos, notiert die ungewöhnliche Höhe des Standorts, den Namen des Dorfes und den Namen des Eigentümers.

Standorte bilden für die Erforschung der evolutionären Entwicklung des Chilis wichtige Anhaltspunkte, daher macht sich Eshbaugh ausführliche Feldnotizen. Er zeigt mir einige typische Einträge von früheren Exkursionen: «Capsicum baccatum var. baccatum oder arivivi, Garten von J. Rivero in Chuquisaca, Provinz Azero, Höhe 1050 Meter; Capsicum tomentosum, Feld von Agusto Martinez in El-Sauce, 1,73 Kilometer westlich von Samipata, nördlich der Straße gelegen, ungewöhnliche Tomentosum-Form, viele Früchte auf einer einzelnen Pflanze.»

«Domestizierte» Ulupica-Pflanzen sind äußerst selten, vor allem in dieser Höhe. Die Anpassungsfähigkeit und die Größe der Pflanze in Desiderio Flores' Garten beeindrucken Eshbaugh am meisten. Allerdings erzählt er mir, er habe 1971 an der Straße zum Yungus-Tal im östlichen Teil der Cordillera-Berge eine Ulupica-Pflanze gesehen, die vom einen Ende zum anderen zwanzig Meter gemessen habe. «Mit so einem riesigen Chili habe selbst ich nicht gerechnet.»

Crespo heuert zwei Dorfbewohner an, die uns helfen sollen, wilden Ulupica zu finden. Zuerst verlangen sie, in Dollar bezahlt zu werden, ändern jedoch nach einigem Feilschen ihre Meinung und klettern auf den Rücksitz unseres Wagens. Gemeinsam setzen wir die Fahrt fort.

Die Straße windet sich in schwindelerregenden Kurven auf und ab. Bodenbeschaffenheit und Klima verändern sich ständig. Die Erde wirkt rosafarben, dann rot und plötzlich wieder sandig. Die Luft ist zuerst kühl, dann trocken und heiß. Kakteen, stachelige Agaven und Prosopisbäume kommen in Sicht. «Anzeigerpflanzen!» ruft Eshbaugh entzückt und starrt angestrengt in die Ferne.

Wir sind inzwischen mehr als zwei Stunden gefahren und haben dabei knapp achtzehn Meilen zurückgelegt. Trotz dieser kurzen Entfernung haben wir in der Landschaft drastische Veränderungen erlebt. Das ist typisch für die Anden.

An ihrer zum Amazonas-Dschungel abfallenden Ostseite können sich die Temperatur, die Luftfeuchtigkeit und die Bodenbeschaffenheit innerhalb von hundert Metern gründlich ändern. Die vielen unterschiedlichen «Mikro-Klimazonen» haben in diesem Land, das etwa doppelt so groß ist wie Spanien, eine erstaunliche Vielfalt an Tieren und Pflanzen hervorgebracht. «Noch mehr Anzeigerpflanzen», ruft Eshbaugh, als er auf den Feldern neben der Straße eine dichte Ansammlung von Kakteen und Prosopisbäumen entdeckt. Ein Schild verkündet die Nähe eines Dorfes: Chogona, 2400 Meter über dem Meeresspiegel.

Vor einer einsamen Hütte bleibt Crespo stehen. Ein Mann und ein Kind kommen heraus, um zu sehen, wer sich bis zu ihrem Haus verirrt hat. Dann führen sie uns zu einem steilen Abhang hinter dem Haus. Wir rutschen und schliddern an Kakteen und dornigen Prosopisbäumen vorbei, bis wir uns glücklich vor einer Gruppe Ulupica-Pflanzen wiederfinden. «Aber sie sehen ganz anders aus», ruft Eshbaugh erstaunt, als er die Blätter betrachtet. Ich kann keinen Unterschied zu allen anderen Ulupica-Pflanzen erkennen. «Aber die Blätter sind so schmal, viel schmaler, als ich es je bei meinen Exkursionen gesehen habe. Es sind genau diese Abweichungen, die mich so interessieren. Warum sind die Ulupica-Blätter in dieser Gegend länger und schmaler?» Mit klickender Kamera pirscht Eshbaugh um die Pflanzen herum, als würde er einen Autounfallschaden fotografieren. Anschließend ringt er mit Mühe einer der Pflanzen ein paar Zweige ab. «Ich bin wirklich begeistert von diesem Fund, die Blätter sind ganz anders», schwärmt Eshbaugh. Ich kann noch immer keinen Unterschied sehen, aber ich schreibe es meinen ungeübten Augen zu.

Angesichts der Begeisterung kann der Indio-Vater nicht umhin, auf den Bergkamm jenseits seines Hauses zu zeigen. Wenige Minuten später trottet die gesamte Gruppe durch seine Maisfelder, wo der glückliche Eshbaugh bald zwei weitere Ulupica-Pflanzen entdeckt. Der Mais wurde um die

Pflanzen herumgesät. «Die Bauern würden nie eine Ulupica-Pflanze umpflügen», erklärt uns Eshbaugh in ehrfürchtigem Ton. Als wir den Bergkamm erreichen, weist uns Crespo an, in verschiedene Richtungen auszuschwärmen. Die einzelnen Gestalten verschwinden im Dickicht der hohen Büsche, und bald wird die Stille des heißen Nachmittags durch laute Schreie gestört. «Ulupica!» «Está ulupica!» «Ulupica!» Von weitem sehe ich Eshbaugh aufgeregt von Busch zu Busch laufen.

Doch verglichen mit den Pionierzeiten ist die heutige Jagd auf wilde Pflanzen eine ziemlich ungefährliche Sache. Leonhardt Rauwolf, ein deutscher Arzt, der 1573 den Mittelmeerraum bereiste, um die dort heimischen Heilpflanzen an ihrem «angestammten Platz» zu sehen, wurde, obgleich er sich in Kleidung und Habitus den Einheimischen anzupassen versuchte, mehrfach ausgeraubt und war ständig auf der Flucht. James Tweedie vom Botanischen Garten in Edinburgh, der 1832 zu seiner ersten großen Exkursion nach Südamerika aufbrach, legte mit dem Boot Hunderte von Meilen auf gefährlichen Flüssen zurück, unternahm halsbrecherische Bergtouren und stieß in dichte Wälder vor, die wegen der gefürchteten Jaguare unbewohnt waren. In Afrika entkamen nur wenige der französischen und holländischen Pioniere, die sich im Dienste der Botanik durch die Urwälder schlugen, heimtückischen Krankheiten wie Ruhr und Malaria. Die am gründlichsten botanisierte Gegend jener Zeit erhielt ihre traurige Berühmtheit durch die große Anzahl von Expeditionen, deren Teilnehmer bei der Pflanzenjagd ums Leben kamen.

Ihren Nachfolgern geht es längst nicht mehr in erster Linie darum, unbekannte Pflanzen aufzuspüren. Ihre Exkursionen sind meist vom kommerziellen Interesse an bereits bekannten Pflanzenarten geleitet. Die abenteuerlustigen Jäger sind zu braven Sammlern geworden. Doch ist die Zeit der Pflanzenjagd tatsächlich schon zu Ende? Man schätzt, daß es auf der Erde zwanzigtausend eßbare Pflanzen gibt. Nur dreitausend davon sind im Laufe der Geschichte von der Menschheit genutzt worden, und nur zwanzig sind es, die das Gros unserer pflanzlichen Nahrung ausmachen. Vor meiner Abreise nach Bolivien sprach ich mit Enrique Forero, dem Forschungsdirektor des Botanischen Gartens von Missouri, über diese Tatsache. «Wir richten alle unsere Anstrengungen darauf, die Pflanzen zu sammeln, ehe sie aussterben», sagte er mir. «In den letzten Jahren haben wir vor allem die Wälder inventarisiert. Aber es gibt gar nicht genug Botaniker auf der Welt, um diese gewaltige Aufgabe zu bewältigen. Vor allem fehlt es uns an Leuten mit den nötigen Kenntnissen, die auch bereit sind, in die Tropen zu gehen und dort zu arbeiten. Es kostet Mühe, in die Wälder zu gehen. Und man muß mit Gefahren rechnen. Schlangen. Guerillas. Einheimische, die fuchtig werden, wenn man in ihre heiligen Gebiete vordringt. Außerdem ist die Zahl ausgebildeter Botaniker hier und in Europa rückläufig.»

Als Eshbaugh 1970 erstmals bolivianischen Boden betrat, wußte er nicht, wo und wie er mit seiner Arbeit beginnen sollte. «Deshalb habe ich mit den bolivianischen Taxifahrern einen Handel geschlossen. Ich habe ihnen gesagt, ich sei ein *botanico*, und habe ihnen eine Landkarte gezeigt. Wir sind in ein Dorf gefahren, der jeweilige Taxifahrer ging von Tür zu Tür und sprach mit den Leuten, dann stieg er wieder ins Auto, wir fuhren ein Stück weiter und wiederholten die Prozedur.» Als Eshbaugh später genauer eingrenzen konnte, welche Höhenverhältnisse und klimatischen Bedingungen von den wilden Chilipflanzen bevorzugt wurden, verlegte er sich auf neue Methoden. So übertrug er 1976 zum Beispiel eine Landkarte Boliviens mit relativ genauen Höhenmessungen auf eine Karte, in die die jeweilige Vegetation des Landes eingetragen war. Die Kombination beider Kriterien ließ vermuten, daß die Gegend rund um Aiquile und Mizque für den Ulupica ein idealer Lebensraum war. Eshbaugh schrieb an die Geistlichen in diesem Gebiet und bat sie, ihre Gemeindemitglieder zu fragen, ob sie wildwachsende Chilipflanzen kannten. Er legte jeweils einen Scheck über fünfzehn Dollar bei und versprach die gleiche Summe für jedes Exemplar, das ihm die Einheimischen schicken würden. «Ich setzte einfach darauf, daß Geistliche gebildete und verständige Leute sind», erzählt er mir. «Am Schluß hatte ich hundertfünfzig Fundstücke aus den abgelegensten Dörfern Boliviens und brauchte dafür nicht einmal mein Büro zu verlassen.»

1971 unternahm Eshbaugh eine Exkursion nach Peru, konnte aber nicht in die Umgebung um Ayacucho vordringen, weil dort zu jener Zeit heftige Guerillakämpfe wüteten. Eshbaugh interessierte sich für einen winzigen scharfen Chili, den Oscar Tovar, ein Botaniker von der Universität Lima, dort gefunden hatte. Auf dem Rückflug lernte er den amerikanischen Missionar Harry Marshall kennen. «Der Mann sagte mir: ‹Ich bin in der Gegend, in die Sie reisen wollten, siebzehn Jahre lang Missionar gewesen, und Sie können mir glauben, daß es dort keinen wilden Chili gibt.› Ich erwiderte: ‹Trotzdem möchte ich Sie bitten, die Leute danach zu fragen, wenn Sie wieder dorthin zurückkehren.› Wir tauschten unsere Adressen aus. Im April 1971 bekam ich einen Brief von Marshall, in dem er mir schrieb: ‹Lieber Hardy, zu meiner großen Überraschung hörte ich von meinen Gemeindemitgliedern, daß der Chili, nach dem Sie suchen, in dieser Gegend hier sehr verbreitet ist. Meine Tochter, die in einem Monat in die USA zurückkehrt, wird Ihnen ein Päckchen Früchte mitbringen.›»

Inzwischen ist diese peruanische Sammlung Gegenstand wichtiger Forschungen. Das Besondere an dem Chili, den die Einheimischen Mukúru nennen, ist, daß er sich zunächst nicht selbst bestäubt. Erst wenn es bis zum Ende der Blütezeit nicht zur Bestäubung durch eine andere Pflanze gekommen ist, bestäubt er sich selbst und bringt einige wenige Früchte hervor, um so sein Überleben zu sichern. «Dieses ausgeklügelte System hat in der Forschung große Neugier geweckt», sagt Eshbaugh. Überdies ist der Mukúru eher mit den bolivianischen als mit den anderen peruanischen Chiliarten verwandt. «Ein weiterer Hinweis für meine These, daß Bolivien das Zentrum der Gattung ist.»

In der Pflanzengenetik ist es deshalb so wichtig, den Herkunftsort einer Gattung zu bestimmen, weil die Population an diesem Ort mit größter Wahrscheinlichkeit die nützlichen primitiven Gene besitzt, mit der man die Kulturpflanzen «auffrischen» will. In den sechziger Jahren wurden wildwachsende Vorfahren des Mais in Südamerika gesammelt, weil man dort seinen Ursprung vermutete. Erst später konnte nachgewiesen werden, daß er statt dessen aus dem Süden Mexikos und dem Norden Guatemalas kam; in Südamerika war durch menschliche Selektion bloß die größte Artenvielfalt entstanden. Eshbaugh will, daß sich dieser Fehler beim Chili nicht wiederholt. Gewiß lassen sich in Brasilien und Peru viele primitive Arten finden, doch hält Eshbaugh diese Regionen für sekundäre Zentren der Evolution. Für ihn verdichten sich die Hinweise auf Bolivien als Geburtsland des Chilis. Um so wichtiger ist es ihm, dort die wildwachsenden Verwandten unserer Kulturpflanzen zu sammeln.

Auch von örtlichen Bauernmärkten verspricht er sich weitere Fundstücke, obgleich dort überwiegend kultivierte Sorten angeboten werden. Doch als wir, einunddreißig Meilen von Cochabamba entfernt, über den Wochenmarkt von Punata schlendern, zeigt sich Eshbaugh besorgt. «Vor zwanzig Jahren habe ich eine noch viel größere Vielfalt gesehen», erklärt er mir. «Es gab viele kleine orangefarbene und rote

Früchte, die nicht von kultivierten Sorten stammten, diesmal habe ich nur vier verschiedene Typen entdeckt.»

Auf dem Markt wird aber immer noch eine große Auswahl verschiedener Chilisorten angeboten, deren Ähnlichkeit mit ihren wilden Vorfahren nicht zu übersehen ist. Der Markt von Punata nimmt in etwa die Fläche eines Fußballfelds ein und besteht aus einer Ansammlung windschiefer Buden. Man kann Ziegen, Schafe, Kühe, Hühner und Schweine kaufen, landwirtschaftliches Gerät wie Hacken, Macheten, Schaufeln und Spaten, Haushaltswaren wie Seife, Plastiktüten, Zahnpasta und Kleider, Gemüse und Obst wie Bohnen, Mais, Zwiebeln, Rettich, Aprikosen oder Trauben. Doch wenn es einen Artikel gibt, der allein schon von der Masse her den Markt beherrscht, dann ist dies zweifellos Chili. In langen Reihen aufgehäuft oder in kleinen Portionen auf Decken ausgebreitet, wird hier vor allem der Locoto-Chili angeboten. Manche Häufchen sind mit einem grünen Kraut namens Quillquiaña geschmückt, das einer Salsa aus Chili und Tomaten ein sehr angenehmes Aroma verleiht. Hinter ihrer Ware sitzen die Verkäuferinnen, Quechua- und Aymara-Frauen in ihren weiten Röcken, runden schwarzen Hüten und herrlich farbigen viereckigen Tüchern. «Ich verstehe nicht, wie sie überhaupt Geld verdienen können, wenn sie alle das gleiche verkaufen», wundert sich Eshbaugh, während er durch die Reihen schlendert. Zwar bücken sich die Käuferinnen und Käufer nach dem Locoto mehr als nach jeder anderen Ware, doch ich frage mich, ob sich der Vorrat am Ende des Markttags sichtbar verringert haben wird.

Der Locoto, den man in Peru Rocoto nennt, ist bei weitem der beste Chili, den ich je roh gegessen habe. Die knolligen, fleischigen Früchte, die an winzige Papayas erinnern, haben schwarze Samenkörner. Ihre Färbung reicht von dunkelgrün, gelb und rosa bis dunkelrot. Ein aufgeschnittener tiefroter Locoto mit seinen glänzendschwarzen Samenkörnern bietet einen herrlichen Anblick. Solange er noch grün und gelblich ist, schmeckt sein Fleisch so knackig und kühl wie eine frische Gurke, und die angenehme Schärfe, die aus den festen Fruchtwänden quillt, stellt selbst die wählerischsten *aficionados* zufrieden. In Bolivien wird der Locoto mit Tomaten, Zwiebeln und Quillquiaña zu einer Sauce namens Llajw'a vermischt; sind die Zutaten nur grob gehackt, wird sie Salsa cruda genannt. Der Locoto ist kaum kälteempfindlich, wächst in Höhen zwischen 1600 und 3100 Metern über dem Meeresspiegel und trägt zehn Jahre lang Früchte. Ebenfalls weit verbreitet ist der Ají, ein langer, dicker Chili, der in den Ebenen unter 1200 Metern angebaut und im allgemeinen zu Saucen verarbeitet wird.

Doch der Locoto ist eindeutig die beliebteste Chilisorte Boliviens. Und auch ich sollte mich nach meiner Rückkehr in die USA nach seinem knackigen, angenehmen Geschmack in frischen Salaten verzehren. Er ist der einzige mir bekannte scharfe Chili, den man roh essen kann, ohne dabei schniefen und nach Luft ringen zu müssen. Er eignet sich perfekt als Beigabe zu allen Gerichten, denen noch der letzte Pfiff fehlt. Leider sind alle Bemühungen, den Locoto in New Mexico und Texas anzupflanzen, gründlich fehlgeschlagen. Der Locoto braucht kühle Temperaturen ohne Frost, und vom Auspflanzen bis zur Reife der Früchte vergehen 150 Tage. In den meisten kühleren Anbaugebieten Nordamerikas setzen jedoch schon nach 110 Tagen Fröste ein. Die einzige Alternative bestünde darin, die Früchte aus den Anden zu importieren, doch der lange Transport ist sehr teuer, und die besten Eigenschaften gehen auf dem langen Weg verloren.

Eshbaugh geht weiter über den Markt, macht Fotos und kauft eine Handvoll der Früchte, die er mit der Kamera festgehalten hat. Er verstaut sie in einer Plastiktüte und legt einen Zettel bei, auf dem er die von der Verkäuferin erfragten Informationen notiert hat.

«*Y de dónde viene?*» fragt er die nächste Verkäuferin, wo ihr Chili herkommt.

«Chapari», erwidert die Frau. Eshbaugh wählt ein halbes Dutzend Schoten aus, bezahlt sie und geht weiter.

«Solche Früchte habe ich noch nie gesehen», sagt er und deutet auf einen kleinen Haufen am nächsten Stand. «Die Form der Hälse ist irgendwie merkwürdig», sagt er über die knolligen roten Schoten, die an Weihnachtsbaumkugeln erinnern.

Am nächsten Stand ist er sich nicht sicher, ob es sich bei den fleischigen Früchten, die wie Ají aussehen, tatsächlich um Ají oder um eine andere Spezies handelt. Er kauft eine Handvoll. «Es könnte Capsicum baccatum var. pendulum sein oder auch Capsicum annuum. Ich werde es erst sicher wissen, wenn ich sie ausgesät habe.» Eshbaugh geht zur nächsten Verkäuferin weiter, einer alten Frau mit ausdruckslosem Gesicht, die offenbar nicht bereit ist, Eshbaughs Neugier zu befriedigen. Eshbaugh macht höfliche Gesten und setzt, wie er es im Laufe seiner langjährigen Sammlertätigkeit gelernt hat, sein freundlichstes Lächeln auf. «Vielleicht versteht sie mein Spanisch nicht. Oder sie will überhaupt nicht mit mir sprechen», vermutet er. Eshbaugh weiß, wann er sich zurückziehen muß, und er tut es, ohne zu murren. Bei früheren Besuchen auf diversen Bauernmärkten hat er gelernt, daß manche Indios gegen Fremde sehr mißtrauisch sind und nicht wollen, daß man sie fotografiert, weil sie glauben, die Kamera würde auch ihre Seele einfangen. Eshbaugh erzählt mir, er habe auf den Jungferninseln einmal an einem Marktstand Aufnahmen von Chili gemacht, als plötzlich etwas vor der Linse vorbeigehuscht sei. Als er aufschaute, habe er gesehen, daß es sich um einen Besen handelte, mit dem die Verkäuferin ihn habe verscheuchen wollen. «Sie hat mich regelrecht vom Marktplatz gejagt», lacht Eshbaugh. Aber für das Wohl der Botanik geht Eshbaugh so manches Risiko ein, und auf dem Markt von Punata scheint auch alles friedlich zu bleiben. Manche Verkäuferinnen stehen auf und verlassen ihre Stände, sobald Eshbaugh seine Kamera auf ihre Ware richtet, und erlauben ihm damit, ihren Chili zu fotografieren.

Ehe wir den Markt verlassen, werden wir noch Zeugen

einer drolligen Szene, die sich am einzigen Stand mit getrockneten Gewürzen abspielt. Es gibt dort getrockneten Chili (zwei verschiedene Sorten Ají), Zimtstangen, Kreuzkümmel, Lorbeerblätter, Gelbwurz, Piment und gemahlenes Paprikapulver. Eine Biene fliegt in einen offenen Sack mit Paprikapulver und taucht die Beinchen ein, während sie mit den Flügeln flattert, um wie ein Hubschrauber über dem roten Pulver zu schweben. Mit rotbestäubten Beinen fliegt sie davon. Während wir noch darüber spekulieren, was wohl der Zweck der Übung war, kommt eine andere Biene (oder vielleicht auch dieselbe) angesummt, verschwindet zielstrebig in dem Sack mit scharfem Paprikapulver, taucht wiederum hinein, bis die winzigen behaarten Beine rot bestäubt sind, und fliegt davon. Selbst die Bienen scheinen in Bolivien, dem mutmaßlichen Geburtsland des Chilis, einschlägige Vorlieben zu haben.

Am Ende eines jeden Sammeltags wird die Romantik des Botanisierens in der freien Natur von dem abgelöst, was Eshbaugh «die eigentliche Arbeit» nennt. Auf dem Bett seines Hotelzimmers breitet er die gesammelten Pflanzen aus und legt sich auf dem kleinen Tisch das Werkzeug seines Berufsstands parat: eine Hoffritz-Pinzette, eine Schere, ein Skalpell und vier Klingen, einen Greifzirkel, ein Lineal und einen Stapel Münzumschläge. «Solche Pinzetten bekommt man heute gar nicht mehr», erklärt er mir. «Diese hier habe ich schon seit fünfzehn Jahren. Sie rutschen nicht ab und verdrehen sich nicht in der Hand wie die neuen», sagt er und reibt die Spitzen der Pinzette an der Hose ab.

Dann nimmt er Chili für Chili vom Bett und beginnt mit dem Katalogisieren. Er notiert Maße, Farbe und Form auf der Vorderseite des kleinen Umschlags, führt dann das Skalpell über den Bauch der jeweiligen Frucht und zieht sie vorsichtig auseinander. Mit der Pinzette löst er sachte die Samen vom

Samenträger und schiebt sie in den Umschlag hinein. «Diese Umschläge saugen die Feuchtigkeit auf, so daß die Samenkörner hervorragend trocknen», erklärt er dabei. Zählen wird er die einzelnen Samenkörner erst, wenn er wieder in Ohio ist. Er drückt nur gelegentlich sein Erstaunen aus, wenn die Anzahl ungewöhnlich hoch oder niedrig ist. «Dieser Chili hat nur zehn Samenkörner, ein Drittel von dem, was die anderen Früchte der gleichen Sorten enthalten haben», sagt er, dreht eine orangefarbene Schote in der Hand, hustet und schnieft.

Kurz darauf schneidet er die Schoten auf, deren langgezogene Form ihm auf dem Markt Rätsel aufgegeben hatte. «Keine Ahnung, womit wir es hier zu tun haben», meint er und betrachtet nachdenklich das Innere der Früchte. «Sie haben nur sehr wenig Samenkörner und einen Teil davon schon abgestoßen. Außerdem müßten die Samenkörner schwarz sein, aber sie sehen hier fast weißlich aus.» Er schüttelt den Kopf. «Das kann kein Locoto sein. Ich bin schon sehr gespannt, was passiert, wenn ich die Samen in meinem Gewächshaus aussäe.» Sorgfältig verstaut er die Samen in den kleinen Umschlägen und zeichnet außen die außergewöhnliche Form der Früchte auf, um sich später besser an diesen Fund erinnern zu können.

Die Größe der Früchte und die Anzahl der Samenkörner geben wichtige Aufschlüsse darüber, wie weit sich die Pflanzen von ihren wildwachsenden Vorfahren entfernt haben; je kleiner zum Beispiel die Früchte, desto näher sind sie mit den alten Spezies verwandt. Was den Locoto angeht, hat Eshbaugh in dieser Hinsicht bereits sehr interessante Beobachtungen gemacht. «Ich habe die Fruchtgröße an den verschiedensten Standorten gemessen, von Bolivien bis hinauf nach Peru. Es hat sich herausgestellt, daß die kleinsten Früchte alle aus Bolivien stammen. Wenn man von Bolivien aus nordwärts zieht, werden die Früchte immer größer. Ich glaube, daß die Früchte aus Bolivien deshalb so klein sind, weil sie mit ihren Vorfahren enger verwandt sind. In Bolivien sind auch die Früchte der kultivierten Pflanzen kleiner, weil bei ihnen die wilden Gene durch Fremdbestäubung ständig mit im Spiel sind.»

Während dieses täglichen Rituals auf unserer einwöchigen Exkursion fragte ich ihn einmal, ob den Ländern, die diese wertvollen Gene lieferten, nicht eine Entschädigung zustünde. Seit Jahren zog eine ständig steigende Zahl von Pflanzenkundlerinnen und -kundlern durch die Anden und sackte wilde Kartoffeln, Tomaten und andere Pflanzen ein. Den alleinigen Nutzen dieser Sammelleidenschaft haben die auf landwirtschaftliche Produkte spezialisierten Großunternehmen der Industrieländer. Natürlich ist es schwierig, den Wert der Verbesserung bestimmter Nutzpflanzen durch frische Gene in konkreten Geldbeträgen zu messen, doch hat es gelegentlich auch in dieser Hinsicht gewisse Anhaltspunkte gegeben. So fand zum Beispiel Hugh Iltis von der University of Wisconsin 1962 in den peruanischen Anden eine «ziemlich verlottert» aussehende wilde Tomate. Seine Sammlung erwies sich für die Samenzucht als wahrer Jackpot. Die wilde Tomate ließ sich mit einer kommerziellen Sorte kreuzen, produzierte große tiefrote Tomaten mit einem bedeutend höheren Zuckergehalt und füllte nach Iltis' Schätzung die Geldsäckel der Tomatenindustrie um zusätzliche fünf Millionen Dollar.

Die Fortschritte bei der Technik des Gentransfers haben den Appetit des Westens auf die alten Gene noch verstärkt. Diese Technik ist sehr viel effektiver als die alte Zuchtmethode, bei der bis zu zehn Jahre vergehen können, bis die erwünschten Eigenschaften auf eine Nutzpflanze übertragen sind. Mit Hilfe des Gentransfers können kommerziell angebaute Sorten innerhalb weniger Jahre verbessert werden.

Doch die westliche Welt ist nicht ohne weiteres bereit, für das genetische Material, das sie zu ihrem Vorteil nutzt, irgendwelche Zahlungen zu leisten. Mehr noch, die betreffenden Länder weigern sich, den Entwicklungsländern freien Zugang zu den ertragreichen und krankheitsresistenten Samen zu gewähren, die aus diesem Material entwickelt wurden. Die Ernährungs- und Landwirtschaftsorganisation der Vereinten Nationen (FAO) hat eine Kommission eingesetzt, um dieses Problem zu lösen. Doch die USA und eine Reihe anderer westlicher Länder haben es nicht nur abgelehnt, der Kommission beizutreten, sie haben auch die 1983 verabschiedete Erklärung dieser Kommission zurückgewiesen, daß «die genetischen Ressourcen unserer Pflanzenwelt als gemeinsames Erbe der Menschheit anzusehen sind und daher ohne Beschränkungen für alle verfügbar sein sollten». Hätten sie diesem Grundsatz zugestimmt, hätten sie allen Ländern freien Zugang zu den verbesserten Züchtungen gewähren müssen. «In den Entwicklungsländern herrscht darüber großer Unmut», berichtete Eshbaugh. «Vor allem in Ecuador und Brasilien regt sich in der Wissenschaft und in der Landwirtschaftsbehörde heftiger Widerstand. Die armen Länder sagen mit Recht: Ihr habt das Material ja erst von uns bekommen.»

Es scheint, als würden die westlichen Wissenschaftlerinnen und Wissenschaftler, die voller Sammelleidenschaft durch die Andenländer ziehen, sich nicht einmal die Mühe machen, die Ergebnisse ihrer Forschungen mit den Kolleginnen und Kollegen aus ihren Gastländern zu teilen. Als Eshbaugh und ich eines Nachmittags beim bolivianischen Forschungszentrum für Landwirtschaft in Pairumani vorbeischauten, wurde rasch klar, daß die dort arbeitenden Botanikerinnen und Botaniker von der US-amerikanischen und europäischen Forschung über ihre wilden Chilipflanzen keine Ahnung hatten.

«Sie wissen also, von welchem wilden Chili der Locoto abstammt?» fragte Gonzola Evilla, ein führender Wissenschaftler am bolivianischen Forschungszentrum.

«Ja, vom Ulupica», erwiderte Eshbaugh und erklärte, daß

der Ulupica Gene besaß, die die Widerstandskraft des Locoto erhöhen könnten.

«Verstehe. Wir müssen also Ulupica sammeln und in einer Samenbank für die Zukunft retten», sagte Evilla. Anschließend erzählte er uns, sein Forschungszentrum befasse sich vorwiegend mit Mais, Quinoa und anderen heimischen Nutzpflanzen, die für die Ernährung der Bevölkerung von vorrangiger Bedeutung seien. «Den Chili lassen wir auf kleiner Flamme schmoren», erklärte er.

Eshbaugh versprach, ihm Kopien seiner letzten Forschungsberichte zuzuschicken. Auch eine Kopie des kürzlich vom National Research Council in Washington, D. C., veröffentlichten Artikels «Verlorene Nutzpflanzen der Inkas» wollte er ihm zukommen lassen. Ich war erstaunt, daß dieser grundlegende Bericht in dem Land, dessen Pflanzen die Grundlage der darin beschriebenen Untersuchungen bildeten, nicht bekannt war. Später sagte mir Eshbaugh: «Diese Leute haben nicht einmal genug Geld, um die wichtigsten botanischen Zeitschriften zu abonnieren.»

*E*s ist Mitternacht, und Eshbaugh sitzt noch immer mit Skalpell und Greifzirkel über seinem Chili. Der Papierkorb quillt über mit sezierten Chilischoten. Gemeinsam fragen wir uns, was wohl das Zimmermädchen denken mag, wenn es morgens den Papierkorb sieht. Auf Eshbaughs Bett liegen noch verschiedene Plastiktüten mit Pflanzenproben und warten darauf, katalogisiert zu werden. Eshbaugh beschließt, am nächsten Morgen früher aufzustehen, um die restliche Arbeit zu erledigen, ehe wir zu einer neuen Sammeltour aufbrechen.

Als ich gegen sieben Uhr morgens an seinem Zimmer vorbeikomme, ist die Tür nur angelehnt. Er sitzt schon wieder an seinem Tisch, zerschneidet Chilischoten, preßt Ulupica-Zweige zwischen alte Zeitungen und runzelt die Stirn über eine rätselhafte Eigenschaft einer kleinen Chilischote. «Die Blütenkelche gehen so leicht ab», sagt er und zeigt auf die sieben Schoten, die vor ihm liegen. «Das muß eine Kreuzung zwischen Locoto und irgendeiner wilden Spezies sein. Ich frage mich, welcher wilde Chili sich so leicht mit der kultivierten Pflanze kreuzt.» Die Antwort könnte eine wichtige Lücke in der Genealogie des Chilis schließen. Eshbaugh beschließt, die Samen aller sieben Schoten aufzubewahren. «Normalerweise würde ich nur zwei oder drei aufschneiden. Aber diese Früchte sind wirklich faszinierend.»

Ich stehe in der offenen Tür zu Eshbaughs Zimmer und lasse den Blick zu den fernen Umrissen der gewaltigen Tunari-Berge schweifen. Einen Augenblick lang kommt mir das Vorhaben dieses Mannes, den Stammbaum des Chilis bis zum allerersten Ahnen zurückzuverfolgen, völlig aussichtslos vor. Die dichte Vegetation der mächtigen Berge scheint alle menschlichen Bemühungen zu verhöhnen. Ganz bestimmt wird der Chili nicht von der Erde verschwinden, wenn Eshbaugh sein Rätsel nicht löst. Er ißt ihn nicht einmal gern. Aber er ist besessen von der Idee, die Zeit zurückzudrehen und das Rätsel der Evolution zu lösen. Als ich endlich den Blick von den Bergen wende, sitzt Eshbaugh noch immer über seine Pinzette gebeugt und löst sorgfältig Samenkorn für Samenkorn aus einer Chilischote.

5
Kleine Chili-Heilkunde

Als die ersten Pflanzen aus der Neuen Welt nach Europa kamen, wurden sie, ehe man noch überlegte, ob man sie vielleicht essen kann, auf ihre medizinische Wirksamkeit überprüft. Im 16. Jahrhundert spekulierte der in Sevilla praktizierende Arzt Nicolai Monardes in seiner «Freudigen Kunde aus der Neuen Welt» über «die seltenen und mannigfaltigen Thugenden der verschiedenen Kräuther, Bäume, Öle, Pflanzen und Steine», welche die ersten Entdecker mit nach Hause brachten. «Vom indianischen Pfeffer» schrieb er: «Er dienet nicht nur als Arzeney, sondern ist in ganz Spanien für seine wohlthuenden Eigenschaften bekannt... Er beruhiget und besänftiget das Gemüth und thuet allen Menschen gut, die schlecht atmen können und eine blasse Farbe haben. Er ist trocken und sehr scharf, und er heilet, thröstet und stärket alle, die ihn verzehren.»

Die frühesten medizinischen Anwendungen, von denen wir in Europa wissen, stammen denn auch aus Spanien. So nahmen die spanischen Seeleute vorsorglich Chili mit an Bord, um dem Skorbut vorzubeugen. Außerdem wurden den roten Chilischoten günstige Auswirkungen auf das Sehvermögen zugeschrieben (die ausgereiften Schoten enthalten viel Vitamin A). In einem Bericht aus dem 17. Jahrhundert heißt es, viele Spanier verzehrten nach jeder Mahlzeit «zwei geröstete indianische Pfefferschoten, um ihr Augenlicht zu schärfen».

Doch auch in anderen Teilen der Welt fand der Chili Eingang in die Volksmedizin. In Malaysia wird er bis auf den heutigen Tag bei Verdauungsproblemen, Gelbsucht, Scharlach, Cholera, Malaria, ja sogar bei Gonorrhö verschrieben, obgleich es für seine heilende Wirkung bei diesen Krankheiten keine objektiven Beweise gibt. In Indonesien setzt man den Saft der Chiliblätter zur Stimulation der Geburtswehen ein. Auf den Philippinen werden *Capsicum frutescens*-Blätter gestampft und mit Limonensaft zu einem Brei verrührt, der auf Schwellungen aufgetragen wird; mit anderen Gewürzen vermischt, wird der gleiche Brei für Umschläge bei Geschwüren verwendet. Die indische *Materia Medica* empfiehlt, drei Capsicum-Arten (*annuum, fastigiatum* und *minimum*) zu einer Paste zu verrühren, mit Senf zu vermischen und als Gegenreizmittel einzusetzen; zu gleichen Teilen aus Capsicum, Rhabarber und Ingwer hergestellte Pillen werden als Mittel gegen Blähungen genannt; mit heißem Wasser verdünnter Chilisaft soll ein «besonders zuträgliches» Gurgelmittel bei Halsschmerzen und Heiserkeit ergeben; die ganze Frucht, in Milch eingeweicht, wird gegen «Schwellungen und verhärtete Tumore» verwendet; und Capsicum-Saft, mit Zucker und Zimt vermischt, gilt als «nützliches Getränk für alle, die unter Delirium tremens leiden, da es bei Trunksüchtigen das Verlangen nach Alkohol stillt». Beim Ayurwedik, der ärztlichen Behandlung auf der Grundlage der Sanskrit-Medizin, wird Capsicum als «Feuer» eingesetzt, das den Körper für die Aufnahme anderer Arzneimittel aufschließen soll. Die Homöopathie empfiehlt eine aus reifen und getrockneten Chilischoten gewonnene Tinktur als Heilmittel gegen Diarrhö. In heißer Flüssigkeit aufgelöst, sollen zehn bis fünfzehn Tropfen der gleichen Tinktur das Verlangen nach Alkohol unterdrücken können.

Doch lange bevor der Chili nach Asien und Europa kam, war er in seiner Heimat als Heilpflanze bekannt. So stellten zum Beispiel die Mayas im Norden Guatemalas einen Trank her, den sie *ic* nannten und mit dem sie Krämpfe und Diarrhö bekämpften; ins Zahnfleisch eingerieben, konnte er auch

Zahnschmerzen lindern. Die Azteken schmierten zerdrückten Chili auf schmerzende Knochen und Muskeln, und auf den karibischen Inseln wird heute noch aus Gurken, Schalotten, Limonensaft, Madeirawein und zerdrückten Schoten des extrem scharfen Vogelaugen-Chilis ein Magenmittel namens *mandram* hergestellt. Brasilianische Heilkundige, die aus Chili hergestellte Arzneimittel verwenden, werden dort «Pimentologos» genannt.

Dr. Irwin Ziment sieht allerdings ganz und gar nicht wie ein Pimentologo aus. Er ist Chefarzt am renommierten *Olive View Medical Center* in Los Angeles, lehrt als Professor für Medizin an der University of California und gilt als führender Experte bei der Behandlung von Atemwegserkrankungen. In den zurückliegenden Jahren hat er mehrere Lehrbücher und zahlreiche Artikel zu diesem Thema veröffentlicht. Seine wissenschaftliche Seriosität ist unbestritten, und doch gilt er vielen als moderner Medizinmann, weil er fest an die Heilkraft des Chilis glaubt und ihn bei jeder sich bietenden Gelegenheit als Mittel gegen Erkältung, Bronchitis und Grippe empfiehlt. Dr. Ziment hat mehrere Monate in Indien verbracht, um die pharmakologischen Eigenschaften des Chilis zu erforschen, hat eine umfangreiche Diasammlung über Chili aus der ganzen Welt zusammengestellt, spricht das Thema regelmäßig auf medizinischen Kongressen an und läßt keine Chance aus, die akademische Diskussion durch einen gezielten Hinweis auf die Heilkraft des scharfen Chilis zu würzen.

Eines Sonntagnachmittags lud er mich ins Ritz-Carlton Hotel in Laguna Beach, Kalifornien, ein, wo er an einem internationalen Kongreß über ein altbekanntes Asthmamittel namens Theophyllin teilnahm. Die deutsche Pharmafirma Boehringer Ingelheim fungierte als Sponsor des Kongresses. In den Vorträgen und Diskussionen ging es vor allem um die

Frage, ob das Arzneimittel wieder verstärkt eingesetzt oder wegen seiner relativ starken Nebenwirkungen in Zukunft eher weniger berücksichtigt werden sollte. Doch es ging nicht nur darum, die Kosten und Nutzen gegeneinander abzuwägen. «Mit den Arzneimitteln ist es wie mit der Damenbekleidung», sagte mir Dr. Ziment, «die Moden kommen und gehen.» Theophyllin, ein Mittel, dessen Geschichte bis ins Jahr 1888 zurückgeht, sei gerade in der allgemeinen Gunst gefallen.

Als ich im Hotel ankam, wurde auf der Terrasse mit herrlichem Blick auf die blaue Weite des Pazifischen Ozeans gerade ein Brunch serviert. Ärztinnen und Ärzte in bunter Sommerkleidung, die die Unterbrechung in ihrem anstrengenden Berufsalltag sichtlich genossen, ließen sich im Schatten gelber Sonnenschirme mit vollen Weingläsern und Tellern nieder. Viele kamen auf Dr. Ziment zu, um Nettigkeiten auszutauschen und ihm ihre Aufwartung zu machen. Unter seinen Kollegen schien er als Berühmtheit zu gelten.

«Die Leute halten mich für exzentrisch», sagte mir Dr. Ziment. «Es gibt auf dem Markt unendlich viele frei verkäufliche Arzneimittel gegen Erkältung, Husten und Bronchitis, aber die Heilkraft ihrer Inhaltsstoffe ist wissenschaftlich nicht erwiesen, und es ist schwierig, ihren Wert verläßlich einzuschätzen. In erster Linie fungieren sie als Placebos. Die Ärzte sagen: ‹Wir müssen den Leuten irgend etwas verschreiben.› Also verschreiben sie etwas, um ihre Patienten zufriedenzustellen. Ich bin da ehrlicher. Diese Arzneimittel haben genau die gleiche Wirkung wie der Chili, aber der Chili hat garantiert keine Nebenwirkungen.» Während unseres Gesprächs schweifte Dr. Ziment häufig ab, um irgendwelche Anekdoten einzustreuen. «Übrigens bin ich davon überzeugt, daß Kolumbus höchstpersönlich Probleme mit den Atemwegen hatte. Jedenfalls würde das seine leidenschaftliche Suche nach dem indischen Pfeffer erklären. Für ihre eigenen Krankheiten interessieren sich die Menschen doch am meisten.» Er lachte kurz.

Mir war schon bald klar, daß Dr. Ziment gern über Chili sprach. Er hielt mir den längsten Vortrag über Chili, den ich je gehört habe. Nur der Schauplatz wechselte von der Hotelterrasse zur Hotelbibliothek, von dort aus zum Balkon seines Hotelzimmers (wo er fast drei Dutzend Dias für mich gegen die Sonne hielt), anschließend zum Strand und schließlich auf eine private Yacht, die man gechartert hatte, um die Teilnehmerinnen und Teilnehmer des Kongresses bei Laune zu halten. Seine Frau Yda begleitete uns und lauschte so gebannt, als hörte sie das alles zum ersten Mal.

Dr. Ziment ist in England geboren und aufgewachsen. Mit seinem graumelierten Haar, dem Spitzbart und der sonoren Stimme sieht er aus wie der Prototyp eines ehrwürdigen College-Professors. Er beendete seine Sätze häufig mit einem kurzen Kichern, wie man es bei Erwachsenen hört, die sich an ihre Kinderstreiche erinnern. Ich fragte ihn, wie er zum Chili gekommen sei. Er sagte, bei den Recherchen für sein 1978 erschienenes pharmakologisches Lehrbuch über Atemwegserkrankungen sei er auf den Hinweis gestoßen, daß der Chili früher als Heilmittel gegen Erkältungen weit verbreitet gewesen sei.

Von der Kante des Hotelbettes schaltete sich Yda in das Gespräch ein. «Dazu kann ich Ihnen etwas erzählen», sagte sie. «Ich habe meinen Mann vor zwanzig Jahren kennengelernt, und der erste Liebesbrief, den er mir schrieb, begann mit den Worten: ‹Meine kleine Chilischote…› Er muß also schon früher Feuer gefangen haben.» Ich sah, wie Dr. Ziment leicht errötete, während seine Frau unbeirrt fortfuhr: «Wenn er eine andere Frau so nennen würde, wüßte ich, daß ich allen Grund hätte, eifersüchtig zu sein.»

Dr. Ziment lachte und machte ein schuldbewußtes Gesicht, weil er mir verschwiegen hatte, daß ihm der Chili nicht nur wegen seiner medizinischen Nützlichkeit am Herzen lag.

«Schauen Sie, mein Spezialgebiet ist der Schleim. Es hat mich sehr beeindruckt, daß ein Medikamnet namens Robitussin, eines unserer wichtigsten schleimlösenden Mittel, Guaiphenesin enthält. Dieser Stoff wird aus Guajakol gewonnen, das wiederum die gleiche chemische Struktur hat wie Capsaicin. Mit anderen Worten: Capsaicin ist mit dem wichtigsten Wirkstoff dieses schleimlösenden Mittels verwandt. Übrigens kommt Guaiphenesin auch in zahlreichen anderen Tropfen, Tabletten und Hustensäften vor. Meine wissenschaftliche Beschäftigung mit dem Chili begann also durch mein völlig orthodoxes Interesse an allem, was dazu beitragen kann, Schleim in den Atemwegen zu lösen.»

Scharfe Gewürze für die Behandlung von Atemwegserkrankungen einzusetzen ist eine alte Idee. Im traditionellen Ayurwedik galten Chili und Pfeffer, Ingwer, Gelbwurz, Rettich und Zwiebel als schleimlösende Mittel. Kardamom, Zimt, Asant, Kreuzkümmel, Anis, Eukalyptus und Kümmel wurden darüber hinaus bei der Behandlung von Bronchitis antibakterielle Eigenschaften zugeschrieben. Der Verwendung von Chili als Heilmittel gegen Erkältungen lag die Vorstellung zugrunde, daß mit Kälte verbundene Krankheiten durch Substanzen heilbar sind, die Hitze erzeugen. Das gleiche Prinzip leitete auch die chinesische Medizin: Die Theorie von Yin und Yang führte dazu, daß kalte Körperzustände (Yin) mit scharfen, heißen Gewürzen (Yang) behandelt wurden. Ähnlich praktizierte es die griechisch-römische Medizin. Hippokrates verschrieb Essig und Pfeffer, um Atemwegsinfektionen zu lindern. Galen, neben Hippokrates der bedeutendste Arzt der Antike und Leibarzt von Kaiser Mark Aurel, gab gegen Magenschmerzen sabinischen Wein mit einer Prise schwarzem Pfeffer. Pfeffer empfahl er auch für die Behandlung von Malaria.

Auch die scharfen, in Malaysia beheimateten Cubeb-Beeren kamen bei der Behandlung von Asthma und anderen Atemwegserkrankungen zum Einsatz. Der jüdische Philosoph und Arzt Moses Maimonides (1135-1204) war es dann, der als erster bei Erkältungen eine würzige Hühnerbrühe empfahl. Als Zutaten führte er Raute, Minze, Zitronensaft und Essig, Koriander, Ingwer und Nelken auf. 1802 beschrieb auch der englische Arzt Herberden die würzige Hühnerbrühe als wirksames Mittel gegen Bronchialleiden.

Dr. Ziment sagte mir hingegen, die gute alte Hühnerbrühe könne zwar Geist und Körper beruhigen; um medizinisch wirksam zu sein, fehle ihr jedoch die nötige Schärfe. Seiner Meinung nach muß die Suppe so stark in der Nase kitzeln wie das Gebräu, das die Köchin in Alices Wunderland zusammenrührt, als die Herzogin in der Küche ein Kind im Arm wiegt. Der vom Suppenkessel aufsteigende Dampf löst bei dem Baby einen heftigen Niesanfall aus, und das verärgert die Herzogin so, daß sie den Säugling kräftig schüttelt und dazu das Wiegenlied singt:

> Sprich roh mit deinem kleinen Sohn,
> Und hau ihn, wenn er niest;
> Er tut es doch nur dir zum Hohn,
> Und weil es dich verdrießt.

Das ist natürlich völlig ungerecht von der Herzogin, denn selbst die abenteuerlustige Alice sagt, als sie in die Küche kommt: «In *der* Suppe ist aber bestimmt zuviel Pfeffer!»

Scharfes läßt uns husten und schniefen, und genau darauf zielte Dr. Ziment ab, wenn er erkälteten Menschen eine scharfe Hühnerbrühe empfahl. Der Koch der Herzogin hat natürlich mit schwarzem Pfeffer gewürzt, vermutlich noch mit einer der alten Sorten, die es in England zu Lebzeiten von Lewis Carroll gab. Dr. Ziment rät seinen Patienten, zu den noch schärferen grünen oder roten Sorten der Gattung Capsicum zu greifen, und hat gemeinsam mit seiner Frau ein neues Rezept entwickelt, das man in seinem Buch *Practical Pulmonary Disease* in einer Fußnote findet. Wahrscheinlich handelt es sich um das einzige moderne Lehrbuch der Medizin mit einem Kochrezept.

Ein Liter Hühnerbrühe
Eine Knoblauchknolle
Sechs Zweige Petersilie
Sechs Zweige Koriandergrün
Ein Teelöffel gehackte Zitronenmelisse
Ein Teelöffel gehackte Pfefferminze
Ein Teelöffel gehackte Basilikumblätter
Ein Teelöffel Currypulver
Chilipulver (gerade so viel, daß die Schärfe noch erträglich ist)

Wie es sich für einen richtigen medizinischen Ratgeber gehört, schließen sich in ernstem Tonfall Anweisungen an: «Es ist sinnvoll, die Dämpfe der kochenden Suppe schon während der Vorbereitung zu inhalieren. Es empfiehlt sich, die fertige Suppe in vier bis acht gleiche Portionen aufzuteilen und ein bis drei Portionen über den Tag verteilt zu sich zu nehmen. Je nach persönlichem Geschmack können weitere Zutaten wie Möhren, Lorbeerblätter etc. hinzugefügt werden.

Patientinnen und Patienten, die aus persönlichen oder gesellschaftlichen Gründen weniger Knoblauch und Gewürze verwenden möchten, können eine allmähliche Anpassung an den oben beschriebenen Schärfegrad vornehmen.» Dr. Ziment erzählte mir, mit dem Suppenrezept seien sie nach langwierigen Experimenten genau bei dem Schärfegrad angekommen, der verstopfte Nasenlöcher befreit. Aber die Suppe sollte nicht nur als Medizin geschluckt werden, sondern auch ein Gaumenschmaus sein. «Wir wollten, daß es den Leuten schmeckt und daß sie gleichzeitig so kräftig schwitzen und niesen, daß ihre Nebenhöhlen wieder frei werden. Die Suppe hilft ihnen dabei, ihre Erkältung auszuschwitzen.»

Letztendlich geht es bei allen Erkältungs- und Grippemitteln darum, den Schleim zu lösen, der sich auf den Schleimhäuten festgesetzt hat. Im gesunden Körper zirkuliert der

Schleim so mühelos durch das Stirn- und Nebenhöhlensystem, daß sich der Körper dieser klebrigen Flüssigkeit kaum bewußt wird. Der Schleim wird dabei von winzigen Flimmerhärchen transportiert. Wie ein ganzes Heer emsiger Ruderer bewegen sich die Härchen hin und her, eintausendmal pro Minute. Auf diese Weise kämpfen sie stetig gegen die Schwerkraft an und transportieren den Schleim von den unteren Teilen der Lungen bis hinauf in den Bronchialbaum. Von dort aus steigt er in einem kontinuierlichen Fluß winziger Tröpfchen in einer Gesamtmenge von 100 Millilitern bis in den Rachen auf. Dieses natürliche Pumpsystem widersteht der Schwerkraft mühelos, solange der Schleim dünn ist. Atemwegserkrankungen lassen ihn jedoch so dick und klebrig werden, daß die winzigen Härchen ihn nicht mehr fortbewegen können. Die Schleimansammlungen führen zu Husten und Entzündungen. Das Prinzip schleimlösender Medikamente besteht darin, den Körper zur vermehrten Ausscheidung von Wasser zu bewegen, damit sich der klebrige Schleim verflüssigen und von den Flimmerhärchen abtransportiert oder abgehustet werden kann.

Im Grunde wirkt der Chili genauso wie alle modernen Hustenmittel: Die Rezeptoren im Magen werden so stimuliert, daß sie einen Reflex auslösen, der über den Nervus vagus zum «mukokinetischen Zentrum» im hinteren Teil des Gehirns weitergegeben wird. Dieses Zentrum sendet den Reflex an die Bronchialdrüsen weiter, die daraufhin Wasser ausscheiden. (Direkt neben dem mukokinetischen Zentrum liegt übrigens das «Brechzentrum», und die beiden Zentren sind auf bemerkenswerte Weise miteinander verbunden: Ein chemischer Stoff, der auf das mukokinetische Zentrum einwirkt, aktiviert in hohen Dosen auch das Brechzentrum. Capsaicin, das in niedrigen Dosen schleimlösende Eigenschaften besitzt, bildet daher in hochdosierter Form auch die Grundlage für ein modernes Brechmittel.)

Doch das Capsaicin hat auch noch eine weitere gesundheitsfördernde Eigenschaft, da es die Schleimproduktion im

Magen stimuliert. «Capsaicin hilft bei Magengeschwüren», sagte mir Dr. Ziment. «In der indischen Volksmedizin ist das seit langem bekannt. Indische Kollegen haben mir erzählt, daß sie bei der Behandlung von Magengeschwüren Chili einsetzen, und bestimmt wird diese Methode auch in der Sanskrit-Literatur zum Ayurwedik erwähnt. Ungeklärt ist allerdings noch, ob Capsaicin die Säureproduktion oder die Schleimproduktion ankurbelt. Meine Theorie ist, daß es im Mund die Speichelproduktion und im Magen die Schleimproduktion stimuliert. Beides zusammen schützt den Magen vor Reizungen.»

In einem Bericht hatte ich gelesen, daß Capsicum auch Geschwüre verursachen kann; jedenfalls wurde bei Asiaten eine stärkere Neigung zu Magengeschwüren festgestellt. Darauf angesprochen, erwiderte Dr. Ziment: «Inder, die Capsicum essen, haben nicht mehr Magengeschwüre als die Einwohner von Iowa, die um alles Scharfe einen großen Bogen machen. Der Chili im Mund verursacht kein Geschwür im Magen.» (Eine der wenigen Untersuchungen auf diesem Gebiet wurde von J. Szolesanyi und L. Bartho an der Universität Pécs in Ungarn durchgeführt. In ihrer 1980 veröffentlichten Studie konnten sie nachweisen, daß niedrig dosiertes Capsaicin bei Ratten der Geschwürbildung vorbeugte. Hohe Dosen förderten dagegen die Bildung von Geschwüren.)

Dr. Ziment glaubt, für die positive medizinische Wirkung des Chilis genug Beweise zu haben, um nicht nur seinen regelmäßigen Verzehr als Lebensmittel, sondern auch die Entwicklung moderner Medikamente empfehlen zu können, die auf den Wirkstoffen des Chilis basieren. «All diese Leute hier sind Feuer und Flamme für die moderne Chemie, aber sie nehmen sich nicht die Zeit, wirksame chemische Stoffe bis zu ihren Wurzeln zurückzuverfolgen», sagte Dr. Ziment mit einem Seitenblick auf seine im Hotel versammelten Kolleginnen und Kollegen. «Nehmen wir zum Beispiel das Medikament, über das wir heute sprechen, Theophyllin. Das griechische Wort bedeutet ‹göttlicher Tee›, und tatsächlich geht der synthetische Stoff auf die Blätter des Teestrauchs zurück. Tee hat eine ganze Reihe wichtiger Inhaltsstoffe, die bei der Behandlung von Asthma und Bronchitis in China eine große Rolle spielen.»

Dr. Ziment brachte andere Beispiele für moderne Medikamente, die zwar inzwischen synthetisch hergestellt werden, aber ursprünglich von natürlichen Stoffen abgeleitet werden. So entspricht zum Beispiel das Medikament Atropin dem Wirkstoff des Stechapfels (*Datura stramonium*), der wie der Chili zur botanischen Familie der Nachtschattengewächse gehört. Über die antiasthmatische Wirkung des Stechapfels wurde bereits vor zweitausend Jahren im Ayurwedik berichtet. Im frühen 19. Jahrhundert gab es in England und Amerika spezielle Zigaretten mit dem Stechapfelwirkstoff. Von Marcel Proust wissen wir, daß er sich regelmäßig in sein mit Kork ausgekleidetes Rauchzimmer zurückzog, um Atropinzigaretten zu rauchen. Und von der britischen Firma Potters wird bis auf den heutigen Tag das gemahlene Stechapfelkraut unter dem Namen «Potters’ powder» vertrieben; auf einer Untertasse verbrannt und inhaliert, gilt es als Mittel gegen Bronchitis, die manche auch die «englische Krankheit» nennen. (Es heißt, um das Haus eines Bronchitis-Patienten zu finden, brauchten englische Ärzte nur ihren Nasen zu folgen.) Synthetisch hergestelltes Atropin ist Bestandteil vieler anderer Asthma- und Hustenmittel wie zum Beispiel Atrovent. Auch Ephedrin, das in vielen Hustensäften enthalten ist, aber auch zur Abschwellung der Nasenschleimhäute und zur Blutdrucksteigerung eingesetzt wird, geht auf einen pflanzlichen Wirkstoff zurück, der aus dem asiatischen Meerträubel (*Ephedra distachya s. vulgaris*) gewonnen wird. Unter dem Namen *ma huang* kommt er in China bei der Behandlung von Erkältungskrankheiten zum Einsatz. «Warum wird also der scharfe Chili bis heute übersehen?» fragte

Dr. Ziment laut und ging gleich dazu über, seine eigene Frage zu beantworten.

«Die modernen Vertreter der organisierten Pharmaindustrie scheuen davor zurück, Lebensmittel zu medizinischen Wirkstoffen zu erklären, weil das als altmodisch gilt», sagte er und erinnerte an den Mann, der darauf beharrt hatte, daß die gemeine Kleie für einen gereizten Darm das beste Heilmittel sei. «Ehe endlich bewiesen war, daß er recht hatte, mußte auch er Hohn und Spott ertragen.»

Natürlich wird der Verzehr scharfen Chilis niemals alle anderen Erkältungsmittel oder gar den Arztbesuch ersetzen können. Dr. Ziment und seinen Mitstreitern geht es zunächst einmal nur um die grundsätzliche Anerkennung seiner Wirksamkeit. Zu den besonders engagierten Kämpferinnen gegen die etablierte Pharmaindustrie gehört Dounne Alexander-Moore, die mit pharmazeutischer Genauigkeit verschiedene Präparate aus Kräutern und Chili herstellt und diese privat von London aus vertreibt. Während Dr. Ziment durch wissenschaftliche Argumente zu überzeugen versucht, geht Alexander-Moore den praktischen Weg und versucht, Ärzten den Einsatz ihrer Produkte nahezulegen. «Ich habe schon an so viele Türen geklopft», erzählte sie mir am Telefon. «Aber die Mediziner sagen mir, sie hätten Angst, ihren Job zu verlieren. Das Verrückte ist, daß sie mir, was die positiven Eigenschaften des Chilis betrifft, völlig recht geben. Trotzdem verschreiben sie nach wie vor die gewohnten Pillen und Hustensäfte, weil sie die Unterstützung der Hersteller nicht verlieren wollen. Unser Gesundheitssystem basiert nun mal auf synthetisch hergestellten Medikamenten, da kommt man von außen nicht gegen an.»

Alexander-Moore ist 1963 mit sechzehn Jahren aus der Karibik nach England gekommen und gehört dort zu der wachsenden Zahl von Immigranten, die sich für den Einsatz von Kräutern und Gewürzen in der medizinischen Behandlung einsetzen. Auf Trinidad geboren, ist sie mit den beiden schärfsten Chilisorten der Karibik, dem «Scotch bonnet» und dem winzigen «Bird Pepper» («Vogelaugen-Chili») aufgewachsen. In London bereitet sie ihre Sauce nach den geheimen Rezepturen ihrer Großmutter zu, die, wie Alexander-Moore mir stolz berichtete, damit vielen kranken Menschen geholfen habe. «Meine Saucen sind keine Gewürze, sie sind Heilmittel, und als solche verkaufe ich sie auch», sagte sie mir. Die Scotch bonnets, die sie verarbeitet, würden innerhalb von vierundzwanzig Stunden nach dem Pflücken bei ihr eintreffen. Die Schoten würden püriert, mit «zwanzig verschiedenen Heilkräutern und Gewürzen gemischt» und zu einem dicken Konzentrat zusammengekocht.

Wenn man Zeitungsartikel und Fernsehauftritte zum Maßstab nimmt, ist Alexander-Moore, die sich selbst als «Heilkundige» bezeichnet, in England zu einer bekannten Fürsprecherin des Chilis geworden. Im britischen Fernsehen hat sie den karibischen *hot toddy* (heißes Wasser, Zitronensaft, Honig und eine Prise scharfen Chili) als «wirksamstes Mittel gegen Asthma» angepriesen. Im Dezember 1989, als wieder einmal eine Grippe- und Erkältungswelle über die Britischen Inseln rollte, rief sie im Fernsehen dazu auf, scharfen Chili zu essen und mit heißem Wasser und Chilisaft zu gurgeln. «Meine jüngste Tochter mag keinen Chili essen, aber wenn sie sich eine Erkältung eingefangen hat, schwört sie auf dieses Gurgelmittel. Wenn man so richtig erkältet ist, gehört der Chili sowieso zu den wenigen Dingen, die man überhaupt noch schmecken kann», erklärte Alexander-Moore ihrem Fernsehpublikum. Zur Vorbeugung hat sie den staunenden Engländern sogar empfohlen, eine Prise scharfen Chili in die Säuglingsnahrung zu geben. «Ich bin schon einundzwanzigmal im Fernsehen und vierzehnmal im Radio aufgetreten und habe mehr als einhundert Zeitungsinterviews bestritten», erklärte sie mir stolz.

England sei ein guter Markt für ihre Chiliprodukte. «Ist Ihnen schon einmal aufgefallen, wie die Engländer atmen? Sie atmen schwer. Warum? Die meisten leiden ständig unter Erkältung oder Bronchitis. Und in jedem Winter finden

Hunderte von alten Menschen den Tod durch Unterkühlung. Chili hilft, den Körper warm zu halten und beugt Erkältungskrankheiten vor. Stellen Sie sich vor, wie viele Ausgaben der Chili dem britischen Gesundheitssystem ersparen könnte», sagte sie, ohne zwischendurch einmal Luft zu holen, und fügte aufgebracht hinzu: «Und trotzdem kann ich die britische Ärzteschaft nicht dazu bewegen, meine Produkte anzuerkennen. Die Engländer müßten unbedingt mehr Chili essen.» Immerhin hat sie es geschafft, ihre kleinen Gläschen mit den konzentrierten Chilipasten in den Regalen von Harrods, Fortnum and Mason und anderen vornehmen Londoner Geschäften unterzubringen. Für die Tatsache, daß man sie nicht in jedem Supermarkt um die Ecke kaufen kann, macht Alexander-Moore eine Besonderheit des britischen Rassismus verantwortlich.

«Als Frau und als Schwarze hat man hier mit vielen Vorurteilen zu kämpfen», erzählte sie mir. «Aber die englische Oberschicht, vor allem der gebildete Teil, mag schwarze Frauen, vor allem wenn sie attraktiv und charmant sind. Sie akzeptiert Mitglieder anderer Rassen auf intellektueller Ebene, wozu die englische Mittelschicht absolut unfähig ist. Die Mittelschicht serviert uns mit einem Lächeln ab, und häufig wird uns erst später klar, daß man uns diskriminiert hat. Ich habe dieses Lächeln allzuoft gesehen. Gegen diese Wand des Lächelns haben wir kaum eine Chance.»

Daß die Volksmedizin bei der Verwendung von Chili und Paprika gegen Erkältungskrankheiten auf der richtigen Spur war, wurde 1932 von dem ungarischen Wissenschaftler Albert Szent-Györgyi nachgewiesen, der für die Entdeckung der Ascorbinsäure den Nobelpreis bekam. Mehr oder weniger unabsichtlich stieß der Medizinprofessor an der Universität Szegedin auf den ungewöhnlich hohen Vitamin-C-Gehalt der Capsicum-Früchte.

Ganz am Anfang dieser Entdeckungen stand Szent-Györgyis Interesse an der Tätigkeit der Nebenniere. Eine Beeinträchtigung dieses lebenswichtigen Organs führt zur Addisonschen Krankheit, zu deren Symptomen eine bräunliche Pigmentierung der Haut und Anämie gehören. Auch Pflanzen, deren Atmungssystem beschädigt ist, weisen solche Symptome auf. Szent-Györgyi beschloß, das Atmungssystem von Pflanzen zu untersuchen, und isolierte in diesem Zusammenhang eine Substanz, von der er glaubte, sie könnte für dieses System von zentraler Bedeutung sein. Er nannte die Substanz Hexuronsäure. Später wies er den gleichen chemischen Stoff in den Nebennieren von Tieren nach. Um die Substanz näher erforschen zu können, hätte er größere Mengen gebraucht, doch ließen sich stets nur winzige Anteile isolieren. Szent-Györgyi reiste in die USA und verbrachte ein Jahr damit, in den Schlachthäusern von Minnesota Nebennieren von Schlachttieren zu sammeln und die gewünschte Substanz zu extrahieren. Am Ende des Jahres hatte er aus den mehreren hundert Kilogramm Nebennieren zwanzig Gramm reine Hexuronsäure gewonnen. Für ausführliche Experimente war diese Menge viel zu gering. Immerhin gelang es Szent-Györgyi in Zusammenarbeit mit einem amerikanischen Kollegen, die Struktur der Substanz herauszufinden – es war Vitamin C. Weil sie den Skorbut heilte, nannte er die Substanz «A-Scorbin»-Säure.

Diese Entdeckung unterstrich, wie wichtig es war, Vitamin C isolieren zu können, was Wissenschaftlern auf der ganzen Welt bis dahin noch nicht gelungen war. Im Mittelpunkt ihrer Bemühungen standen die Zitrusfrüchte, doch die winzigen Mengen, die sich daraus gewinnen ließen, oxydierten leicht und zerfielen während der chemischen Analyse. Auf Zitrusfrüchte konzentrierte sich die Forschung deshalb, weil diese dafür bekannt waren, eine der schrecklichsten Krankheiten jener Zeit heilen zu können: den Skorbut. Nachdem er ebenfalls eine Weile mit Zitrusfrüchten und anderen Gemüsen experimentiert hatte, gab Szent-

Györgyi auf. Seine Beschäftigung mit der Ascorbinsäure war ohnehin ein Nebenschauplatz gewesen; sein Hauptinteresse galt dem Stoffwechsel innerhalb der Körperzellen.

Doch dann kochte seine Frau eines Abends ein Paprikagericht. Paprika gehörte in Ungarn, das sich bereits zur Paprikahochburg Europas entwickelt hatte – und erst recht in Szegedin, wo Szent-Györgyi lebte und arbeitete –, zur täglichen Kost. Süße und leicht scharfe Paprikaschoten beherrschten die Hauptgerichte, und auf den Tischen der Restaurants waren Streuer nicht mit gemahlenem Pfeffer, sondern mit Paprikapulver gefüllt. Szent-Györgyi machte sich nicht viel aus Paprika, wollte aber seine Frau nicht enttäuschen. Er nahm das Essen mit in sein Labor, das sich gleich neben seiner Wohnung befand. Dabei fiel ihm ein, daß er den Paprika nie auf seine Zusammensetzung überprüft hatte. Die Ergebnisse überraschten ihn. Er schob alle anderen Projekte beiseite und verwandelte sein Labor in ein wahres Paprikazentrum. Seine Assistenten mußten, sehr zum Erstaunen der örtlichen Marktschreier und Gemüsehändler, sämtliche verfügbaren Paprikaschoten erstehen. Szent-Györgyis Frau und seine Tochter halfen mit, ganze Karrenladungen von Paprikaschoten in Saft zu verwandeln und in unzählige Fünfliterflaschen abzufüllen. In einer Woche hatte der ungarische Professor bereits ein Kilogramm reines Vitamin C extrahiert – zu jener Zeit eine Sensation.

Szent-Györgyi hatte herausgefunden, daß der ungarische Paprika fünf- bis sechsmal mehr Vitamin C enthielt als Apfelsinen oder Zitronen, die bis dahin als reichhaltigste Vitaminquelle gegolten hatten. Es war das erste Mal, daß eine so große Menge des Vitamins zu so geringen Kosten gewonnen worden war, und dieser Durchbruch machte den Universitätsprofessor zum Nationalhelden. Er verschickte seinen Extrakt an Kolleginnen und Kollegen auf der ganzen Welt, damit sie dessen Eigenschaften erforschen konnten, und an die Weltgesundheitsorganisation (WHO), um ihn an die Länder weiterzugeben, deren Bevölkerung an Skorbut litt. Doch auch eine andere Einsatzmöglichkeit des Vitamins deutete er schon an: «Ein Mangel an Vitamin C scheint zu einer verminderten Widerstandskraft des Körpers zu führen. Die vielen Erkältungen zur Winterzeit könnten zumindest teilweise auf diese verminderte Widerstandskraft zurückzuführen sein.» Unter dem Namen «Pritamin» ließ er sich ein konserviertes Paprikamus patentieren, das man zu Keksen, Brot und Fleischgerichten essen konnte und das sich bald allgemeiner Beliebtheit erfreute.

Capsicum-Früchte enthalten aber auch andere wichtige Vitamine. Carotin, ein orange-gelber bis roter Pflanzenfarbstoff, wird von der Leber in Vitamin A umgewandelt. Früher hielt man die Möhre für den wichtigsten Carotinlieferanten; heute wissen wir, daß Paprika sehr viel mehr Carotin enthält. Vitamin A ist für ein normales Zellwachstum lebenswichtig. Ein akuter Vitamin-A-Mangel kann zu Nachtblindheit führen, aber auch die Haut und die Schleimhautwände schädigen, so daß eine ausreichende Zufuhr von Vitamin A vor dem Eindringen von Keimen in den durch eine Erkältung geschwächten Körper schützen kann. Paprika enthält zusätzlich große Mengen Bioflavonoide, auch Vitamin P genannt. Diese Verbindungen wirken entzündungshemmend und antiallergisch, sind aber vor allem für den Erhalt der Wände kleiner Blutgefäße unentbehrlich. «Es ist uns gelungen, manche Fälle von Bluterkrankheit zu heilen», schrieb Szent-Györgyi über dieses neue Vitamin, das er gemeinsam mit einem anderen Wissenschaftler entdeckte hatte.

Derzeit werden Capsicum-Früchte aus anderen Gründen wissenschaftlich erforscht. Auf der Eröffnungskonferenz der *Japan Spice Study Society* in Kyoto im Jahre 1986 hielten einige Forscher Referate über die mögliche Verwendung von Capsicum-Präparaten. Yoshinori Tsuda, Professor für Pharmazie an der University Toyama, berichtete, ein chemisches

Element namens Koshoamid, das man in scharfen Chilischoten nachgewiesen habe, könne Spulwürmer oder Nematoden bei Hunden und anderen Haustieren töten; er schlug vor, ein Nematozid auf dieser Grundlage zu entwickeln. Eine Forschungsgruppe der Universität Kyoto berichtete, scharfer Chili kurbele den Fettstoffwechsel an und könne deshalb, wie in Versuchen mit Ratten nachgewiesen, Übergewicht vorbeugen.

Thailändische Wissenschaftler teilten mit, Capsaicin könne durch die Steigerung fibrinolytischer Aktivitäten die Blutgerinnung positiv beeinflussen. Die Forschungsgruppe verglich die Blutfettwerte von gebürtigen Thais mit den Werten von fünfundfünfzig Amerikanern, die im Krankenhaus der US-Armee in Bangkok behandelt wurden, und stellte fest, daß die Thais, deren Schwäche für scharfen Chili allseits bekannt ist, sehr viel günstigere Werte aufwiesen. Als auch die Amerikaner mit Chili gewürzte Nahrung bekamen, verbesserten sich die Blutwerte spontan. «Die Steigerung der fibriolytischen Aktivität reicht möglicherweise aus, um Thromboembolien wirksam vorzubeugen», folgerte die Forschungsgruppe.

Während Capsaicin erstaunlicherweise auf Zunge und Magenwand keine schädlichen Wirkungen hat, wirkt es auf der Haut wie ein Anästhetikum. Im ersten Moment verstärkt es Schmerz und Wärmegefühl, anschließend verwandelt es sich in einen wirksamen Schmerzhemmer. Die Volksmedizin Asiens und Lateinamerikas hat sich die schmerzhemmende Eigenschaft scharfen Chilis bei der Behandlung von Zahnschmerzen und Frostbeulen zunutze gemacht. 1850 empfahl die *Dublin Medical Press*, bei Zahnschmerzen ein bis zwei Tropfen Chiliextrakt aufzutragen. Doch die Fachwelt nahm diesen Hinweis nicht ernst – vermutlich, weil sie nicht wußte, wie es zu der schmerzhemmenden Wirkung kam.

Die erste größere Untersuchung dieses Phänomens begann der ungarische Pharmakologe Nicholas Jancso an der Universität Szegedin in den späten vierziger Jahren. Jancso war beeindruckt von den physiologischen Veränderungen, die er bei Kindern beobachtete, die regelmäßig Paprika aßen. Die Erforschung der pharmakologischen Auswirkungen von Capsaicin auf die Wahrnehmung ist seit Jancsos Tod im Jahre 1966 in raschem Tempo vorangetrieben worden. 1983 wurde zu Ehren Ulf von Eulers, des Entdeckers der für die Übertragung von Schmerzimpulsen verantwortlichen Neurotransmitter, in Dublin ein Symposium abgehalten. In einem Bericht über das Dubliner Treffen schrieb die angesehene britische Fachzeitschrift *Lancet*, das enorme wissenschaftliche Interesse an den chemischen Inhaltsstoffen des Chilis rechtfertige «das empirische Vorgehen unserer Vorfahren bei der Behandlung von Zahnschmerzen».

Neueste Erkenntnisse über die Wirkung des Capsaicins auf die für den Transport des Schmerzimpulses verantwortlichen Botenstoffe haben unter anderem in der Neurowissenschaft zu einem wachsenden Interesse an scharfem Chili geführt. Zum ersten Mal gibt es eine magische Substanz, die Schmerz wirksam hemmen und dadurch bestimmte chirurgische Eingriffe, die möglicherweise zu bleibenden Schäden führen könnten, überflüssig machen kann. Umfangreiche Tierversuche haben gezeigt, daß Capsaicin Schmerzen lindert, indem es die entsprechenden Botenstoffe zunächst anzieht und anschließend unschädlich macht. Diese Stoffe transportieren bestimmte Wahrnehmungen wie Berührung, Kälte/Wärme usw. durch den Körper. Sie übertragen den jeweiligen Impuls von Nervenzelle zu Nervenzelle bis zum Thalamus – dem Teil des Gehirns, der als Sammelstelle für verschiedene Sinneswahrnehmungen fungiert. Erst wenn die Botschaft dort angekommen ist, wird sich der Körper des Schmerzes bewußt. Das Gehirn bestimmt, wie stark der Schmerz ist und von welcher Stelle des Körpers er kommt.

Aufgrund dieser Informationen setzt es Endorphine frei, um den Schmerz zu lindern.

Wird Capsaicin auf die Haut oder Schleimhaut aufgetragen, zieht es von den Nervenenden die für die Schmerzübertragung verantwortlichen Neurotransmitter an. Diese signalisieren dem Gehirn ein brennendes Gefühl, werden jedoch schon kurz darauf vom Capsaicin vernichtet. Auch nachrückende Botenstoffe werden zerstört, bis letztlich an der mit Capsaicin behandelten Stelle keine für die Schmerzübertragung verantwortlichen Neurotransmitter mehr vorhanden und die betreffenden Nervenenden für Schmerzen unempfindlich sind. Was die Wissenschaft an diesem Vorgang so frappiert, ist die Tatsache, daß Capsaicin nur die für Schmerzempfindungen zuständigen Botenstoffe zerstört und alle anderen Neurotransmitter, die Tastempfinden, Hitze, Kälte, Geschmack und andere sinnliche Wahrnehmungen weitergeben, unangetastet läßt. Dies ist ein großer Vorteil gegenüber allen bekannten Anästhetika oder gar der chirurgischen Nervendurchtrennung bei starkem chronischem Schmerz.

Allmählich beginnt die Pharmaindustrie, diese einzigartige Eigenschaft des schon seit langem als aktiver Inhaltsstoff in Muskelrelaxantien verwendeten Capsaicins für die Behandlung von chronischen Schmerzen bei rheumatoider Arthritis, Krebs und Herpes zoster («Gürtelrose») zu nutzen. Die US-Gesundheitsbehörde hat bereits eine Capsaicin-Salbe zur Behandlung bei Gürtelrose zugelassen. Bei dieser Virusinfektion der Nervenenden, die vor allem bei Menschen über sechzig Jahre auftritt und sich durch einen extrem schmerzvollen, bläschenförmigen Ausschlag bemerkbar macht, bleibt der Schmerz in vielen Fällen auch dann, wenn der Ausschlag längst abgeklungen ist, hartnäckig bestehen. Was diesen chronischen Schmerz verursacht, ist noch immer ein Rätsel; jedenfalls wissen wir, daß er so unerträglich sein kann, daß er manche Menschen sogar in den Selbstmord getrieben hat. Zu den bisher bekannten, wenig wirksamen Behandlungsmöglichkeiten zählten starke Schmerzmittel, Beruhigungsmittel, Akupunktur und, als letzter Ausweg, Operationen, bei denen die örtlich betroffenen Nerven oder aber die entsprechenden Nervenbahnen im Rückenmark und im Gehirn durchtrennt wurden. Die Nach- und Nebenwirkungen dieser Operationen sind oft ebenso unangenehm wie das Symptom, das sie zu heilen versuchen. Es kann daher nicht überraschen, daß dem Capsaicin in der Medizin soviel Aufmerksamkeit geschenkt wird. Die Behandlung der Gürtelrose «wird durch die Einführung der Capsaicin-Salbe revolutioniert», schrieb Joel E. Bernstein, Dermatologe an der Northwestern University in Chicago 1988 in der Zeitschrift *Resident & Staff Physician*. In einem vorklinischen Versuch hätten «etwa 75 Prozent aller Patientinnen und Patienten mit chronischem Schmerz durch die Salbe eine vollständige Heilung oder zumindest wesentliche Erleichterung erfahren». Unabhängig davon berichtete eine Forschungsgruppe von der Tulane University in New Orleans, ein auf Capsaicin basierendes Medikament habe hartnäckige Schmerzen an Zahnfleisch und Zunge lindern können und sei offenbar für die Behandlung chronischer Schmerzen im Mundbereich hervorragend geeignet. Im John B. Pierce Foundation Laboratory in New Haven, Connecticut, entwickelte eine andere Forschungsgruppe ein Medikament aus Capsaicin, mit dessen Hilfe sich der intensive, brennende Schmerz im Mund, den man früher als Teil einer psychischen Störung angesehen hat, inzwischen aber auf eine abnorme Veränderung der Schmerzfasern zurückführt, erfolgreich behandeln läßt. «Wir sind deshalb so begeistert von diesem Medikament, weil es tatsächlich nur die Schmerzwahrnehmung ausschaltet und keine Nebenwirkungen hat. So werden zum Beispiel die anderen Sinneswahrnehmungen nicht beeinträchtigt, was sehr ungewöhnlich ist», heißt es in ihrem Forschungsbericht.

Diese und andere Anwendungsmöglichkeiten haben Dr. Bernstein von der Northwestern University erklären lassen: «Örtlich angewandtes Capsaicin könnte eines Tages neben Aspirin einen festen Platz als eines der bedeutendsten modernen Schmerzmittel bekommen, die die Menschheit je erfunden hat.»

Aber es hat auch immer wieder Wissenschaftler gegeben, die mit Recht auf die heimtückische Seite des scharfen Chilis verwiesen haben. Behandelt man ihn mit Respekt, wirkt Chili wohltuend und gesundheitsfördernd; mißbraucht man ihn, kann man sich an ihm nicht nur die Finger verbrennen. Schon in der Küche wird daher im Umgang mit Chili zu Vorsicht gemahnt. Sosehr die Zunge nach seinem Feuer verlangen mag, auf den Händen, in den Augen und an anderen empfindlichen Körperteilen, die man unvorsichtigerweise damit in Berührung bringt, kann er äußerst unangenehm brennen. Ein solcher Leichtsinn kann durchaus im Krankenhaus enden. In dem Leserbrief eines Mediziners von der Universität Chicago an das *New England Journal of Medicine* wird ein extremer Fall geschildert: «Ich fühle mich genötigt, Ihnen von einer sehr schmerzhaften, aber völlig vermeidbaren Erkrankung zu berichten», schrieb der Arzt und erzählte von einem zweiunddreißigjährigen Studenten, der auf der Notfallstation der Universitätsklinik erschienen sei, vor Schmerz stöhnte und mit den Händen wie wild in der Luft herumfuchtelte. Dem völlig verzweifelten Mann sei schwindelig gewesen und sein Puls sei auf 120 gestiegen. Der Student habe Möbel abgeschliffen und anschließend ein chinesisches Essen aus Hähnchen, Erdnüssen und rotem Chili zubereitet. Seine Fingerkuppen seien vom Schleifen abgeschürft gewesen, und beim Aufschneiden der Chilischoten sei der Saft direkt in die Schmerzfasern der Haut eingedrungen, die bekanntlich in den Fingerkuppen besonders reichlich vorhanden sind. Der Schmerz «schien in pulsierenden Wellen auf seine Arme auszustrahlen», schrieb der Arzt. Als der Patient seine Finger in eiskaltes Wasser getaucht habe, sei der Schmerz nur noch schlimmer geworden. Schließlich sei er mit Lidocain-Gel erfolgreich behandelt worden. Ein anderer Arzt aus Bethesda, Maryland, antwortete darauf, durch seine langjährige Arbeit an der texanisch-mexikanischen Grenze seien ihm solche Küchenunfälle leider nur allzu vertraut. Seiner Erfahrung nach habe sich nur ein Heilmittel tatsächlich bewährt: «Ein Tauchbad in Essig bringt in den meisten Fällen eine fast vollständige Erleichterung, auch wenn es längere Zeit nach dem Unfall angewandt wird.»

Auch für innere Erkrankungen hat man den scharfen Chili verantwortlich gemacht. Ungeachtet des Lobgesangs, den Dr. Nicolai Monardes bei der europäischen Premiere der Capsicum-Früchte in seiner «Freudigen Kunde aus der Neuen Welt» anstimmte, glaubten offenbar viele, eine so bissige Frucht könne für den Körper nur schädlich sein. Der im 16. Jahrhundert in Siena praktizierende Arzt Matthiolus erklärte, der scharfe Chili rufe Leber- und Nierenschäden hervor. Im 17. Jahrhundert stand Dodonaeus dem Chili äußerst mißtrauisch gegenüber. Und vor wenigen Jahren untersuchte ein Forschungsteam von der Universität Texas die Teilnehmer eines Jalapeño-Wettessens und behauptete in einem Bericht im *New England Journal of Medicine*, daß der scharfe Chili, obgleich er als schleimlösendes Mittel gilt, bei den Teilnehmern des Wettbewerbs nicht zu einer erhöhten Speichelproduktion geführt habe. Statt dessen, warnte das Forschungsteam, könnte der Jalapeño ein Syndrom namens «Jaloproctitus» hervorrufen. Diesen Begriff erfanden sie, um die unangenehm brennende Darmentleerung zu beschreiben, zu der es jedoch nur durch den übertriebenen Chiliverzehr (bis zu dreizehn Schoten pro Teilnehmer) gekommen war.

Gelegentlich ist in der medizinischen Fachliteratur behauptet worden, Capsaicin könne Krebs, und zwar vor allem Darmkrebs, verursachen. Peter Gannett gehört zu einer Reihe von Wissenschaftlern des Krebsforschungszentrums an der Universität Nebraska in Omaha, die sich mit der Reaktion menschlicher Körperzellen auf die Substanz beschäftigt hat. Am Telefon erzählte mir Gannett: «Als ich 1985 ins Forschungszentrum kam, wollte ich beweisen, daß Chili Krebs erzeugt. Inzwischen weisen unsere Forschungsergebnisse in eine völlig andere Richtung. Wir erforschen jetzt die krebsvorbeugenden Eigenschaften des Capsaicins.»

Zu der Annahme, Capsaicin könne Krebs verursachen, war es gekommen, weil Capsaicin in hohen Dosen bei Körperzellen von Säugetieren zu Mutationen führen kann. «Eine Substanz, die Zellen verändern kann, muß nach gängiger Meinung auch krebserzeugend sein. Aber das ist offenbar längst nicht immer der Fall. Wir haben Säugetierzellen untersucht, die hohen Dosen von Capsaicin ausgesetzt waren, und haben festgestellt, daß die ausgelösten Mutationen nicht zu Krebs führten», sagte Gannett.

Inzwischen ist er davon überzeugt, daß der im scharfen Chili enthaltene Stoff vorbeugend gegen Krebs wirkt. So hat sein Forschungsteam zum Beispiel entdeckt, daß Capsaicin bestimmte Enzyme, die man auch «freie Radikale» nennt, im Körper unschädlich macht. Von den freien Radikalen weiß man, daß sie sich mit einer ganzen Reihe von chemischen Substanzen, die ständig in den menschlichen Körper eindringen, zu potentiell krebserzeugenden Verbindungen zusammenschließen. Bei diesen Substanzen kann es sich um Nitrosamine handeln, die man in angebranntem Schweinespeck, aber auch im Zigarettenrauch findet, oder auch um aromatische Kohlenwasserstoffe, die in den Abgasen von Kraftfahrzeugen vorkommen. Normalerweise wandelt der Körper sie mit Hilfe bestimmter Enzyme in wasserlösliche Verbindungen um, so daß sie den Körper passieren können, ohne Schaden anzurichten. Doch manche Enzyme, wie zum Beispiel die als «Cytochrom P–450j» bezeichnete Gruppe, sind so heimtückisch, mit den Eindringlingen zu reagieren, krebserzeugende Verbindungen einzugehen und gesundes Körpergewebe zu schädigen. Auch auf das Capsaicin stürzen sich diese Übeltäter, wie Gannett und seine Forschungsgruppe herausfanden, werden von diesem aber chemisch so entschärft, daß sie mit anderen Eindringlingen keine verhängnisvollen Verbindungen mehr eingehen können. Obgleich er von den gesundheitsfördernden Eigenschaften des scharfen Chilis überzeugt ist, warnt Gannett die Öffentlichkeit davor, «plötzlich tonnenweise scharfen Chili zu verzehren», um das eigene Krebsrisiko zu mindern. «Zuviel Capsaicin kann zu akuten Vergiftungen oder Reizungen führen und die Magenschleimhaut oder andere Teile des Verdauungstrakts nachhaltig schädigen», sagte er mir.

Um das Capsaicin-Puzzle zu lösen, versuchen Gannett und seine Kolleginnen und Kollegen am Forschungszentrum fieberhaft, die einzelnen Bestandteile des Capsaicins zu isolieren. Bisher haben sie sieben der etwa ein Dutzend dieser Capsaicinoide entdecken können. Sie unterscheiden sich in ihrer chemischen Struktur. Im Prinzip verbirgt sich hinter jedem ein Sechseck, das mit einer offenen Zickzackkette von Kohlenstoffatomen verbunden ist. Bei mittlerer Kettenlänge scheint die Schärfe besonders groß zu sein; fällt die Kette länger oder kürzer aus, nimmt der Schärfegrad ab. (Diese Eigenheit könnte vielleicht erklären, warum manche Chilisorten gleich beim ersten Biß besonders scharf sind und dann an Schärfe verlieren, während andere ihre Schärfe erst allmählich entwickeln – und warum manche im vorderen Teil des Mundes brennen, während andere ihr Aroma im hinteren Teil des Mundes entfalten.)

«Wir brauchen eine Kette von mindestens drei oder vier Kohlenstoffmolekülen, um die Schärfe wahrzunehmen. Ist die Kette länger als elf Moleküle, nimmt die Wahrnehmung schon wieder ab. Bei acht oder neun Kohlenstoffmolekülen scheint sie am intensivsten zu sein.» Gannett vermutet, daß die Rezeptoren auf der Zunge extrem kurze oder extrem lange Ketten nicht erfassen können. «Gut möglich, daß unsere Zunge mit ihrer begrenzten Variationsbreite die von anderen Ketten gebildete Schärfe einfach nicht wahrnehmen kann», sagte er mir und merkte an, zu einem ähnlichen Wahrnehmungsverlust komme es, wenn man die chemische Struktur des Capsaicins leicht verändere. Gannett hofft, daß die weitere Analyse einzelner Capsaicinoide dabei helfen wird, Medikamente mit krebsbekämpfenden Eigenschaften entwickeln zu können. «Die Geschichte des Capsaicins ist faszinierend. Aber ihr Ende kennen wir noch lange nicht.»

6
Tabasco

Avery Island, eine von sumpfigen Flußläufen umgrenzte, 2500 Morgen große Plantage am Südzipfel von Louisiana, ist der Sitz der altehrwürdigen McIlhenny Company, die hier ihre berühmte Tabasco Pepper Sauce braut. Mit den Überbleibseln einstiger Südstaatenaristokratie wirkt der Betrieb wie ein herrschaftliches Weingut.

Es ist eine Szenerie wie aus dem Bilderbuch. Ganze Reihen hoher Kiefern dienen als Windschutz gegen die See und bewachen die eingezäunten Chilifelder, Gewächshäuser, Scheunen und Fabrikhallen, die großzügig zwischen riesigen Eichen, chinesischem Bambus, Azaleen und Schwertlilien verteilt sind. Die Insel ist wie ein unabhängiges Dorf, hat eigene Straßen und Geschäfte. Ein jahrhundertealtes, um mehrere Anbauten aus roten Backsteinen erweitertes Herrenhaus dient als Verwaltungsgebäude, beherbergt Computeranlagen, Schreibkräfte, Marketingabteilung, Vertrieb, Buchhaltung und Management. Hinter dem Eingang schwingt sich eine breite Treppe zu verglasten Büros und holzvertäfelten Konferenzräumen hinauf, die an das Allerheiligste teurer Kunstgalerien erinnern. Von diesen Räumen aus lenken die Nachkommen des Gründers Edmund McIlhenny nun schon in vierter Generation die Geschicke der seit 1868 bestehenden Traditionsfirma.

Auf dem Weg nach Avery Island hatte ich wohl eine burgundische Landschaft erwartet, sanft ineinander übergehende Weinberge wie rund um Beaune oder Dijon, stattliche

Herrenhäuser, die träge über ihre üppigen Schätze wachen. Doch Avery Island liegt ganz allein mit seinem ehrwürdigen Flair. Außerhalb seiner Grenzen stoße ich auf die üblichen Tankstellen und Autobahnen, Einkaufszentren und anderen städtischen Errungenschaften Amerikas. Es ist, als habe die Insel es nicht geschafft, die unerwünschten Störenfriede abzuwehren, und sich enttäuscht in tiefe Abgeschiedenheit zurückgezogen. Man erreicht sie über eine Privatstraße, die unvermutet von der Hauptstraße abzweigt, über einen Kanal verläuft und vor dem bewachten Hauptportal endet.

Der gesamte Süden Louisianas war früher ein üppiges Tabasco-Anbaugebiet. Es heißt, der Tabasco sei vor etwa 130 Jahren in die Region gekommen. Doch vor einigen Jahrzehnten starben die Tabascofarmen aus. Pflanzenkrankheiten verbreiteten sich. Und der finanzielle Anreiz, Tabasco anzubauen, war rasch dahin, weil steigende Lohnkosten die arbeitsintensive Ernte immer teurer machten. Heute ist Avery Island die letzte Tabasco-Bastion der USA – und muß es auch bleiben, weil sie schließlich die Heimat der weltbekannten Tabascosauce ist. Doch die 240 000 Pflanzen, die hier auf 80 Morgen wachsen, produzieren nur 10 Prozent der von McIlhenny jährlich benötigten Menge. Den Rest bezieht die Firma von festen Vertragspartnern in Mexiko, Venezuela, Honduras und Kolumbien, wo die Wachstumsbedingungen und die Lohnkosten günstiger sind.

In der Zeit vor dem Tabasco gab es auf Avery Island eine blühende Steinsalzindustrie, da die Insel auf einem 9000 Meter tiefen Salzsockel liegt. Unter John Craig Marsh aus Rahway, New Jersey, der die Insel 1818 besiedelte, wurde außerdem Zuckerrohr angebaut. Seine Tochter ehelichte einen in Yale ausgebildeten Juristen namens Daniel Dudley Avery. Eine Tochter aus dieser Verbindung heiratete 1859 in New Orleans Edmund McIlhenny, einen bärtigen Bankier und Feinschmecker schottischer Abstammung.

In der offiziellen Familiengeschichte heißt es, ein aus Mexiko zurückkehrender konföderierter Soldat habe McIlhenny einige Tabascofrüchte mitgebracht. McIlhenny, der mit seiner Familie nach dem Einmarsch der Nordstaatentruppen in New Orleans 1862 nach Avery Island geflohen war, säte auf der Insel den Samen aus. Doch noch ehe er die Früchte ernten konnte, griffen die Unionstruppen die Insel an, die bis dahin die konföderierte Armee mit Salz beliefert hatte. Die Familien McIlhenny und Avery flohen nach Texas. Als sie 1865 auf die Insel zurückkehrten, war dort alles zerstört. Im Garten fand Edmund McIlhenny eine einsame Tabascopflanze, die den plündernden Nordstaatlern standgehalten hatte. Er zerdrückte die Früchte, mischte ihren Saft mit Essig und Salz und verteilte die Sauce an Freunde. Bald darauf erkannte er das kommerzielle Potential, das in dieser Sauce steckte, und gab sie drei Jahre später in 350 gebrauchten Parfümflaschen – deren Form bis heute in den Tabascoflaschen weiterlebt – an Großhändler ab. 1870 ließ er sich die Zubereitungsmethode patentieren:

Die reife Frucht wird zu einer breiigen Masse zerstampft und mit feinem Essig und Steinsalz vermischt. Auf jede Gallone Fruchtbrei kommen ein Halbliterkrug Essig und eine Handvoll Salz. Die Mischung wird in einem Behälter fest verschlossen und etwa sechs Wochen lang eingeweicht. Danach wird der Brei durch ein Sieb gedrückt, das gerade fein genug ist, um die Samenkörner zurückzuhalten. Ein Tropfen Bisulfat auf jede Unze Brei verhindert die Gärung.
Auf jedes Pfund des im Sieb verbliebenen Rests wird eine Unze Alkohol hinzugegeben. Nach weiteren vierundzwanzig Stunden wird diese Mischung gründlich durchgerührt und unter einer Presse der restliche Saft herausgedrückt. Auf jede Unze Preßsaft kommt wiederum ein Tropfen Bilsufat.
Endlich werden beide Mischungen miteinander verrührt und das Ganze durch ein feines Mehlsieb gedrückt. Nun ist die Sauce fertig und zum Verzehr bereit.

Der Ruf der Sauce verbreitete sich so rasch, daß McIlhenny 1870 ein Londoner Büro eröffnen konnte. Man sagt, seine Frau Mary Eliza Avery habe 1898 am gleichen Tag von allen drei Söhnen Briefe bekommen – von Edward aus Moskau, von Paul aus Pretoria und von John aus Peking –, in denen sie ihr mitteilten, die von der Familie hergestellte Tabascosauce sei schon vor ihnen dort gewesen.

Selbst in Großbritannien, dem Land der wenig experimentierfreudigen Gaumen, feierte die Sauce Erfolge. Das kam jedenfalls während einer im Jahr 1932 geführten «Kauft britisch!»-Kampagne heraus. Mehrere Mitglieder des Unterhauses setzten sich dafür ein, bei Tabascosauce eine Ausnahme zu machen, weil die Austern in der Kantine des Unterhauses ohne diese Sauce ungenießbar seien. Als der Vorschlag im Parlament einen Sturm der Entrüstung auslöste, stieg der Kantinenchef höchstpersönlich in den Ring und beteuerte öffentlich, es würden von der Sauce im Unterhaus ohnehin nur «acht bis neun Flaschen pro Jahr» geleert. Aber die Opposition setzte sich durch, und der Kantinenchef mußte versprechen, das amerikanische Produkt nicht mehr zu verwenden. (Der Beschluß stachelte den amerikanischen Zeitungsmagnaten William Randolph Hearst zu einer Gegenkampagne an. «Wenn wir alle aufhören, britische Produkte zu kaufen, werden die Engländer schon merken, daß man unseren Tabasco nicht einfach so mir nichts, dir nichts aus der Kantine des Unterhauses verbannt», hieß es in einem Leitartikel.)

Bis heute gehört McIlhennys Sauce zum festen Inventar aller Austernbars. Auch wer sonst scharfe Saucen meidet, schüttet ein paar Tropfen auf seine Austern. Und auch die Bloody Mary wäre ohne den berühmten Schuß Tabasco nicht vorstellbar. Die Tabascosauce reiste mit den Essensrationen der GIs bis nach Vietnam. Sie begleitete die Skylab-Astronauten ins Weltall. Viele Reisende stecken sie als allzeit bereite Wunderwaffe bei fadem Essen oder sonstigen Eventualitäten mit in ihr Reisegepäck. Die Sauce begleitete Kitchener auf seinen Afrikafeldzug, und ein Kriegsberichterstatter, der ihm bis nach Khartum folgte, beschwerte sich öffentlich, es sei «auf Dauer unmöglich, allein von Sodawasser und Tabasco zu leben». Die Etiketten für die Tabascoflaschen werden heute in englischer, chinesischer, französischer, griechischer, italienischer, japanischer, spanischer, deutscher und schwedischer Sprache gedruckt. (Die Japaner sind McIlhennys beste Kunden.) Ja, die Sauce ist so allgegenwärtig geworden, daß sie Eingang in unsere Wörterbücher gefunden hat. Heute vertreibt McIlhenny jährlich 50 Millionen Flaschen in mehr als 100 Ländern.

Die weltweit unangefochtene Position trotz vielfältiger Konkurrenz durch andere scharfe Würzsaucen ruft Neider und Geschäftemacher auf den Plan. Die McIlhenny Company bekommt regelmäßig Kaufangebote, die von den Firmenerben jedoch ausnahmslos abgelehnt werden. Die Aktien der Firma befinden sich ausschließlich im Besitz des etwa sechzig Mitglieder umfassenden Familienclans. Und auch die Geschäftsführung wurde immer nur von einem McIlhenny an den nächsten weitergegeben – von Edmund an seine Söhne John und Edward («Mr. Ned»), von diesen an Johns Sohn Walter. Gegenwärtig steht Walters Cousin Edward («Ned») McIlhenny Simmons der Firma vor.

Als ich der McIlhenny Company meinen Besuch abstattete, bereitete sich Paul McIlhenny, ein weiterer Cousin, der für die Bereiche Herstellung und Vertrieb zuständig ist, gerade auf seine tägliche Visite in der Verarbeitungshalle vor und lud mich ein, ihn zu begleiten. Die Halle liegt etwa anderthalb Kilometer vom Verwaltungsgebäude entfernt. Auf dem Weg erzählte er mir, seine wichtigste Aufgabe bestehe darin, die drei Jahre lang in Eichenfässern gelagerte Maische zu begutachten. Bis er nicht genickt habe, könne der Tabascobrei nicht weiterverarbeitet werden. Seit der Firmengründung sei diese Prüfung stets von einem McIlhenny vorgenommen worden, aber das sei nur eine von vielen langjährigen Traditionen. Bei der Ernte zum Beispiel würde das

Wiegen der Erntekörbe immer von einem McIlhenny vorgenommen, und auch er habe dies in den vergangenen Jahren schon häufig getan. Wenn der Pflücktag gegen drei Uhr zu Ende gehe, müsse er auf einen speziellen Traktor klettern und hinter einer Waage Platz nehmen. Der Traktor fahre dann an einer langen Reihe wartender Pflücker vorbei. Die Körbe würden auf die Waage gehievt, er müsse das Gewicht ausrufen und gleichzeitig die Farbe der Schoten prüfen. Ein Angestellter, der ebenfalls auf dem Traktor sitze, würde eine Karte ausstanzen und sie dem Pflücker übergeben, der sie wiederum dem Zahlmeister vorzeige, der die Pflücker an Ort und Stelle in bar auszahle. Auch die Pflanzen für die Saat des nächsten Jahres würden nach einem ganz bestimmten Ritual ausgewählt, erzählte mir Paul. Ein Mitglied der Familie McIlhenny würde dabei feierlich eine Schnur um die Pflanzen legen, deren Samen anschließend in den Tresor einer örtlichen Bank kämen. «Übrigens tragen wir beim Wiegen immer Schlips und Jackett», fügte Paul hinzu, als hätte er noch eine weitere wichtige Tradition vergessen.

Die förmliche Atmosphäre, die in der McIlhenny Company überall zu spüren ist, wurde von John Avery McIlhenny, dem Sohn des Gründers, eingeführt. Vielleicht wollte er für die weltbekannte Sauce einen gewissen Nimbus schaffen; jedenfalls werden viele seiner Regeln bis heute befolgt. Sein Sohn Walter, Brigadegeneral und lebenslanger Junggeselle, prägte mit seinem penibel eingehaltenen Tagesablauf den Arbeitsrhythmus der Firma. Walter war jeden Morgen pünktlich um 6 Uhr 30 in seinem mit Papieren übersäten Büro. Nach der morgendlichen Besprechung mit den Vorarbeitern und Aufsehern ging er in sein stattliches Haus im georgianischen Stil zurück, um genau um 7 Uhr 30 das Frühstück einzunehmen. Um 8 Uhr war er dann entweder draußen auf den Feldern oder wieder in seinem Brüo. Um Punkt 11 ging er in die Verarbeitungshalle, um die Maische zu inspizieren, um Punkt 12 kehrte er zum Mittagessen in sein Haus zurück. (Bis auf den heutigen Tag ist die gesamte

Firma, einschließlich der Telefonzentrale, in der Mittagspause zwischen 12 und 13 Uhr geschlossen.) Die Mahlzeiten wurden stets von Hausangestellten mit weißen Handschuhen aufgetragen. Auf dem Tisch stand vor jedem Platz eine Flasche Tabasco in silbernen Haltern, die zu dem alten Bradford-Silber und den Weinpokalen paßten, die einmal Zachary Taylor, seinem Urgroßvater mütterlicherseits und zwölfter Präsident der USA, gehört hatten.

Auf dem Weg zur Verarbeitungshalle blieb Paul McIlhenny stehen, um mir die Zuchtbeete und die Schuppen zu zeigen, in denen die Fässer mit der Maische lagerten. Als wir bei der langgestreckten Halle aus rotem Backstein ankamen, standen bereits ein Dutzend Eichenfässer bereit. Zwei Arbeiter in khakifarbenen Arbeitsanzügen warteten daneben; der eine hatte eine weißglühende Lampe, der andere eine große Schöpfkelle in der Hand. Auch der Fertigungsleiter war gekommen und hielt die entsprechenden Listen parat. Im Hintergrund wuschen uniformierte Arbeiter Leinensäcke oder schoben mit Gabelstaplern Fässer hin und her. Paul sagte mir, er würde 90 Prozent aller Fässer selbst inspizieren, für den Rest sei die Nase des Fertigungsleiters zuständig.

Die Fässer, die heute geprüft werden sollten, hatten drei Jahre lang ungestört in einem der über das ganz Gelände verteilten Lager gestanden. Sie sind mit verschiedenen Farben gekennzeichnet, die für das jeweilige Herkunftsland der verwendeten Schoten stehen. In der Verarbeitungshalle werden jede Woche 200 Fässer geöffnet, die jeweils 400 Pfund Maische enthalten. Wenn der Deckel gelüftet wird, dringt ein beißender Luftschwall heraus, der den Rachen zum Husten reizt und die Augen tränen läßt. Die oberste Schicht der Maische ist meist durch Oxydation schwarz geworden und wird deshalb abgeschöpft. Anschließend werden die Fässer mit Leinensäcken abgedeckt und drei Tage lang auf den Bauch gelegt, damit der wässrige Anteil ablaufen kann. Nach Ablauf dieser letzten Frist werden die Fässer schließlich wieder aufgerichtet und für die Inspektion durch ein Mitglied der Familie McIlhenny bereitgestellt.

Als sich mein erster Hustenanfall gelegt hatte, fragte ich den Arbeiter, der mit der Kelle in einem Faß rührte, ob er keine Maske benutzen würde. «Ach, wir haben uns an den Tabasco gewöhnt», tat er meine Frage ab. Was der menschliche Körper erstaunlicherweise zu schaffen scheint, war dem Inventar der Tabascofabrik lange Zeit versagt geblieben. Vor der Erfindung von Plastik und rostfreiem Edelstahl, sagte Paul, hätten Fußböden, Leitungen, Klappen, Filter und Ventile regelmäßig ersetzt werden müssen, weil die beißende Tabascoluft sie zerfraß. «Für die Maschinen war es die Hölle», stöhnte Paul, und ich fragte mich, ob die Leitungen und Klappen in den Körpern der Arbeiter tatsächlich auf Dauer von dieser Hölle verschont bleiben könnten.

Der andere Arbeiter senkte die grelle Lampe in das erste Faß, wodurch der rote Brei eine leicht violette Färbung bekam. Paul beugte sich hinunter, prüfte die Farbe, richtete sich wieder auf und bestätigte seinen positiven Eindruck mit einem Nicken. Der Mann mit der Kelle schöpfte etwas Maische aus dem Faß und hielt sie in Brusthöhe. Paul schnupperte aus respektvoller Entfernung und nickte abermals. Der Fertigungsleiter hakte das Faß auf seiner Liste ab. «Riechen Sie mal», sagte Paul und wandte sich zu mir um. «Die Maische ist scharf, verströmt aber einen süßen Geruch. Diesen Geruch brauchen wir. Wenn ein Faß faulig riecht, wird es sofort aussortiert. Außerdem muß die Maische genau die richtige Farbe haben. So hell wie diese hier. Und die Saftigkeit muß stimmen.» Die versammelte Mannschaft rückte zum nächsten Faß vor und von dort wieder zum nächsten Faß. Während des Rituals wurde kaum ein Wort gewechselt. Schließlich war die Prüfung beendet, und die Fässer wurden zur Verarbeitung freigegeben.

Nicht in allen Fässern hat die Maische die gleiche Farbe

und Konsistenz. Um Abweichungen auszuschließen, wird der Inhalt der Fässer aus verschiedenen Herkunftsländern vermischt: ein Drittel aus Honduras, ein Drittel aus Kolumbien, ein Drittel aus Mexiko. «Im Durchschnitt müssen wir eines von hundert Fässern aussortieren, aber vor ein paar Jahren waren es noch viel mehr», erzählte mir Paul. Eines der Hauptprobleme in der Vergangenheit bestand darin, daß manche Holzfässer auf dem weiten Weg von Südamerika leckschlugen. «Wenn auch nur das kleinste Leck entsteht, dringen Feuchtigkeit und Fliegen ein. Die Fliegen legen rund um die Öffnung ihre Eier, die Maden und Würmer kriechen in die Maische. Sie scheinen sich dort sehr wohl zu fühlen, die Schärfe macht ihnen offenbar nicht das geringste aus, aber der Brei wird schwarz und faulig. Inzwischen haben wir den Transport der Fässer entscheidend verbessern können.»

In der Verarbeitungshalle stehen große Bottiche und Lagertanks in einem Gewirr glänzender Rohre. Das Ganze erinnert mich an die großen Öllager in Newark, die man vom New Jersey Turnpike aus sehen kann. Die für gut befundenen Fässer werden zu den Pumpen gerollt. Diese sind an mehreren Stellen in den Boden eingelassen. Durch die Rohre wird die Maische dann in einen der vierundvierzig Bottiche gesogen, die auf erhöhten Podesten stehen. Essig, der doppelt so stark ist wie der, den man für Salatsaucen verwendet, fließt durch ein eigenes Rohrsystem in die 9000 Liter fassenden Bottiche, immer ein Liter Essig auf zwei Liter Maische. Zwischen acht Uhr morgens und fünf Uhr abends setzt sich alle 75 Minuten eine maschinelle Rührvorrichtung in Gang. Nach vier Wochen wird die Mischung durch drei «Veredler» gepumpt – spezielle Maschinen, die Samen und Trester herausfiltern. Von dem nun fast klaren Saft werden regelmäßig Laborproben gezogen, damit sichergestellt ist, daß er in seiner Zusammensetzung der gewünschten Rezeptur entspricht. Erst dann wird er in einem angrenzenden Gebäude am Fließband in Flaschen abgefüllt.

In ihrer Werbebroschüre weist die McIlhenny Company

stolz darauf hin, daß sich seit der Erfindung der Tabascosauce weder der Herstellungsprozeß noch die Inhaltsstoffe geändert hätten. Nur das Rühren und Abfüllen erfolgten seit einiger Zeit maschinell. «Aber wir rühren noch immer genauso wie damals, als es von Hand durchgeführt wurde», erklärte mir Paul. «Die Frauen, die damals hier arbeiteten, rührten eine Viertelstunde und gingen dann zum nächsten Bottich weiter. Es dauerte genau eine Stunde und fünfzehn Minuten, bis sie mit ihrer Runde fertig und wieder beim ersten Bottich angekommen waren. Und an diesen Zeitplan halten wir uns bis heute. Der Inhalt der Bottiche ruht genau 75 Minuten, ehe sich die Rührvorrichtung wieder einschaltet. Und weil wir früher keine Leute hatten, die nachts und an den Wochenenden zum Rühren kamen, ruht die Mischung auch heute noch während dieser Zeiten, obwohl wir jetzt ein automatisches Rührsystem haben.»

Die Nebenprodukte der Tabascosauce werden keinesfalls weggeworfen. Samen und Trester werden getrocknet und an Firmen verkauft, die daraus Öl gewinnen. Unter dem Namen Oleoresin bekannt, kommt es leicht auf 1 000 000 Scoville (die Tabascosauce selbst hat dagegen «nur» 40 000 Scoville). Der Umgang mit dem extrem scharfen Oleoresin erfordert besondere Vorsichtsmaßregeln wie das Tragen von Handschuhen und Sicherheitsbrillen. Es wird für die Herstellung von lokal wirksamen Muskelrelaxantien und – in stark verdünnter Form – für Süßigkeiten und Kaugummis verwendet. Ein einziger Tropfen reicht aus, um einen ganzen Topf gekochter Garnelen zu würzen. Auf Avery Island erzählte man mir von einem Koch, der früher kistenweise Tabascosauce kaufte, um damit Garnelen und andere Meeresfrüchte zu würzen. Es hieß, er leite einen sehr erfolgreichen Partyservice und habe sich auf große Feste spezialisiert. Eines Tages habe er in der Verarbeitungshalle das Oleoresin entdeckt und ein paar Flaschen erstanden. Seit sieben Jahren habe man ihn daraufhin auf der Insel nicht mehr gesehen.

Die McIlhenny Company hat keine Probleme damit, Käufer für ihre Sauce zu finden. Viel schwieriger ist es, Jahr für Jahr eine ausreichende Menge an Tabascofrüchten aufzutreiben. Das liegt unter anderem daran, daß der Tabasco mehr als andere Chilisorten für Pflanzenkrankheiten anfällig ist. Sein Anbau war in den USA von jeher auf den Süden Louisianas beschränkt, so daß es nie eine Auffrischung durch die Gene anderer Chiliarten gegeben hat. «Schwirrt irgendwo in der Nähe einer Tabascopflanze ein Virus oder irgendein anderer Krankheitserreger herum, können Sie Gift darauf nehmen, daß er bei dieser Pflanze landet», sagte mir Dr. Lowell Black, ein Pflanzenpathologe von der Louisiana State University, der sich in zahlreichen Forschungsarbeiten mit dem Tabasco beschäftigt hat. «In den Tabascopflanzen vermehren sich die Viren wie verrückt, was zur Folge hat, daß auch die Wildkräuter in der Nähe der Tabascofelder verstärkt befallen werden und die nachfolgende Pflanzung noch schlechtere Chancen hat.»

Niedrigere Lohnkosten sprechen dafür, den Tabasco in Mexiko, Venezuela, Honduras und Kolumbien anzubauen, doch ist er auch dort schon häufig Opfer verheerender Epidemien geworden. McIlhenny lebt daher ständig von der Hand in den Mund und kann sich nie ganz sicher sein, woher die nächste Lieferung kommt.

Dafür, daß diese wichtige Lebensader der Firma nicht versiegt, ist Gene Jefferies zuständig. Er gehört zu den drei Nichtfamilienmitgliedern, die in der Firma hohe Positionen innehaben, und leitet die weltweite Betreuung der Vertragsbauern. Als ich mich eines Morgens Anfang Juli mit ihm traf, goß es in Strömen.

«Für eine optimale Ernte brauchen wir von April bis November 76 Zentimeter Regen. 50 davon hatten wir allein im Juni. Sieht so aus, als würden wir heute den Rest bekommen», stöhnte er. Der Regen ließ für die Ernte auf der Insel nichts Gutes ahnen. «Die Schoten müßten im Juli rot werden», sagte Jefferies. «Bis jetzt sind sie nicht einmal gelb geworden. Nur ganz unten kann man ein paar gelbliche Früchte erkennen.» Tabascoschoten reifen von den unteren Zweigen der Pflanze nach oben, deshalb sehen die gelbgrünen Pflanzen im Hochsommer aus, als würde ihr unterer Teil in Flammen stehen – ein Anblick, der Jefferies stets frohlokken läßt. Doch in diesem Sommer machte er sich große Sorgen, daß der Tabasco «nasse Füße» bekam. Ist die Erde mit Wasser gesättigt, verlangsamt sich die Versorgung der Wurzeln mit Nährstoffen und damit auch das Wachstum der Pflanzen. «Zuviel Regen kann für die Pflanzen den Tod bedeuten.»

Wegen der ständigen Angriffe, denen der Tabasco von der einen oder anderen Seite ausgesetzt ist, gleicht Jefferies' spartanisches Büro dem Gefechtsstand eines Generals. An der Wand vor seinem Schreibtisch hängt eine große Karte von Nordamerika, den Rücken hat er einer riesigen Karte Südamerikas zugewandt. Stecknadeln mit roten Köpfen zeigen an, wo Tabasco angebaut wird: in Mazatlán und Tampico, Ciudad Valles, Ciudad Victoria und Mérida in Mexiko; in San Juan, Lean, La Entrade, El Progreso und La Flecha in Honduras; bei Cartagena und im Caucatal in Kolumbien; beim Maracaibosee und in El Pinal in Venezuela. Jefferies reist selbst häufig an all diese Orte, erklimmt Berge oder watet durch hüfthohes Dschungelgestrüpp, um seine Tabascobauern aufzusuchen.

Als die McIlhenny Company mit dem Tabasco-Anbau in Mittel- und Südamerika begann, ging es ihr vor allem um eine Senkung der Lohnkosten; die verschiedenen Pflanzenkrankheiten waren damals noch kein so großes Problem. Vorher hatte man, wenn auch ohne Erfolg, nach einem Weg gesucht, die Tabasco-Ernte auf Avery Island maschinell durchzuführen. 1978 konstruierten die Ingenieure der Firma eine Pflückvorrichtung, die sie unter einen Sprühtraktor montierten. Zu beiden Seiten brachten sie Düsen an, die einen starken Wasserstrahl ausstießen. Damit die Unterseite des Traktors die Pflanzenspitzen nicht beschädigten, mußten übergroße Reifen verwendet werden. Der Traktor fuhr über die Pflanzenreihen hinweg, und die Zweige wurden von den Wasserstrahlen heftig geschüttelt. Dabei sollten sich nur die reifen Schoten von den Zweigen lösen und auf die Förderbänder an beiden Seiten der Vorrichtung fallen. Doch zwischen den roten Schoten fanden sich zahlreiche unreife Früchte, Blätter und Zweige, so daß eine zusätzliche Sortiervorrichtung erfunden werden mußte. Nach mehreren Probeläufen wurden die Kosten zusammengerechnet. Ein Pfund Chili mit der Pflückmaschine zu pflücken kostete die Firma 38 Cent. Für das Pflücken von Hand mußte sie auf Avery Island 25 Cent, in Honduras oder Kolumbien sogar nur 10 Cent bezahlen.

«Wir haben mehrere Jahre mit der Maschine herumexperimentiert, dann haben wir aufgegeben. Zum Glück haben wir eine ganze Reihe von Bauern dafür gewinnen können, für uns in Lateinamerika Tabasco anzubauen», sagte Jefferies.

Als wir uns trafen, war Jefferies gerade von seiner ersten Reise in die Dominikanische Republik zurückgekehrt, wo er die Möglichkeiten des Tabasco-Anbaus erkundet hatte. Aber er war sich nicht sicher, ob die Sache wirklich eine Zukunft hatte. «Alle paar Meilen wird man dort von der Polizei angehalten und muß ein paar Pesos bezahlen. Ohne Schmiergeld kommt man gar nicht voran. Wenn es dort nicht klappt, werde ich es auf Jamaika versuchen.» Auf seiner ständigen Suche nach neuen Anbaugebieten läßt sich Jefferies von nichts abschrecken.

Im Dezember 1977 bekam Jefferies einen Anruf vom nicaraguanischen Verteidigungsminister General Heberto Sanches. Der Minister sagte, er habe einen unbeschäftigten Sohn und eine Menge Land. Jefferies schickte ihm ein Paket mit Samen und einer Anweisung zum Pflanzen, wie er dies bei allen Leuten tut, die sich begeistert bei McIlhenny melden, um für die Firma Tabasco anzubauen. «In 99 Prozent aller Fälle höre ich nie wieder von ihnen, weil sie inzwischen herausgefunden haben, wie schwierig es ist, Tabasco anzubauen», erzählte er mir. Um so überraschter war er, als er am 12. Juli 1978 einen Anruf von Ricardo, dem Sohn des Generals, bekam. Er sagte, er habe 6000 wunderschöne Tabascopflanzen, und fragte Jefferies, was er damit tun solle.

«Ich stieg sofort ins nächste Flugzeug, um mir die Pflanzen anzuschauen. Sie waren tatsächlich prächtig gediehen. Wir schickten ihm sofort einen Vorrat an leeren Eichenfässern und eine Stampfmaschine. Acht Fässer hat er mit seiner Ernte gefüllt. Außerdem habe ich ihm neuen Samen geschickt.» Doch noch ehe die Fässer nach Avery Island zurückgeholt werden konnten, wandelten sich die politischen Verhältnisse in Nicaragua. Unterstützt von der verbitterten Bauernschaft, stürzten die Sandinisten das Somoza-Regime. General Sanches stand der Familie Somoza nahe. «Sein Sohn mußte fliehen, ließ die Fässer und die zweite Pflanzung zurück. Als die Schießerei zu Ende war, haben wir unseren Mann in Honduras nach Nicaragua geschickt, um die Fässer zu holen. Aber er hat niemanden gefunden, der bereit war, ihn zu Sanches' Plantage zu führen.»

Mit seinem großen, drahtigen Körper, den stahlblauen Augen und dem typischen Südstaatenakzent erinnert Jefferies an einen texanischen Cowboy, der das rauhe Leben bei den Rinderherden gegen ein Büro mit Schreibtisch eingetauscht hat. Er erzählte mir, er sei in Los Angeles geboren, aber in Arizona aufgewachsen und habe dort in den Sommermonaten immer auf der Ranch seines Onkels gearbeitet. Anschließend habe er an der University of Arizona Wirtschaftswissenschaften studiert, dann zwölf Jahre als landwirtschaftlicher Berater in Brasilien verbracht und sei schließlich nach Venezuela gezogen. Als er hörte, daß McIlhenny einen Betriebswirt mit landwirtschaftlicher Erfahrung in Südamerika suchte, bewarb er sich. «Der Job schien mir auf den Leib geschnitten zu sein, aber ich hatte nicht die geringste Ahnung vom Chili-Anbau. Ich weiß noch genau, wie ich kam, um mich bei Walter McIlhenny, dem Firmenchef, den alle nur ‹Mr. Walter› nannten, vorzustellen. Ich sagte ihm, daß ich nichts vom Tabasco-Anbau verstünde. Aber Mr. Walter strich nur bedächtig seinen langen Schnurrbart glatt und sagte: ‹Machen Sie sich darüber mal keine Sorgen. Wir bauen seit einhundertzwanzig Jahren Tabasco an, da werden wir Ihnen das auch noch beibringen können.›»

Das weitgespannte Netz von Tabascolieferanten betreut Jefferies mit Hilfe von Mittelsmännern. Für die Vertragsbauern in Kolumbien und Venezuela ist George Baker zuständig, der früher einmal Nelson Rockefellers landwirtschaftliche Unternehmungen in Südamerika leitete. Wie Jefferies mir erzählte, führt Baker ein wahres Nomadenleben, zieht von Chilifarm zu Chilifarm und hängt seine Hängematte auf, wo immer er sich bei Sonnenuntergang gerade befindet. Jefferies' Mann in Honduras, ein früherer Soldat namens Roberto Mealer, kämpft an einer ganz anderen Front. Er muß sein beachtliches Bataillon von immerhin über sechshundert Bauern nicht nur durch politische Unruhen, sondern auch gegen eine heimtückische Armee von Pflanzenkrankheiten anführen. Ist ein Tabascofeld von dem einen oder anderen Feind umstellt, bringt Mealer seine Leute in ein sichereres Gebiet, das manchmal überhaupt erst urbar gemacht werden muß. Ich stelle mir eine ganze Bauernkolonie vor, die von einem Tal ins andere zieht, wie die Beduinen in den Wüsten Nordafrikas.

Als ich in San Pedro Sula in Honduras eintraf, wirkte Mealer abgekämpft. «Ich habe rund um die Uhr gearbeitet, um eine neue Verarbeitungsstation aufzubauen», erklärte er mir. Es ging um ein neues Anbaugebiet, in das eine stattliche Anzahl von Bauern gezogen war. «Die Schoten müssen innerhalb von vierundzwanzig Stunden nach dem Pflücken zerkleinert werden. Deshalb brauchen wir Stationen in erreichbarer Nähe», sagte er.

Honduras war in Aufruhr, als ich Mealer besuchte. Berge

und Dschungel schützten Contra-Guerillas aus Nicaragua, die es sich zum Ziel gesetzt hatten, die sandinistische Regierung zu stürzen. Um die Guerillas zu verfolgen, drangen nicaraguanische Soldaten in Honduras ein. Und die honduranischen Streitkräfte machten, unterstützt von US-Militärs, Jagd auf die nicaraguanischen Soldaten. Die Spannung war in den Straßen deutlich zu spüren. Straßenblockaden und militärische Kontrollpunkte lösten einander ab. Trotz all dieser Hindernisse hielt Mealer am gewohnten Ablauf seines Arbeitstages fest, besuchte Tabascobauern, überwachte die Zerkleinerung der geernteten Schoten und organisierte die wöchentlichen Lieferungen nach Avery Island.

Mealer sieht aus, als wäre er für diesen Job wie geschaffen. Er ist groß und muskulös und scheint hart im Nehmen zu sein, vor allem wenn er sich eine Sonnenbrille aufsetzt und seinen amerikanischen Akzent durchklingen läßt. Er ist in Honduras geboren, wo sein Vater, ein Amerikaner, für United Brands arbeitete. Mealer studierte in Louisiana, trat in die US-Luftwaffe ein und wurde auf einem isländischen Militärstützpunkt eingesetzt, wo er sich, wie er es ausdrückte, «fast den Arsch abfror». Entnervt kehrte er nach Honduras zurück, arbeitete für United Branch und bepflanzte, «um etwas Geld dazuzuverdienen», ein kleines Feld mit Tabascosamen von McIlhenny. Die Saucenfabrik aus Louisiana machte ihn schließlich zum Verantwortlichen für die gesamte Tabascoproduktion im Land.

Eines Morgens holte mich Mealer schon sehr früh in meinem Hotel ab, um mich auf eine dreistündige, von Tausenden von Kontrollpunkten unterbrochenen Fahrt ins San-Juan-Tal mitzunehmen. Dort hatte es die beste Ernte des Jahres gegeben, und dort stand auch Mealers neue Verarbeitungsstation.

Durch ein Labyrinth kleiner Dörfer kamen wir schließlich in das von schweren Wolken verhangene Tal. Dichte Wälder bedeckten die Berge, weiter unten wuchsen Sträucher und niedriges Gebüsch. Und in dieser bisher nur wenig von

Menschenhand gezähmten Weite stießen wir dann auf die ersten Lichtungen. Plötzlich Tabascofelder, soweit das Auge reichte. Auf den ersten Blick sah es aus, als würde das ganze Tal glühen. Als wir näher kamen, lösten sich die brennend roten Flächen in ein Meer winziger roter Punkte auf: Die knapp vier Zentimeter langen, aufrecht wachsenden Schoten stachen aus den grünen Blättern der Tabascopflanzen heraus. Bisher haben sich erst wenige Dichter von dem Anblick reifender Chilifelder inspirieren lassen, doch stieß ich später auf ein *haiku*, das vielleicht in einem Augenblick wie diesem entstanden war. Es stammt von Kikaku, einem der zehn Jünger des japanischen Dichters Basho, und beschreibt einen Spaziergang durch die herbstlichen Felder.

> Nimm der Libelle
> Die Flügel, du schaffst damit
> Die Frucht des Chili

Basho sagte zu Kikaku: «Das ist kein haiku. Du hast die Libelle getötet.» Und der Meister, der im 16. Jahrhundert auf der Suche nach dem Sinn des Lebens durch ganz Japan gezogen war, schrieb die Zeilen um:

> Nimm die Chilifrucht,
> Gib ihr Flügel, und du schaffst
> Eine Libelle

Die Verbindung von Chili und Libelle faszinierte mich. Das schillernde Insekt gilt in der japanischen Dichtung als Symbol des Sommers – der Zeit, in der die Kinder zum Erntefest durch die Felder tollen. Die Libelle ist der Vorbote des Sommers – und mit ihm der Chili, die flügellose Libelle.

Das einzige Land der Welt, in dem die Ernte heute noch mit einem solchen Überschwang gefeiert wird, ist Ungarn. Der Paprika gibt nicht nur dem ungarischen Nationalgericht, der Fischsuppe, ihren unverwechselbaren Charakter, er ist auch das wichtigste landwirtschaftliche Produkt des Landes. In den Feldern rund um Szegedin, der Hauptstadt des Paprika-Anbaus, in der auch das wichtigste Capsicum-Forschungszentrum der Welt beheimatet ist, beginnt die Ernte mit dem Geburtsfest der Heiligen Jungfrau, dem 8. September. Die Frauen strömen in farbenfrohen Kleidern auf die Felder. Zur Mittagspause versammeln sich die Pflückerinnen und Pflücker um große Kessel mit Gulasch und lassen sich am Rande der Felder mit ihrem warmen Essen, Broten und Weinflaschen nieder.

Die geernteten Paprika werden zu Bergen aufgestapelt. Daneben sitzen Frauen und fädeln die Schoten mit Stahlnadeln zu zweieinhalb bis drei Meter langen Girlanden auf, die anschließend auf speziellen Holzständern zum Trocknen aufgehängt werden. Auch an den Wänden der Bauernhäuser, die häufig nach Süden oder Osten zeigen, um möglichst viele Sonnenstrahlen einzufangen, sieht man diese Girlanden hängen. Der ungarische Romancier Zsigmond Moricz schrieb um die Jahrhundertwende: «Unter den Dachvorsprüngen, über den Zäunen, an Bäumen, Taubenschlägen – überall bunte Paprikaketten. Ja, so exotisch ist dieser Schmuck, daß die Touristen aus Kalkutta, London oder sonstwoher kommen, um diese ungarische Spezialität zu sehen. Wunderschön! Unvorstellbar schön ist der Dorfplatz um diese Jahreszeit…»

In Honduras dagegen ist die Ernte eine ziemlich freudlose Angelegenheit. In den Feldern sah ich um die fünfzig Menschen, darunter viele Mädchen und Jungen, die mit Pflücken beschäftigt waren. Sie verrichteten ihre Arbeit stumm. Ein wenig Leben kam erst auf, als ein kleiner Junge die Ablenkung durch unseren Überraschungsbesuch ausnutzte und seinen Korb mit der Ernte eines anderen füllte. Der andere sah es und verfolgte den Täter, der flink durch die Pflanzenreihen floh. Abgesehen von solchen kleinen Späßen ist die Chili-Ernte, bei der man immer nur eine Schote gleichzeitig pflücken kann, eine ziemlich ermüdende Plackerei. Hinzu kommt, daß den Pflückerinnen und Pflückern, anders als in Ungarn oder Mexiko, der traditionelle Bezug zum Chili fehlt. Der Tabasco wird hier nur unter Vertrag angebaut. Sobald er geerntet ist, liefern die Bauern die Früchte ab und holen sich das ihnen zustehende Geld, um dafür Brot und Petroleum zu kaufen. Als ich einen Pflücker fragte, ob er nicht eine Handvoll Schoten mit nach Hause nehmen und damit sein Essen würzen wolle, schüttelte er nur gleichgültig den Kopf.

Doch der McIlhenny Company ist der Tabasco alles andere als gleichgültig, und sein Anbau wird strengstens überwacht. Die honduranischen Bauern müssen genauen Vorgaben folgen. Jede Schote muß ein Minimum von sieben Tropfen Saft ergeben, sonst werden die Früchte zurückgewiesen. Auch der richtige rote Farbton ist ausschlaggebend. Mealer gibt den Bauern rote Stöcke, die sie im Zweifelsfall gegen die Schoten halten können. Außerdem hat er vor jeder Verarbeitungsstation ein Pappschild aufgehängt:

> Hinweis: Die Geschäftsführung erinnert
> daran, daß laut Vertrag
> ausschließlich roter Chili
> abgenommen wird.
> Roberto Mealer

«Der richtige Farbton ist für die Sauce ganz entscheidend, weil wir keinerlei Farbstoffe verwenden», erklärte mir Mealer.

Können die Bauern ohne eigenes Verschulden die strengen Vorgaben nicht erfüllen, kann es zu erheblichen Spannungen kommen. Eine Trockenheit läßt die Schoten schrumpfen. Viren und Mikroben führen dazu, daß sie frühzeitig gelb werden. Beides kommt immer häufiger vor. Wie reagieren die Bauern, wenn ihre Ernte zurückgewiesen wird? Als ich diese Frage stellte, dachte ich an die vielen Sicherheitsmaßnahmen rund um Mealers Haus – das umzäunte

Grundstück, die Schußwaffen, den Wachdienst, die beiden Hunde. All dies führte er, als ich ihn darauf ansprach, auf die «allgemeine Kriminalität» in Honduras zurück. Ernsthafte Probleme mit seinen Bauern habe er eigentlich erst ein einziges Mal gehabt. Nach einer besonders langen Trockenheit seien 1983 die Tabascofrüchte im Lean-Tal zu früh gereift, und die Schoten seien gelb statt rot geworden. Mealers Leute hätten sich geweigert, die Ernte anzunehmen. Die Bauern hätten Gott für die Situation verantwortlich gemacht und ihr Geld verlangt. Mealer habe daraufhin auf die Bestimmungen des Vertrags verwiesen, aber die Bauern hätten das nicht hinnehmen wollen. Daher hätten einige von ihnen beschlossen, Mealer zu entführen, und einen entsprechenden Plan ausgeheckt. Hinter einer Brücke im Lean-Tal hätten sie ihn bei seinem für den nächsten Tag geplanten Besuch aus dem Hinterhalt überfallen wollen. Doch der Plan sei durchgesickert, einer von Mealers Helfern habe noch in der Nacht 18 Meilen mit dem Fahrrad zurückgelegt, um Mealer zu warnen.

«Anstatt die Polizei zu rufen, habe ich die Bauern in mein Büro eingeladen. Wir haben endlos geredet, und ich habe ihnen immer wieder den Vertrag gezeigt. Letztendlich haben sie sich beruhigt. Ich habe ihnen frischen Samen und Dünger gegeben und gesagt: Laßt es uns noch einmal versuchen. Es ist wichtig, den Bauern das Gefühl zu geben, daß sie nicht ausgebeutet werden. Jedenfalls versuche ich, sie immer mit Respekt zu behandeln.»

Tatsächlich werden die Bauern nicht bezahlt, wenn ihre Ernte minderwertig ist. Dafür wird ihnen für den Fall, daß ihre Früchte den von McIlhenny festgesetzten Anforderungen genügen, ein Preis garantiert. McIlhenny ist per Vertrag verpflichtet, diesen Preis zu zahlen, unabhängig davon, wieviel Tabasco produziert wird. Zur Zeit meines Besuches betrug der vertraglich festgelegte Preis 36 Cent pro Pfund. «Das ist kein schlechter Preis», versicherte mir Mealer. «Tomaten zum Beispiel kann man auf den Märkten für zehn bis zwölf Cent bekommen, und der Preis kann, je nach Marktlage, auf vier oder fünf Cent sinken. Eine Preisgarantie gibt es da jedenfalls nicht.» Mealer meinte, mit einem Morgen Tabasco könnten die Bauern nach Abzug der Kosten für Dünger, Pestizide und der Lohnkosten einen Gewinn von 700 Dollar erzielen. Ein Morgen Mais oder Bohnen bringe dagegen nur 200 bis 300 Dollar.

Wenn es mit dem Tabasco-Anbau Probleme gebe, habe das jedoch meist weniger mit dem Wetter als mit der Sorglosigkeit der Bauern zu tun, meinte Mealer. Um Konflikten in der Erntezeit vorzubeugen, überwachten Mealer und seine Helfer den Anbau daher schon von der im März beginnenden Pflanzzeit an. Sie halfen den Bauern bei der Auswahl der Felder, dem Aussetzen der Sämlinge und beim Einsatz von Pestiziden und Fungiziden.

Der Tabasco, der durch seine besondere genetische Verarmung im allgemeinen noch weniger widerstandsfähig ist als andere Nutzpflanzen, braucht eine sorgsame Pflege. Zum ersten kritischen Punkt kommt es, wenn die Samen keimen. Sie sind in diesem Stadium für verschiedene Mikroorganismen, von denen es in den Tropen nur so wimmelt, besonders anfällig. In den USA werden die Pflanzen aus diesem Grund manchmal zuerst in Gewächshäusern vorgezogen, was jedoch zusätzliche Kosten mit sich bringt. Man geht deshalb zunehmend dazu über, die Samen in kleine, besonders intensiv gepflegte Saatbeete auszubringen und die Erde dieser Beete vorher durch Erhitzen oder Bedampfen mit Methylbromid zu sterilisieren.

Die ideale Keimtemperatur liegt bei 26 bis 32 °C. Um diese Temperatur zu gewährleisten, werden die Saatbeete häufig mit Mulch oder Plastikfolie abgedeckt. Wenn dann nach ein bis zwei Wochen die Keimlinge erscheinen, müssen sie jeden Tag auf den Befall durch Insekten und andere Organismen überprüft und im Bedarfsfall mit Fungiziden oder Insektiziden behandelt werden, ohne daß es zu chemischen Verbrennungen kommt. Die jeweiligen Arsenale sind recht unterschiedlich ausgestattet. Mealers Anbaurichtlinien empfehlen als Fungizide Zineb, Maneb und kupferhaltige Mittel sowie als Insektizide Thiodan, Malathion, Lannate, Cygon und Diazinon.

In den Anbaurichtlinien werden die Bauern auch dazu angehalten, sich die Hände mit Isopropylalkohol zu desinfizieren, ehe sie auf den Saatbeeten arbeiten. Spaten, Kellen und Scheren müssen vor und nach dem Gebrauch mit einer Wasser-Formaldehyd-Mischung abgespült werden. Insgesamt ist also sehr viel mehr Sorgfalt erforderlich als zum Beispiel beim Anbau von Baumwolle. Wer bisher nur Baumwolle angebaut habe, sagte mir Mealer, könne möglicherweise Tabascopflanzen ziehen, wenn man ihm kräftige Sämlinge gibt, doch wenn sie mit dem Samenkorn anfangen müßten, wären die meisten aufgeschmissen.

Wenn sie 15 bis 30 Zentimeter groß sind, werden die Sämlinge auf die Felder ausgebracht. Schon auf den Saatbeeten werden sie regelmäßig beschnitten, damit sie mehr Zweige ausbilden. Je stämmiger die Sämlinge, desto geringer die Anpassungsschwierigkeiten nach dem Auspflanzen. Sie sind in diesem Stadium jedoch noch immer so empfindlich, daß sie ohne weiteres von einem rauchenden Feldarbeiter mit dem Tabakmosaikvirus infiziert werden können. «Ich kann sofort sehen, ob eine Reihe von einem Raucher oder einem Nichtraucher gepflanzt wurde», erzählte mir einmal ein Chili-Anbauer in Kalifornien. Um Infektionen vorzubeugen, werden die Sämlinge manchmal vor dem Aussetzen in Milch getaucht, weil Milch ein Protein enthält, das das Tabakmosaikvirus unschädlich macht. Doch hat diese Maßnahme nur begrenzten Erfolg. Das Virus ist extrem stabil, kann sich auf Gewächshausbänken und Werkzeugen wochenlang, ja, unter gewissen Umständen sogar über den ganzen Winter halten und anschließend erneut aktiv werden.

Gesunde Sämlinge heranzuziehen ist jedoch nur eine Hälfte der schweren Aufgabe. Auf den Feldern, in Wildkräutern und Büschen, lauern etwa ein halbes Dutzend Viren darauf, die jungen Chilipflanzen anzugreifen. Sie werden durch Läuse auf die jungen Pflanzen übertragen. Ein besonders heimtückisches Tabakvirus hat – anders als das Mosaikvirus, das nur die Blätter fleckig werden läßt – eine tödliche Wirkung: Die gesamte Pflanze beginnt zu welken, als wären ihre Wurzeln durchtrennt, und sie stirbt in sieben bis zehn Tagen vollständig ab. Ein Kartoffelvirus – das man so nennt, weil man es zuerst bei Kartoffelpflanzen fand – beeinträchtigt die Wasseraufnahme durch die Wurzeln und senkt so den Ertrag. Das Gurkenmosaikvirus greift nicht die gesamte Pflanze an, sondern hemmt lediglich das Wachstum der Schoten an einem befallenen Zweig. Beim Bronzefleckenvirus, das ansonsten vor allem Tomaten befällt, sieht man zunächst braune Flecken, dann fallen die Blätter ab, und schließlich hört die Pflanze völlig auf, Früchte auszubilden.

Zu den anderen gefürchteten Krankheiten gehören Weichfäule, Grauschimmel und Sklerotinia-Fäule. Phytophthora, auch Kraut- oder Braunfäule genannt, entsteht durch einen im Boden sitzenden Pilz, der Feuchtigkeit liebt, die Wurzeln verfaulen läßt und von den Tropen bis hinauf nach Texas und New Mexico schon so manche Gemüsepaprika- und Jalapeño-Ernte vernichtet hat. Und die Verticilliose oder Verticillium-Welke hat es offenbar vor allem auf die in Kalifornien und Europa angebauten Capsicum-Pflanzen abgesehen; sie unterbindet den Wassertransport und läßt so die Pflanzen erst welken und anschließend absterben. Viele dieser Krankheiten befallen natürlich nicht nur den Chili, doch andere Nutzpflanzen haben eine größere ökologische Bedeutung, werden daher von der Forschung stärker berücksichtigt und mit Hilfe modernster Techniken, zum Beispiel durch Gentransfer, um krankheitsresistente Sorten ergänzt.

Mealer rät seinen Bauern, Chili grundsätzlich nicht in der Nähe von Tabak, Tomaten, Auberginen oder Kartoffeln anzupflanzen. Viele Jahre lang haben die honduranischen Bauern ihre Tabascofelder durch drei- bis viereinhalb Meter breite Streifen mit Mais, Hirse oder Zuckerrrohr eingegrenzt, um eindringende Mikroorganismen fernzuhalten. Mittlerweile hilft dies jedoch nicht mehr viel. Die Viren überspringen die pflanzlichen Barrieren so mühelos, daß man diese Methode wieder aufgegeben hat.

Da aber auch die Pestizide den Feind immer seltener vernichtend schlagen, verlassen die honduranischen Bauern die von Krankheiten eroberten Felder und ziehen weiter. Mealer befürchtet, daß sie eines Tages kein neues Land mehr finden. Die weite Verbreitung von Viren hat bereits den Tabasco-Anbau in weiten Teilen Mexikos unmöglich gemacht, und 1984 mußte sich McIlhenny aus dem gleichen Grund aus Guatemala zurückziehen. Während unseres Spaziergangs durch die Felder im San-Juan-Tal blieb Mealer häufig stehen, brach Schoten von einer kränkelnden Pflanze ab, zeigte mir eine sich krümmende Larve oder zerdrückte die Frucht, um mir zu zeigen, wie wenig Saft sie ergab. Mealer sagte, er habe diese Felder seit Wochen nicht mehr besuchen können, weil ihn der Bau der neuen Verarbeitungsstation rund um die Uhr in Atem gehalten habe. Ich sah, wie er von Pflanze zu Pflanze ging und sein Gesicht immer bedrückter wurde. Er winkte einem Mann und sagte ihm, daß er sich für die nächste Pflanzung ein anderes Feld suchen müsse. Das waren schlechte Nachrichten für Francisco, den Eigentümer, der gerade mit der Ernte begonnen hatte. Er hatte gehofft, den Pflanzen mit Hilfe von Pestiziden und Düngemitteln eine zweite Ernte abringen zu können. Da der Chili in den Tropen eine winterharte Pflanze ist, lassen sich manchmal in zwei aufeinanderfolgenden Jahren Früchte ernten. Enttäuscht blickte der schwitzende Francisco auf die verformten gelben Schoten in Mealers Hand.

Später erklärte mir Mealer, der Bauer müsse nun für die nächste Pflanzung entweder irgendwo anderes Land eintauschen oder herrenloses Land urbar machen. Es käme ziemlich häufig vor, daß die Bauern brachliegendes Land übernehmen, das sich die Reichen durch fragwürdige Überschreitungen angeeignet hätten, ohne sich die Mühe zu machen, es auch tatsächlich zu nutzen. Die Regierung habe im Zuge ihres groß angekündigten Landverteilungsprogramms wenig für die kleinen Bauern getan und drücke deshalb ein Auge zu, wenn die wütenden Bauern kurzerhand Felder bestellen, deren Besitzverhältnisse bestenfalls ungeklärt sind. Mealers Bauern müssen manchmal einen Kilometer, manchmal aber auch fünfzehn Kilometer weiterziehen, um neue geeignete Felder zu finden. Kommt es zu größeren Wanderungen wie jetzt ins San-Juan-Tal, muß Mealer sich Gedanken darüber machen, wie er ihnen eine leicht erreichbare Verarbeitungsstation zur Verfügung stellen kann.

Der Tag unseres gemeinsamen Besuches im Tal war zufällig auch der Tag, an dem die neue Station, die fünfte in ganz Honduras, zu einem ersten Probelauf freigegeben werden sollte. Doch als wir am späten Nachmittag dort eintrafen, stellten wir fest, daß sich die ersten Bauern bereits mit ihrer Ernte auf den Weg gemacht hatten, obwohl die Verarbeitungsstation noch gar nicht offiziell eröffnet worden war. Das Gerücht vom Probelauf hatte sich offenbar wie ein Lauffeuer verbreitet und lockte die Bauern aus der gesamten Umgebung an. Die Schoten mußten vierundzwanzig Stunden nach dem Pflücken verarbeitet sein, und bis zu einer der alten Stationen waren es dreißig Kilometer oder mehr.

Mealer stand in der Station, die im Grunde nicht viel mehr als ein großer Schuppen mit Betonfußboden und einem großen Mahlwerk in der Mitte war, und schaute entgeistert zum Eingang des mit Stacheldraht befestigten Grundstücks. Er wußte nicht, was er den Leuten sagen sollte. Einen Karren mit Säcken hinter sich herziehend, zokkelte ein Esel durch das Tor. Direkt dahinter kam ein blauer Lieferwagen, der mit Säcken so überladen war, daß er auf dem unebenen Boden mehrmals aufsetzte und gefährlich von einer Seite zur anderen schwankte. Der Lieferwagen war kaum vorgefahren, als auch schon zwei mit Säcken beladene Pferde durchs Tor geklappert kamen, gefolgt von drei Bauern in Bluejeans und mit Cowboyhüten. Mealer schüttelte den Kopf und befahl seinen Männern, die Maschine unter Volldampf zu setzen.

Sehr beeindruckend sah diese Maschine allerdings nicht aus. Im wesentlichen bestand sie aus einer Reihe gegeneinander rotierender Walzen. Die gesamte Apparatur stand auf einem Podest. Von einer erhöhten Ablagefläche rutschten die Tabascoschoten durch einen Trichter zwischen die Walzen. Sie wurden von einer Dieselmaschine angetrieben, die ihren Treibstoff durch ein blaues Plastikrohr aus einem rostigen, an der Decke hängenden Kanister bezog. Auf dem Kanister stand noch undeutlich zu lesen: «Die überragende Qualität dieses Texaco-Produkts zeugt von der Verläßlichkeit unserer Leistungen.» Als hätte sie sich absichtlich vorgenommen, diesen vollmundigen Spruch ad absurdum zu führen, polterte und stotterte die Maschine vor sich hin, um nach wenigen Minuten wieder auszugehen. Endlich fanden die Arbeiter das Problem: einen defekten Starterzug. Ich war überrascht, wie primitiv die gesamte Vorrichtung war. Der schwarze Motor, der Greifer, der teilweise schon dem Rost zum Opfer gefallen war, der alte, verbeulte Benzinkanister – das Ganze sah aus, als wäre es auf einem Schrottplatz zusammengebastelt worden. Nach mehreren weiteren Versuchen kam der Dieselmotor endlich in Gang, und die Menschen begannen, sich seinem Arbeitstempo anzupassen. Arbeiter schrubbten leere Eichenfässer mit Wasser aus, zwei Männer versuchten, eine Coleman-Petroleumlampe zum Brennen zu bringen. Mealer saß da und schaute dem hektischen Treiben zu.

Auf der einen Seite wurden die Schoten, die Mealers Männer für gut befunden hatten, in Kisten geschüttet, die jeweils etwa 100 Pfund faßten. Sobald die Waage 100 anzeigte, schöpfte ein Junge Salz aus einem Sack und ließ es über die Schoten rieseln, bis die Waage auf 108 stand. Anschließend wurden die Kisten dann auf der erhöhten Ablagefläche ausgeleert. Mit einem großen Holzstück schoben Mealers Männer die Schoten in den Trichter, bis sie endlich zwischen den surrenden Walzen verschwanden. Heraus kam ein roter Brei, den Mealer zunächst einige Minuten lang auf den Boden klatschen ließ, um die Konsistenz und die Farbe zu prüfen. Dann rollten zwei Männer das erste Eichenfaß herbei und stellten es so unter den Auswurf, daß der Fruchtbrei in seinem Bauch verschwand. Ein scharfer Nebel stieg in die Luft und drängte rasch selbst die Abgase des Dieselmotors in den Hintergrund. Ein paar Kinder, die sich das Spektakel angeschaut hatten, sprangen hustend und lachend davon. Der Bauer, dessen knackige Ernte von der Maschine zu Brei zerdrückt worden war, zeigte grinsend seine goldenen Zähne.

Da die Schoten, um die maximale Saftmenge zu erreichen, innerhalb von vierundzwanzig Stunden nach dem Pflücken verarbeitet werden mußten, würde die Maschine, die eigentlich nur einen Probelauf machen sollte, wohl die ganze Nacht durch laufen. «In der Pflückzeit haben unsere Stationen häufig vierundzwanzig Stunden lang geöffnet, und es gibt Tage, in denen die Maschinen tagelang ohne Unterbrechung gelaufen sind», erzählte mir Mealer. Zur Erntezeit weiß man nie, wann die Bauern mit ihren Säcken aufkreuzen. Manche hören abends mit dem Pflücken auf, erreichen die Verarbeitungsstation jedoch nicht vor Mitternacht. Wenn die Flüsse Hochwasser führen, kommen manche auch erst um zwei Uhr morgens an. Vor den Stationen bilden sich dann lange Schlangen. Mealer sagte, in den vergangenen Jahren hätte es manchmal so lange Karawanen aus Maultieren, Pferden, Motorrädern und Lieferwagen gegeben, daß seine Männer Zahlen ausgegeben hätten, damit die Bauern nicht die ganze Zeit über in der Schlange bleiben mußten. «An manchen Tagen hatte wir fünfundsechzig Bauern gleichzeitig da», sagte Mealer. «Die Frauen aus dem Dorf haben kleine Herde aufgebaut und Tortillas und Fleisch zubereitet, und fliegende Händler haben am Straßenrand Mahlzeiten angeboten.»

Das Dröhnen und Hämmern der Maschine scholl jetzt im

Echo durchs Tal und lockte weitere Menschen an. Kinder hörten auf zu spielen und versammelten sich, um die Herstellung der Maische zu beobachten. Von ihrem Tagewerk zurückkehrende Bauern mit großen Macheten strömten neugierig herbei. Manche von ihnen boten sogar ihre Hilfe beim Ausladen der Säcke an.

Am nächsten Tag fuhren Mealer und ich wieder zur Verarbeitungsstation. Es war völlig still. Außer ein paar gurgelnden Geräuschen aus den Fässern war nichts zu hören. Die Fässer werden mit einem durch Stahlhaken festgehaltenen Deckel fest verschlossen. Dieser hat ein paar Luftlöcher, aus denen die von der reifenden Maische aufsteigenden Gase entweichen können. Damit keine Insekten eindringen, werden sie mit einer dicken Salzschicht bestreut. Die Arbeiter schliefen fest, als wir um elf Uhr morgens eintrafen. Einer hob den Kopf, als er Mealers Wagen kommen hörte, und erzählte uns, den letzten Sack hätten sie um fünf Uhr morgens verarbeitet. Leider hätten sie den größten Teil der Nacht beim trüben Licht einiger Kerzen und Taschenlampen arbeiten müssen; die Coleman-Lampe, die bis zur Ankunft des elektrischen Stroms in einigen Wochen ihre wichtigste Lichtquelle hätte werden sollen, habe nach einigen Stunden den Geist aufgegeben.

Nachdem er die Maschine und die vollen Fässer überprüft hatte, sagte Mealer, er wolle mir ein paar der von Viren vernichteten Felder zeigen. Wir fuhren in westlicher Richtung, in die Nähe der Grenze zwischen Honduras und Guatemala, nach Copán. Auf dem Weg, in La Entrada, etwa sechs Meilen von der Grenze entfernt, hielt Mealer kurz bei einer seiner anderen Verarbeitungsstationen, überprüfte die Fässer, die zur Lieferung nach Avery Island bereitstanden, und holte Papiere ab. Als nächstes machte er bei einem Supermarkt halt. Dort gab es Schmuggelware – von Markenseifen und

Toilettenpapier bis zu Frühstücksflocken. Mealer ging zielstrebig auf die Regale mit den Konserven zu und kam wenig
später mit einer Dose zurück. «Jalapeños aus Salvador!» verkündete er strahlend. «Die haben viel mehr Aroma als das
Zeug aus Mexiko.»

Wir aßen die Jalapeños in Streifen geschnitten zu salzigen
Crackern und fuhren an verlassenen Feldern vorbei. Mealer
zeigte auf Täler und Hügel, die früher mit Tabasco bepflanzt
gewesen waren. Gelegentlich hielt er an und schwärmte aufgeregt von den üppigen Feldern, die nun für immer verloren
waren. Manchmal verließen wir die Hauptstraße und fuhren
dicht an eines der früheren Felder heran. Sie waren mit hohen Wildkräutern und Sträuchern bedeckt, und häufig waren die Umrisse der ehemals kultivierten Flächen kaum noch
zu sehen. Nach einigen Stunden Fahrt hielt Mealer am Rand
einer von Büschen bewachsenen Schlucht, um mir «eine berühmte Hängebrücke» zu zeigen. Ein längst mit Gras über-
wachsener Weg ließ erkennen, daß hier früher einmal reger
Verkehr geherrscht hatte. Während ich Mealer über eine
große Lichtung folgte, wurde das Rauschen des Flusses immer stärker. Auf Zehenspitzen balancierten wir am schlam-
migen Ufer entlang, bis wir zur Hängebrücke kamen. Unter
uns sprudelte das Wasser über ausgewaschene Felsen, wurde
immer schneller, bildete Stromschnellen und gefährliche
Strudel. Jenseits des Flusses lagen riesige Felder. Dort habe
es einmal blühende Tabascofarmen gegeben, erzählte mir
Mealer. Jetzt war das Land von Wildkräutern überwuchert.
Nur die Tatsache, daß es vergleichsweise niedrige Kräuter
waren, ließ erahnen, daß das Land einmal von Menschen bebaut worden war.

Dieser einst so geschäftige Ort habe für ihn eine ganz besondere Bedeutung, gestand mir Mealer. Mit nachdenklicher
Miene verharrte er auf der Hängebrücke und zeigte auf die
großen Felsen am Fluß. «Die Frauen aus dem Dorf kamen am
Nachmittag her, um im Fluß ihre Wäsche zu waschen. Es
war ein Mädchen dabei, eine wunderschöne junge Frau, viel-

leicht neunzehn oder zwanzig. Sie und ihre Freundinnen hockten dort unten, gingen ihrer Arbeit nach, erzählten und lachten. Und ich habe hier oben gestanden und ihr langes Haar bewundert. Sie war eine echte Schönheit. Mit den Tabascofeldern ist auch sie verschwunden. Aber ich komme immer noch her.»

7
Der Saucenkrieg

Die McIlhenny Company ist zwar weltweit der größte Produzent scharfer Chilisaucen, doch fand sich auf den Tischen der Restaurants im Süden Louisianas lange Zeit auch ein Konkurrenzprodukt: Trappey's Pepper Sauce von der Firma B. F. Trappey's Sons. Die Sauce wurde in New Iberia Parish direkt gegenüber von Avery Island hergestellt.

Während die Restaurants es klugerweise vermieden, für einen der beiden großen Arbeitgeber in der Gegend Partei zu ergreifen, blieb ihren Gästen häufig keine andere Wahl. Die Flaschen mit McIlhennys Tabascosauce gingen nicht auf – was kein Zufall war. Dahinter steckte Jack Blenderman, Präsident von B. F. Trappey's Sons. Jedesmal, wenn er in ein Eßlokal ging, griff er nach der Sauce seines Konkurrenten und überdrehte den Deckel so weit, daß die Rillen des Gewindes nicht mehr faßten. Die Gäste mühten sich eine Weile mit den Flaschen ab, dann griffen sie entnervt nach der einzigen anderen Sauce auf dem Tisch – Trappey's Pepper Sauce.

«Eine bescheidene Rache», sagte Blenderman, ein großer Mann mit starken Handgelenken und ernstem Gesicht, als ich ihn besuchte.

Blendermans Zorn ging auf den Grundsatzstreit zwischen den beiden Saucenherstellern zurück – den Streit um die Rechte am Tabasco. Er wurde bereits um die Jahrhundertwende entfacht, als die McIlhenny Company behauptete, ihr Firmengründer habe den Tabasco höchstpersönlich aus einer

Handvoll nicht näher bezeichneter Schoten entwickelt, die ihm ein Soldat der Südstaatenarmee aus der Region Tabasco in Mexiko mitgebracht habe – und mehr noch: er habe den Früchten auch ihren heutigen Namen gegeben. Bernard F. Trappey, der Gründer der Konkurrenzfirma, hielt dagegen, der Tabasco sei in New Orleans schon lange vor Edmund McIlhenny unter diesem Namen bekannt gewesen. Fünf Jahrzehnte lang lieferten sich die beiden Firmen erbitterte Schlachten vor den Gerichten von Galveston, Philadelphia, New York, Washington und New Orleans. Nach einer Reihe von Niederlagen in anderen Landesteilen ging die McIlhenny Company 1948 in Louisiana völlig unerwartet als Siegerin aus diesem Krieg hervor. Der Tabasco galt von nun nicht mehr als Allgemeingut, sondern wurde zum Privatbesitz: Nur die McIlhenny Company hatte jetzt noch das Recht, eine aus den Früchten des Tabascos gewonnene Sauce auch Tabascosauce zu nennen. Trappey durfte nicht einmal «aus Tabasco hergestellt» auf seine Flaschen schreiben, sondern den Namen Tabasco nur noch in kleiner Schrift zusammen mit den anderen Zutaten erwähnen.

Als Blenderman vor zehn Jahren als erster Geschäftsführer, der nicht der Familie Trappey angehörte, bei Trappey's Sons das Ruder übernahm, rief ihn ein Mitglied der Familie McIlhenny an, um ihn an das Gerichtsurteil aus dem Jahre 1948 zu erinnern und ihm für den Fall, daß er die Etikettierung der Flaschen ändern sollte, ernsthafte Konsequenzen anzudrohen. Trappey's Sons war die letzte Bastion im Kampf um den Tabasco. Fast ein Dutzend andere Firmen hatten unter dem Druck der von McIlhenny entfesselten Justizmaschinerie bereits das Handtuch geworfen.

Ein Jahr nach meinem Besuch bei beiden Firmen mußte auch Trappey's kapitulieren. Wirtschaftlich und finanziell angeschlagen, war der Saucenhersteller noch einige Jahre im Schatten des großen Rivalen dahingedümpelt. Im Mai 1991 übernahm McIlhenny die marode Firma und versetzte damit seinem letzten Konkurrenten den Todesstoß.

«Es ist der reinste Wahnsinn, was man McIlhenny alles durchgehen ließ», sagte mir Jack Blenderman, als er von dieser Entwicklung noch nichts wissen konnte. Seiner Meinung nach hatte sich die McIlhenny Company unlauterer Methoden bedient, um seine Firma aus dem Tabascogeschäft zu drängen.

«Wenn Sie mehr von der Politik in Louisiana verstehen würden, wüßten Sie auch, warum wir letztendlich verloren haben. Die McIlhennys hatten die besseren Beziehungen», sagte Blenderman. Offenbar bezog er sich auf den zweifelhaften Ruf, den dieser Staat wegen seiner eigenwilligen Politik genoß. «Wenn wir heute besser bei Kasse wären, könnten wir uns ein paar gute Anwälte nehmen und die Sache wieder aufrollen.»

Nach Blendermans Ansicht ist es ein Unding, daß man eine Sauce, die aus Tabasco hergestellt wird, nicht Tabascosauce nennen darf. «Das ist genauso, als würde man jemanden zwingen, Darjeeling nur unter der allgemeinen Bezeichnung Tee zu verkaufen. Tabasco ist eine ganz normale Chilisorte, mehr nicht.»

Ich hätte das Ganze als interessante Anekdote abgehakt, hätte ich in Louisiana – wo die Chilisauce einen ähnlichen Stellenwert hat wie der Orangensaft in Florida – nicht noch andere Menschen getroffen, die mit der Art und Weise, wie McIlhenny den Tabasco für sich vereinnahmt hat, alles andere als einverstanden waren.

«Wenn es einen Namen gibt, der es verdient hat, mit der Tabascosauce in einem Atemzug erwähnt zu werden, dann den meines Urgroßvaters Maunsel White», erklärte mir John Tobin White, ein dreiundachtzigjähriger Mann, der in New Orleans nach dem Rezept seines Vorfahren eine Privatmarke namens «Maunsel White 1812» braut. «Maunsel White war der erste, der in Louisiana Tabasco angebaut hat. Und er war auch der erste, der daraus eine Sauce hergestellt hat. Er hat bloß nie ein großes Geschäft daraus gemacht», erzählte mir White. Nach dem Tod seines Urgroßvaters habe «Edmund McIlhenny versucht, meine Großmutter zu der Aussage zu bewegen, er und nicht Maunsel White habe den Namen Tabasco erfunden». John Whites Großmutter war Betty Bradford, eine Nicht von Jefferson Davis, der von 1861 bis 1865 Präsident der Konföderierten Staaten war. «Sie hat ihn abblitzen lassen.»

In Bundesarchiven und in der Library of Congress in Washington grub ich die Klageschriften, Zeugenaussagen, Verhandlungsprotokolle und andere Überbleibsel aus, die heute noch von den rechtlichen Auseinandersetzungen zeugen. Je länger ich mich mit dem Thema beschäftigte, desto deutlicher wurde mir, daß eigentlich niemand ein Exklusivrecht am Tabasco beanspruchen kann. Die Argumente der McIlhennys basieren auf Geschichten, die, wie die Tabascosauce selbst, aus einem eigenartigen Gemisch unterschiedlichster Zutaten bestehen: Tatsachen und Legenden. Wie der Name Tabasco schließlich «aus rein praktischen Gründen» zum Privateigentum wurde, ist ein interessantes Lehrstück aus der kapitalistischen Welt.

Die Familie McIlhenny behauptet, Friend Gleason, ein junger Soldat der Südstaatenarmee, habe Edmund McIlhenny eine Handvoll Früchte gegeben, die er aus der mexikanischen Region Tabasco mitgebracht hatte. Weiter behauptet sie, es sei der Samen dieser Früchte gewesen, den Edmund McIlhenny 1862 auf Avery Island ausgesät habe, und aus den Abkömmlingen dieser Pflanzen habe er später seine Sauce zubereitet. Außerdem habe die Familie diese Früchte jahrzehntelang weiter kultiviert und dabei verhindert, daß irgendwelche fremden Gene eingedrungen seien. Ihr Tabasco habe daher einzigartige Eigenschaften, die ihn von den in seiner Heimat wachsenden Früchten deutlich unterscheiden. Mehr noch: Die Familie besteht darauf, der Tabasco habe seinen Namen von Edmund McIlhenny bekommen. Vorher sei er nicht als Tabasco, sondern als «Bird Pepper» beziehungsweise unter seinem botanischen Namen bekannt gewesen. Diese Version ist inzwischen zur Legende geworden.

Die schriftlich belegte Geschichte der Tabascosauce beginnt jedoch tatsächlich mit Maunsel White und reicht in die Zeit vor Edmund McIlhennys Firmengründung zurück.

Zunächst ein wenig über White, der offenbar genau den nötigen Schneid besaß, um ein feuriges Elixier wie die Tabascosauce zu erfinden. Als Waisenkind aus dem irischen Tipperary war er in Louisville, Kentucky, gelandet. Im Jahre 1800, als er neunzehn war, ging er nach New Orleans, um dort sein Glück zu versuchen. Der kleine Ort war zu einer betriebsamen Handelsstadt herangewachsen; See- und Binnenschiffahrt ließen den Handel blühen, nicht zuletzt den mit Sklaven. Der ehrgeizige und kluge White wollte nicht in den unteren Schichten der überwiegend französischen Gesellschaft versauern. Er suchte sich eine Stelle als Buchhalter und gab sein halbes Monatsgehalt von sechzehn Dollar für Französischstunden aus. Dank seines blendenden Aussehens und seiner kultivierten Vorliebe für Seidenwesten, Schals und guten Wein dauerte es nicht allzu lange, bis er Zugang zum gesellschaftlichen Leben gefunden hatte. Und so war es denn auch nicht weiter verwunderlich, daß er eines Tages General Pierre Denise de la Ronde kennenlernte und seine Tochter heiratete. White widmete sich von nun an dem angenehmen Leben eines Bankiers und Plantagenbesitzers und pflegte Umgang mit Leuten wie Andrew Jackson.

Schon damals spielte das Essen in New Orleans eine besonders große Rolle. Für viele wohlhabende Kaufleute und Großgrundbesitzer wurde es gar zum Lebensinhalt. «Gutes Essen hatte im Leben der Leute etwa den gleichen Rang wie heute das Fernsehen oder die Baseballmeisterschaften», schrieb Bernard F. Trappey junior, der Sohn des Firmengründers, 1956 in einer Zeitungskolumne. «Vor allem die Verwendung feiner Kräuter und Gewürze hat der Eßkultur in New Orleans eine gewisse Fröhlichkeit verliehen.» Diese Eßkultur hat wohl 1755 mit der Ankunft der Akadier in Louisiana ihren Anfang genommen. Die aus Neuschottland stammenden Siedler, die in den anderen amerikanischen Kolonien keine Aufnahme gefunden hatten, nahmen die einheimischen Kräuter und Wurzeln, die schon die Attakapa-Indianer verwendet hatten, und kombinierten sie mit den pikanten, von den Spaniern mitgebrachten Gewürzen. Hinzu kam die kulinarische Raffinesse der Franzosen. Auf den großen Plantagen drückte sich Gastfreundschaft bald in den akadischen oder kreolischen Geheimnissen aus, die dort in mächtigen Eisenkesseln vor sich hin köchelten. 1885 wurde in New Iberia, im Herzen des Siedlungsgebiets von Kreolen und Akadiern, der *Ancient Order of Creole Gourmets* ins Leben gerufen.

«Ein Lebemann und Epikureer» – so wurde Maunsel White von einem Zeitgenossen beschrieben. Er liebte es, auf seiner Deer Range Plantation am Mississippi südlich von New Orleans sich seinen Gästen als vollendeter Gourmet vorzustellen. Er schickte sogar zwei seiner Küchensklaven nach Paris, wo sie die französische Kochkunst erlernen sollten. Beeinflußt von der französischen Vorliebe, edle Speisen durch raffinierte Saucen zu ergänzen, zeigte er bei der Erfindung neuer Saucen ein besonderes Talent. Er experimentierte mit Kräutern und Gewürzen. Als er auf den Tabasco stieß, hatte er seinen Talisman gefunden.

Der Tabasco muß Whites Aufmerksamkeit auf sich gezogen haben, weil er, anders als anderer scharfer Chili, so ungewöhnlich saftig ist: Es lassen sich leicht sechs bis acht feurige Tropfen herausdrücken. Mit den Sklaven aus Afrika und den Spaniern aus Mexiko war bereits anderer Chili nach Louisiana gekommen; man konnte ihn beim Kochen mitgaren lassen oder bestimmte Gerichte mit ihm garnieren. Doch hier war plötzlich ein Chili, den man nicht hacken oder pürieren mußte, um an seine Würzkraft heranzukommen, sondern der sich wie eine Zitrone ausdrücken ließ. Für eine raffinierte Pfeffersauce war er wie geschaffen.

White kombinierte den Tabascosaft mit Orangenwein, Gewürzen und anderen Zutaten, bis er schließlich eine Rezeptur entwickelt hatte, die seine Zustimmung fand. Die Sauce bekam auf seinem Eßtisch rasch einen Ehrenplatz. Bald war es ihm zur Gewohnheit geworden, nach der Flasche zu greifen, um Eier, Austern, Fisch, Erbsen, Bohnen, ja selbst Maismehlbrötchen damit zu würzen. Auf Reisen trug er in seiner Westentasche stets ein Fläschchen Tabascosauce bei sich. Und im Gem Restaurant in New Orleans sah man ihn häufig hinter riesigen Bergen von Austern sitzen, eine Flasche mit seiner eigenen Sauce in der Hand.

Doch wie war White in den fünfziger Jahren des 19. Jahrhunderts an die Tabascofrüchte gekommen? Schließlich sollte es noch Jahre dauern, bis Edmund McIlhenny auf Avery Island seine ersten Tabascosamen aussäte. Die Früchte waren mit großer Wahrscheinlichkeit mit den aus dem Mexikanischen Krieg zurückkehrenden amerikanischen Soldaten nach Louisiana gekommen. New Orleans war eine bedeutende Hafenstadt. Auf den dortigen Märkten wurden die Tabascofrüchte säckeweise verkauft und gehörten, wie die entsprechenden Importlisten zeigen, schon 1851 zu den regelmäßig aus Mexiko eingeführten Handelsgütern. So brachte zum Beispiel der Schoner *Manuelito* unter anderem «200 quarts Blauholz und 33 Säcke mexikanischen Pfeffer» mit. Im Dezember 1854 hatte der Schoner *Rayo* «33 Felle, 11 Ballen mexikanischen Pfeffer, 118 Stück Mahagoniholz, 800 Apfelsinen» an Bord. Es muß sich um eine beliebte Ware gehandelt haben, denn 1872 begann Manuel Gil y Saenz seine «Geschichte der Provinz Tabasco» mit den Worten: «Außer dem Tabascopfeffer haben wir...»

Maunsel White hat die Tabascosauce populär gemacht. Ihr förmliches Debüt, so heißt es, habe die Sauce bei einem Diner zu Ehren Andrew Jacksons gehabt. Whites Gäste verließen die Deer Range Plantation stets mit einem Fläschchen des scharfen Tranks, und bald wurde White mit Anfragen und Bitten überschüttet. Um die private Nachfrage befriedigen zu können, ließ er seine Sklaven Tabasco anpflanzen. Und ehe er sich's versah, war er auch schon ins Geschäft mit der Pfeffersauce eingestiegen, versorgte private Clubs, Restaurants und Apotheken. Doch betrieb er dieses Geschäft nicht aus kommerziellen Gründen. Für ihn versprach es eher Zerstreuung und Zeitvertreib. Hochgeschätzt als erfolgreicher Kaufmann und Bankier, der am Aufbau der Hauptstadt des Staates Louisiana, Baton Rouge, entscheidenden Anteil hatte, sonnte sich White im exzentrischen Flair seines Tabascogeschäfts.

Die Sauce wurde unter dem Namen Maunsel White vertrieben. Obgleich White und seine Sklaven auf der Plantage den Chili, den sie anbauten und für die Sauce verwendeten, Tabasco nannten, galt der Name des Plantagenbesitzers als zugkräftigeres Gütesiegel. Sein Sohn sagte einmal über ihn: «Erst hat er sich einen Namen gemacht, und dann hat dieser Name für ihn das Geld verdient.»

Ja, Whites Name war so eng mit dem Tabasco verbunden, daß allmählich der Eindruck entstand, der Ruf des eigenwilligen Geschäftsmanns gründe sich vollständig auf seiner Chilisauce. «Col. White hat den berühmten Tabascopfeffer bei uns eingeführt und große Mengen davon angepflanzt, um seine Nachbarn und den ganzen Staat mit seiner pikanten Sauce zu versorgen…», schrieb die in New Orleans erscheinende *Daily True Delta* am 26. Januar 1850, um gleich anschließend die Tugenden der Sauce anzupreisen:

«Ein einziger Tropfen genügt, um einem ganzen Teller Suppe oder einem anderen Gericht Aroma zu verleihen. Die Verwendung eines solchen Absuds für die Mahlzeiten arbeitender Menschen wird sich in einem Klima wie dem unseren als äußerst nützlich erweisen. Col. White hatte seit Ausbruch der Krankheit im Süden bei all seinen Negern keinen einzigen Fall von Cholera und schreibt dies dem großzügigen Einsatz seines wertvollen Mittels zu.»

Whites Sklaven lieferten die Sauce in großen «Transportflaschen» für fünf Dollar das Stück an die Lebensmittelgeschäfte. Diese füllten die Sauce in vasenförmige, etwa zwölf Zentimeter hohe Glasfläschchen um und versahen sie mit dem Etikett «Maunsel White», manchmal auch mit dem Zusatz «Tabasco Pepper Sauce». Die jährliche Auslieferung der frischen Sauce rief eine ähnlich freudige Erregung hervor wie heute bei Weinkennern die allherbstliche Ankunft des Beaujolais Primeur. In einer Ankündigung im *Daily True Delta* hieß es am 9. März 1853:

«Amateure, Connaisseure, Bonvivants – Aufgepaßt!!! – Maunsel Whites Extrakt aus Tabascopfeffer – Der Unterzeichnete hat soeben eine Lieferung der oben genannten berühmten Pfeffersauce bekommen, die er der Öffentlichkeit zu günstigen Preisen zur Verfügung stellt. – E. Monteuse, Drogist, Chartres Street, Ecke Bienville Street»

1862 starb Maunsel White. Von seinen Nachfahren kümmerte sich keiner ernsthaft um das Saucengeschäft, und bald kamen eine Reihe anderer Tabascosaucen auf den Markt. Niemand verschaffte sich allerdings einen so effektvollen Auftritt wie Edmund McIlhenny. Sein Trick bestand darin, sich die Sauce patentieren zu lassen. Das hatte White nie getan – im Gegenteil, er hatte an alle, die es haben wollten, freigebig sein Rezept verteilt, und viele der Saucen, die jetzt vertrieben wurden, waren im Grunde leichte Abwandlungen seiner Grundrezeptur. Edmund McIlhenny jedoch wollte, daß seine Sauce auf dem Markt einzigartig war. Deshalb ließ er sich 1870 nicht den bereits in ganz Louisiana gebräuchlichen Namen Tabasco patentieren, sondern seine Weise der Zubereitung. «Meine Erfindung bezieht sich auf eine neue Art der Zubereitung einer aromatischen und scharfen Sauce aus dem Chili, den man auf dem Markt unter dem Namen Tabascopfeffer kennt. Er ist so scharf wie der

Cayenne-Pfeffer, hat aber ein feineres Aroma», erklärte McIlhenny in seinem Patentantrag.

Für Chilisaucen gilt, was auf Tomaten- und Worcester-saucen nur bedingt zutrifft: Eine bestimmte Rezeptur stellt selten die große Mehrheit des Publikums zufrieden. Obgleich die Tabascosauce weltweit am meisten verbreitet ist – vor allem, was das Würzen von Drinks und Austern angeht –, haben viele Chilifans zu einer der anderen Saucen eine treue Anhänglichkeit entwickelt. Ein Beweis dafür ist die große Auswahl von Pfeffersaucen, die gegenwärtig auf dem Markt existieren. In Louisiana allein werden schätzungsweise einhundert verschiedene Chilisaucen hergestellt. Ein Sammler aus Louisiana erzählte mir stolz, in seinem Besitz befänden sich 402 Flaschen mit verschiedenen Saucen aus Mombasa und Mosambik, aus Cochabamba und Kalkutta, aus Yukatan und Jamaika, aus Kambodscha, Malaysia und Thailand. Der wichtigste Grund für die vielen verschiedenen Zubereitungen besteht wohl darin, daß der Chili die Phantasie der Menschen anregt wie kaum eine andere Frucht. Geheime Rezepturen werden ausgetauscht, bei der Zubereitung werden günstige Zeiten und Rituale beachtet. Um die Jahrhundertwende verhalfen Geschichten über die medizinische Wirkung des Chilis – als Heilmittel gegen Verdauungsprobleme, Cholera und Gelbfieber – den feurigen Saucen zu einer weiteren Verbreitung. In den Apotheken von Louisiana gehörte die Tabascosauce zu den meistverkauften Produkten.

McIlhenny hatte mächtige Rivalen. Bernard F. Trappey, der rührigste unter ihnen, brachte seine Tabascosauce 1896 heraus. 1901 kam C. P. Moss aus New Iberia mit seiner Tabascosauce auf den Markt, gleichzeitig mit Christian Shertz aus New Orleans. Die Hirsch Brothers Tobasco Company aus Louisville brachte im gleichen Jahr die Hirsch Tobasco Sauce heraus. Schon seit 1898 füllte J. O. Grevenburg in Morgan City, Louisiana, die Grevenburg's Tobasco Pepper Sauce ab; von der Louisiana Tobasco Pepper Sauce Company in Lake Charles wurde die Sunset Tobasco Sauce hergestellt. Doch auch in anderen Staaten gab es Firmen, die Tabascosaucen brauten: Francis H. Leggett & Co. in New York; McMechen Preserving Company in Wheeling, West Virginia; Redd, Murdock & Co. in Chicago; A. E. Mass in Atlanta; Gust Feist & Co. in Galveston, Texas; H. J. Heinz Co. in Pittsburgh; und schließlich Campbell Soup in Philadelphia.

Als Edmund McIlhenny 1890 starb, hatte er beachtliche Summen darauf verwandt, seiner Tabascosauce zum Durchbruch zu verhelfen. Seine Erben hatten den Eindruck, daß der Name Tabasco mit der McIlhenny Company unlösbar verbunden war. Sie wollten diesen Namen exklusiv für sich beanspruchen.

In ihren ersten Prozessen gegen die Konkurrenz brachten sie General Dudley Avery, Edmunds Schwager, ins Spiel. Er sollte die Geschichte vom Konföderiertensoldat Friend Gleason bestätigen, der Edmund die ersten Tabascoschoten gab. Am 14. November 1910 wurde der achtundsechzigjährige General in seinem Haus in Iberia Perish offiziell befragt.

> Frage: «Waren Sie anwesend, als der Soldat Ihrem Schwager die Chilischoten übergab?»
> Anwort: «Nein, Sir, aber ich erinnere mich daran, daß Edmund mir davon erzählte, als er nach Hause kam. Er zeigte mir auch die getrockneten Schoten, die er, in Papier eingewickelt, in seiner Westentasche bei sich trug. Es waren etwa ein halbes Dutzend.»

Wer war dieser geheimnisvolle Bursche, der Konföderiertensoldat Friend Gleason? Und warum hatte man ihn nicht in den Zeugenstand berufen? Vielleicht weil man ihn nie gefunden hat? Ich fragte Paul McIlhenny, der mich auf Avery Island durch den Betrieb geführt hatte, nach dem Soldaten. «Alles, was man von ihm weiß, ist sein Name: Friend Gleason», sagte er und fügte hinzu, er habe versucht, dem Mann auf die Spur zu kommen. Er zeigte mir einen Brief, den er kürzlich bekommen hatte. «Man braucht es ja nicht wörtlich zu nehmen, aber der Name und das Datum machen Sinn», sagte er.

Der Brief war am 28. April 1988 von einem gewissen Harvey G. Gleason, angeblich Friend Gleasons Enkel, geschrieben worden. Darin hieß es:

> «Ich habe die Genealogin in der Familie, meine Tante Helen Kingsley aus Alexandria, befragt, und sie zweifelt stark daran, daß jemand mit dem Namen Friend Gleason in den vierziger Jahren des letzten Jahrhunderts auf Avery Island gewesen sein könnte...
>
> Von allen Gleasons käme wohl am ehesten noch Cyrus King Gleason in Frage, der aus der mexikanischen Gefangenschaft fliehen konnte, nachdem er sich unter der Gefängnismauer hindurchgegraben hatte. Er ging an Bord eines Schiffes und kam im Juni 1844 in New York an... Womöglich wollte er, nachdem er glücklich aus Mexiko entkommen war, nie wieder einen Chili sehen und ließ alle Früchte, die er bei sich hatte, auf Avery Island zurück.»

Weder der Name noch das Datum machten Sinn, denn Edmund McIlhenny säte seinen ersten Tabascosamen erst zwanzig Jahre später aus, und außerdem war völlig ungeklärt, ob das Schiff nach New York, auf dem sich Cyrus King Gleason befand, überhaupt den Hafen von New Orleans angesteuert hatte. Wie auch immer, die Familie McIlhenny versicherte immer wieder, die aus den Chilischoten des geheimnisvollen Friend Gleason gezogenen Pflanzen hätten sich völlig anders entwickelt als ihre Vorfahren in Mexiko. Innerhalb weniger Jahre seien sie größer, röter und saftiger geworden, behaupteten die McIlhenny-Erben. Für den Fall, daß die Gerichte ihnen nicht glaubten, stand John McIlhenny, der Sohn des Gründers, als Zeuge bereit. Er sagte, er sei 1890 nach

Mexiko gereist, um Tabasco zu besorgen, weil die Ernte seines Vaters im Vorjahr fast völlig ausgefallen war. Trotz aller Bemühungen habe er keinen Chili gefunden, der dem auf Avery Island angebauten Tabasco geähnelt hätte:

«Als erstes reiste ich nach Mexiko City und unterzog die dortigen Märkte einer sorgfältigen Prüfung. Ich fand keinen Chili, der mit unserem Tabasco vergleichbar gewesen wäre... Von Mexiko City aus reiste ich weiter nach Oaxaca, und als ich auch dort keinen geeigneten Chili fand, fuhr ich weiter bis nach Chiapas... Anschließend besuchte ich den Staat Tabasco, reiste sogar in die Hauptstadt, San Juan Batista. Schließlich kehrte ich in die Vereinigten Staaten zurück, ohne eine einzige Schote gefunden zu haben, die unserem Tabasco entsprochen hätte. Ich kann bezeugen, daß es 1890 im Staat Tabasco keinen Chili dieses Namens gab.»

Die McIlhenny-Erben ließen auch führende Botaniker antreten, die ihnen beipflichteten und dabei völlig übersahen, daß der Firmengründer selbst in seiner Patentanmeldung aus dem Jahre 1870 eingeräumt hatte, seine Sauce werde aus einem Chili gemacht, «den man auf dem Markt unter dem Namen Tabascopfeffer kennt». (Seine Nachfahren zogen sich später auf den Standpunkt zurück, Edmund McIlhenny sei bei der Patentanmeldung ein Irrtum unterlaufen. In Wirklichkeit habe er nicht den «Tabascopfeffer», sondern den damals tatsächlich weitverbreiteten «Bird Pepper» gemeint.) Auch die Existenz von Fachzeitschriften in der Library of Congress, die Maunsel White bereits 1850, also zwanzig Jahre vor Edmund McIlhennys Patentantrag, wegen des Anbaus von Tabascopflanzen lobend erwähnten, übersahen die Wissenschaftler.

«Die Varietät, die wir heute Tabasco nennen, hat ihren Ursprung unzweifelhaft in der von Mr. McIlhenny in New Iberia angebauten Chilisorte», erklärte Lyster H. Dewey, ein

Botaniker vom US-Landwirtschaftsministerium, am 7. Februar 1901. Unterstützung kam auch von einem der führenden Botaniker jener Zeit, H. C. Irish vom Missouri Botanical Garden. 1898 hatte Irish *A Revision of the Genus Capsicum* geschrieben, die erste umfassende Klassifikation der Gattung *Capsicum*. Er bestätigte vor Gericht, daß er in seinem Buch Dr. E. L. Sturtevant vom New York Botanical Garden als Quelle für den Namen Tabasco angegeben und Dr. Sturtevant den Chili nach McIlhennys gleichnamiger Sauce benannt habe. Irish sagte außerdem aus, daß er in der großen Bibliothek seines botanischen Gartens, die er als «eine der besten Bibliotheken im ganzen Land» bezeichnete, keinen früheren Hinweis auf einen Chili namens Tabasco habe finden können. Es ist durchaus möglich, daß Edmund McIlhenny seine ersten Chilischoten von dem geheimnisvollen Soldaten namens Friend Gleason bekam. Ebensogut möglich ist aber auch, daß er die Schoten auf einem der Gemüsemärkte in New Orleans erstand, die regelmäßig mit Tabasco beliefert wurden, und erst später, um sich einen kommerziellen Vorteil zu verschaffen, die Geschichte mit dem Soldaten erfand.

Es ist auch möglich, daß er die Schoten mitsamt dem Rezept von keinem anderen bekam als dem freigebigen Maunsel White höchstpersönlich. Edmunds Schwager, General Avery, kannte White gut und war regelmäßig auf dessen Plantage zu Gast. Sallie Huling kehrte zu der Zeit, als Edmund mit der Herstellung seiner Sauce begann, häufig auf der Deer Range Plantation ein, um die Whites und ihre vier Kinder zu besuchen. Später sagte sie, sie habe während einer ihrer Besuche gehört, «ein Mr. McIlhenny sei nach Deer Range gekommen und Maunsel White habe ihm eine Handvoll Schoten und das Rezept für seine Sauce» gegeben.

1905 oder 1906 – da war sich Sallie Huling nicht mehr ganz sicher – sei Edmunds Witwe, Mary McIlhenny, von New Iberia nach New Orleans gereist, um Maunsel Whites Witwe in New Orleans zu besuchen. Mrs. McIlhenny, die den gewaltigen Aufschwung der Firma ihres Mannes miterlebt und wahrscheinlich keinen Grund hatte, die Legende um die Firmengründung anzuzweifeln, wollte aus erster Quelle erfahren, wer tatsächlich den Namen Tabasco erfunden hatte. «Als Mrs. White ihr die Wahrheit sagte», gab Sallie Huling vor Gericht an, «hat sie geweint.»

Vor Gericht kam die ganze Kontroverse, als McIlhenny versuchte, den Namen Tabasco im amtlichen Register geschützter Warenzeichen eintragen zu lassen. Der 1905 vom Kongreß in Washington erlassene Trademark Act ließ die Registrierung von Produkten zu, die seit mindestens zehn Jahren exklusiv von einer Firma hergestellt wurden. Kaum hatte McIlhenny die Registrierung erwirkt, beantragte Bernard F. Trappey, der Gründer von Trappey's Sons, beim US-Patentamt in Washington, McIlhennys Eintrag zu streichen. Das Patentamt teilte ebenso wie später auch das Berufungsgericht in Washington Trappeys Argument, daß «Tabasco» nicht nur der Name eines mexikanischen Bundesstaates, sondern auch der Name einer allseits bekannten Chilisorte sei und daher nicht von einer Firma exklusiv beansprucht werden könne.

In noch größere Schwierigkeiten brachte McIlhenny der Antrag auf Registrierung des Warenzeichens. Um die Bestimmungen des neuen Gesetzes zu erfüllen, hatte die Firma behauptet, in den letzten zehn Jahren vor 1905 der einzige Hersteller von Tabascosauce gewesen zu sein. Das entsprach natürlich nicht der Wahrheit, denn in dem Zeitraum hatte es fast ein Dutzend andere Hersteller gegeben. Die falsche Angabe kam ans Tageslicht, als Trappey vor das oberste Gericht des Staates Louisiana zog, weil McIlhenny in einem «Informationsschreiben» an den Lebensmittelgroßhandel und die Gastronomie behauptet hatte, das exklusive Recht an dem Namen «Tabasco» erworben zu haben. Gegen die McIlhenny Company wurde eine Strafe von 5000 Dollar verhängt, und in der Urteilsbegründung wurde die Täuschung des Patentamts ausdrücklich mißbilligt. Politische Bedeutung erlangte die Affaire, weil die falsche Angabe ausgerechnet von John McIlhenny, dem Sohn des Firmengründers, unterzeichnet worden war. John war zu der Zeit als hoher Regierungsbeamter in Washington tätig. (Er hatte sich Teddy Roosevelts berühmter Kompanie der Rough Riders angeschlossen, die Saucenfirma 1906 seinen Brüdern überlassen und als erstes Mitglied der Südstaatenfamilie den Treueid auf die Vereinigten Staaten geschworen.) Der Vorgang um die falsche Angabe beim Patentamt wurde Präsident Roosevelt zur Kenntnis gebracht, der seinerseits einen Berater damit beauftragte, der Sache nachzugehen.

Um sich «von dem moralischen Vorwurf der vorsätzlichen Täuschung zu entlasten», gestand John McIlhenny seinen «schweren Fehler» ein und schob gleichzeitig die Schuld seinen Anwälten zu. Er sagte, er habe sich «gegen die eigene Überzeugung auf Anraten meiner Anwälte zu einer Falschaussage hinreißen lassen».

Rückschläge wie dieser hielten die McIlhenny-Erben jedoch nicht davon ab, ihre Konkurrenten auch weiterhin gnadenlos zu bekämpfen. Gust Feist aus Texas war eines ihrer nächsten Angriffsziele.

Feist stammte aus New Orleans, war also mit den in Louisiana so beliebten scharfen Saucen bestens vertraut. Nach Texas umgezogen, verwandte er mehrere Jahre darauf, eine Tabascosauce zu entwickeln, bei der sich auch nach längerer Zeit das Fruchtfleisch in der Flasche nicht von der Flüssigkeit absetzte. Im Herbst 1895 kam seine Neuentwicklung auf den Markt, und im darauffolgenden Jahr war sie auch schon auf den Tischen zahlreicher texanischer Hotels und Restaurants zu finden. Zufällig war Mary McIlhenny für einige Tage in einem dieser Hotels abgestiegen. Feist erinnerte sich, in seiner Fabrik von einer «geheimnisvollen Lady» besucht worden zu sein, die sich selbst als begeisterte Kundin vorstellte. Erst später dämmerte ihm, daß es sich bei dem charmanten Damenbesuch um keine Geringere gehandelt hatte als um Mary McIlhenny höchstpersönlich. Kurz darauf warfen ihm die Anwälte der Familie die angeblich illegale Verwendung des Namens «Tabasco» vor. Gleichzeitig reduzierte McIlhenny ganz gezielt seine Preise, um Feist das Geschäft in Texas kaputtzumachen. Der wütende Feist schrieb daraufhin:

...Nach all den Jahren harter Arbeit an meiner Tabascosauce beabsichtige ich keineswegs, mich freiwillig vom Markt zurückzuziehen oder mich gar von anderen vertreiben zu lassen. Eher werde ich, wenn man mich dazu zwingt, meine Preise halbieren... Genauso wie jeder andere freie Mensch habe ich das Recht, Tabascosauce herzustellen, sie bei ihrem Namen zu nennen und auch unter diesem Namen zu verkaufen...

McIlhenny erhob Anklage gegen Feist. Doch das Bezirksgericht in Galveston weigerte sich, den McIlhenny-Erben das «exklusive Gebrauchs- oder Eigentumsrecht an dem Namen Tabasco» zuzusprechen, und wies wieder einmal darauf hin, daß es sich dabei nicht nur um den Namen eines mexikanischen Bundesstaates, sondern auch um den einer bekannten Chilisorte handele.

Der Fall nahm dennoch eine merkwürdige Wendung. McIlhenny zahlte Feist 2500 Dollar für seine durch das günstige Gerichtsurteil gewonnenen «Rechte an dem Wort Tabasco». Im Gegenzug erklärte sich Feist bereit, die Tabascosauce aus seiner Produktpalette herauszunehmen. Diese Übereinkunft war für Feist durchaus vorteilhaft, denn er war von der Sauce nicht abhängig. Für die McIlhenny Company dagegen stand oder fiel mit der Tabascosauce das gesamte Geschäft.

Doch nicht nur Saucenhersteller, auch Restaurants nahm McIlhenny aufs Korn, darunter zum Beispiel das Whyte's Restaurant in der Fulton Street in New York City. Als Edward McIlhenny dort am 26. Februar 1914 zu Mittag aß und nach Tabascosauce fragte, brachte man ihm eine Sauce aus Louisiana, die nicht sein Vater, sondern ein gewisser Lowell

Gaidry hergestellt hatte. McIlhenny verklagte den Restaurantbesitzer wegen «Verbreitung eines illegalen Produkts». Gaidry, der Hersteller, versprach dem Restaurantbesitzer seine Unterstützung, zog sich aber in letzter Minute aus taktischen Gründen zurück: Er wollte McIlhenny lieber auf heimatlichem Boden in New Orleans bekämpfen. Ohne Gaidrys Rückendeckung hatte Whyte's kaum eine andere Wahl, als sich schriftlich zu verpflichten, künftig keine Tabascosauce mehr zu servieren, die nicht von der McIlhenny Company stammte.

Whytes Kapitulation in New York und Feists Einlenken in Texas mußten zwangsläufig den Eindruck erwecken, als würde sich McIlhenny mit dem Anspruch auf den Tabasco allmählich durchsetzen. Tatsächlich verschickte die McIlhenny Company Rundschreiben an den Großhandel, in denen behauptet wurde, zwei Gerichte hätten ihr Recht auf den Namen Tabasco anerkannt. Das versetzte Gaidrys Kunden in Panik. «Bitte keine Tabascosauce mehr, Brief folgt», telegrafierte Sprague, Warner & Co. am 26. Mai 1915 aus Chicago. Und Corbett & Schmitt, eine Vertretung verschiedener Hersteller in New York, schrieb, einer der angeschlossenen Großhändler habe «vier bis fünf Kisten Tabascosauce von Gaidry auf Lager», wage es aber nicht, sie zu verkaufen.

So leicht war Lowell Gaidry aber nicht kleinzukriegen. Seine Sauce genoß einen beachtlichen Ruf und war auch außerhalb Louisianas bekannt. 1914 verpflichteten sich die Anlieger eines neuen Industrieparks in Atascadero, Kalifornien, 100 000 Flaschen seiner Tabascosauce zu verkaufen, und luden ihn ein, in den Industriepark zu ziehen. Und selbst die Zeitschrift *Woman's National Weekly* griff den Fall auf und rief ihre Leserinnen in dicken Schlagzeilen dazu auf, «nicht nur selbst mindestens eine Flasche der köstlichen Sauce zu kaufen, sondern auch Lebensmittelhändler zu drängen, gleich ein Dutzend Flaschen oder auch mehr zu bestellen und sich für deren Verkauf einzusetzen».

Gaidry wagte viel, als er gegen McIlhenny vor das Bezirksgericht in New Orleans zog. Doch er gewann den Prozeß. Richter Rufus E. Foster kam zu dem Schluß, daß Gaidry durch McIlhennys falsche Behauptungen finanziell geschädigt worden sei und McIlhenny seine Kunden systematisch eingeschüchtert habe. Der Richter sprach Gaidry eine Entschädigung von 1000 Dollar plus Zinsen zu.

Nach all diesen Rückschlägen hätte man erwarten können, daß die Familie McIlhenny ihre Waffen strecken und von nun an versuchen würde, sich allein durch die Qualität ihrer Sauce auf dem Markt durchzusetzen. Doch die McIlhenny-Erben zogen unbeirrt von einem Gericht zum nächsten, vor allem in Louisiana, wo Edmunds Schwiegervater einmal Bezirksrichter gewesen war. Und in den frühen zwanziger Jahren wendete sich dann auch ganz unerwartet ihr Glück.

McIlhenny behauptete inzwischen, die Tabascosauce sei zwar kein eingetragenes Warenzeichen, doch habe die Firma durch die jahrzehntelange Verwendung des Namens eine Art exklusives Gewohnheitsrecht verdient. Der entscheidende Durchbruch gelang mit der überraschenden Entscheidung des Bundesberufungsgerichts, den Namen «Tabascosauce» mit McIlhennys Sauce gleichzusetzen und die von Richter Foster verhängte Strafe von 1000 Dollar in eine Entschädigung für McIlhenny umzuwandeln. Das Gericht, über dem nur noch der Oberste Gerichtshof der Vereinigten Staaten steht, kam zu dem Schluß, McIlhennys Anspruch bestehe im «guten Glauben des Gewohnheitsrechts» und die Firma könne nicht für Schäden verantwortlich gemacht werden, die durch die bloße Information über diesen Anspruch entstanden seien. Andere Hersteller, die ihre Produkte als «Tabascosauce» bezeichneten, machten sich nach diesem Gerichtsurteil des unlauteren Wettbewerbs schuldig.

Bernard F. Trappey, der von diesem Urteil unmittelbar betroffen war, wandte sich ratsuchend an seine Anwälte. Sie hatten wenig Hoffnung, daß es zu einer Korrektur des Urteils kommen könnte. «Es ist höchst unwahrscheinlich, daß ein so hohes Gericht wie das Bundesberufungsgericht in einer so einfachen Frage wie dem unlauteren Wettbewerb einen Fehler eingestehen wird», schrieben sie ihrem Mandanten und rieten ihm zu einem Kompromiß.

Aber es sei noch nicht alles verloren, trösteten sie ihn im gleichen Schreiben. Schließlich habe das Gericht McIlhennys Konkurrenten nicht völlig versagt, das Wort «Tabasco» zu benutzen, sondern nur die Bezeichnung «Tabascosauce» geschützt. Daher gebe es andere Möglichkeiten, die Flaschen zu etikettieren, er könne sogar «Sauce aus Tabasco» darauf schreiben.

Doch Bernard F. Trappey war nicht bereit, klein beizugeben. Schließlich war er nicht durch Feigheit so weit gekommen. Seine berufliche Laufbahn hatte er als Schmied bei Edmund McIlhenny begonnen. Eines Tages hatte er Avery Island mit einer Tasche voller Tabascofrüchte verlassen und beschlossen, seine eigene Sauce herauszubringen. Er konnte keinen so illustren Stammbaum vorweisen wie die McIlhennys, doch in der Gegend um Avery Island wurde ihm deshalb nicht weniger Respekt gezollt. Er war bereit, in der Sache bis zum Obersten Gerichtshof zu gehen, und beschloß, dem Bundesberufungsgericht zu trotzen – eine Mißachtung, die ihm das Gericht übelnahm und die letztendlich zu seinem Untergang beitrug.

Andere Gerichte, bei denen Prozesse gegen Konkurrenten der McIlhenny Company anhängig waren, zeigten sich irritiert darüber, daß Trappey sein Produkt auch weiterhin als «Tabascosauce» vermarktete und dafür auch unter dieser Bezeichnung auf einer großen Reklametafel vor seiner Fabrik in Jeanerette warb. In einer seltsamen Umkehrung des eigenen Standpunkts entschied Richter Rufus E. Foster, Trappey würde «auf Kosten» McIlhennys Geschäfte machen, und brummte ihm eine Strafe von 5073 Dollar auf. Etwa zur gleichen Zeit verhängte ein anderes Gericht in Louisiana gegen den Saucenhersteller Edward Bulliard eine Strafe von 5000 Dollar. Bulliard hatte seine Sauce gemäß einer 1926 getroffenen Vereinbarung als «Würzsauce, aus Tabasco hergestellt» etikettiert, weigerte sich jedoch, den von McIlhenny gewünschten Zusatz auf seine Etiketten zu drucken: «Nicht zu verwechseln mit der Original-Tabascosauce, die seit vielen Jahren von der McIlhenny Company hergestellt wird.»

Trappey zählte weiterhin auf den Obersten Gerichtshof der USA, doch dieser lehnte es ab, sich überhaupt mit der Klage zu befassen, da keine ausreichende Anzahl von Bürgerinnen und Bürgern der Vereinigten Staaten davon betroffen sei. Da er die Entscheidung des Bundesberufungsgerichts in Louisiana mißachtet und keine Chance auf Revision hatte, steckte Trappey nun endgültig in der Klemme.

Die McIlhenny Company, die von den Gerichten in Louisiana mehr und mehr als Opfer angesehen wurde, zeigte sich zu keinen Zugeständnissen bereit und setzte zum Todesstoß an. Ihre Anwälte schrieben Trappey, sie würden darauf hinwirken, daß er den Namen Tabasco überhaupt nicht mehr verwenden dürfe, aus dem «rein praktischen Grund, daß man überall, wo man Tabascosauce verlange, das Produkt der McIlhenny Company verkauft oder serviert bekomme.» Fast schon spöttisch fügten die Anwälte hinzu, daß es sicherlich kein Problem sei, von diversen Restaurantbesitzern entsprechende eidesstattliche Erklärungen zu bekommen. «Wenn Sie ein entsprechendes Gerichtsurteil vermeiden möchten, steht unsere Mandantin jederzeit für Verhandlungen bereit», schrieben McIlhennys Anwälte.

Der fast fünf Jahrzehnte während Krieg gegen McIlhenny hatte Bernard F. Trappey zermürbt. Ein großer Teil der Rücklagen seiner Firma war verbraucht. Im Mai 1926 trat die Citizens Bank in Jeanerette, bei der Trappey verschiedene Konten hatte, in Liquidation. «Alle Anzeichen sprechen dafür, daß die Geschäfte der Bank sehr nachlässig geführt wurden; Geld wurde ohne ausreichende Sicherheiten verliehen, und in manchen Fällen wurden sogar Gesetze gebrochen», schrieb Trappey an seinen Anwalt in New Orleans. «Könnte dies irgendwelche Auswirkungen auf unsere laufenden Verfahren haben?» Er versuchte verzweifelt, die gerichtlich gegen seine Firma verhängten Strafen irgendwie abzuwenden.

Auch die Trappey-Erben schreckten davor zurück, noch mehr Geld auszugeben, um den Kampf fortzusetzen. Trappey hatte erwogen, sich mit anderen Saucenherstellern zusammenzuschließen, um öffentliche Unterstützung zu werben und dem Obersten Gerichtshof auf diese Weise zu zeigen, daß der Tabasco in Wirklichkeit eine große Anzahl von Menschen betraf. Offenbar stieß er mit diesem Plan in seiner eigenen Familie auf Widerspruch. Jack Blenderman, der frühere Geschäftsführer der Firma, sagte mir: «Trappeys Nachkommen waren zur Sicherung ihres Lebensunterhalts auf die Firma angewiesen. Sie wollten nicht noch mehr Geld auf die Tabascosauce verschwenden. Schließlich produzierten sie noch Dutzende von anderen Produkten. Die Tabascosauce war nur eines davon.»

Schließlich unterzeichneten sie eine Vereinbarung, in der sie auf den Namen Tabasco ein für allemal verzichteten. Ihre Sauce wurde damit zu «Trappey's Pepper Sauce».

Der juristische Siegeszug der McIlhenny Company hat andere jedoch nicht völlig davon abbringen können, Tabascosaucen auf den Markt zu bringen. Die meisten davon sind offensichtliche Trittbrettfahrer, die sogar McIlhennys bekannte Flasche bis ins letzte Detail kopieren. In seinem Büro zeigte mir Edmund McIlhenny junior, der Urgroßenkel des Firmengründers, seine Sammlung von Imitaten. Neun Flaschen sind ordentlich auf seinem Schreibtisch aufgereiht, in einem alten chinesischen Schrank stehen sechs weitere. Die meisten sehen McIlhennys Flasche zum Verwechseln ähnlich, haben das gleiche rautenförmige Etikett, die konzentrischen Kreise, den achteckigen roten Deckel, die grüne Halskrause. «Alles Raubkopien», sagte Edmund. Sie stammten aus Indien, Zaire, Japan, Kolumbien, der Türkei, Mexiko, Louisiana und Tennessee. «Zumindest finden uns die Leute nachahmenswert. Aber daß ich eine Familie zu ernähren habe, daran denkt wohl niemand!»

Die immer größer werdende Zahl von Nachahmern läßt den Justitiar der Firma nicht ruhen. Er arbeitet eng mit zwei Anwaltskanzleien zusammen, die sich auf diese Probleme spezialisiert haben, die eine auf nationaler, die andere auf internationaler Ebene. Wie seine Vorfahren gehe er, wenn er auf Reisen sei, in Supermärkte und Lebensmittelgeschäfte, erzählte er mir. Ähnele eine Flasche auch nur entfernt der von McIlhenny, kaufe er sie und leite eine Untersuchung ein. «Wir haben nichts gegen Wettbewerb. Wir sagen nur: Bitte keine Geschäfte auf unsere Kosten. Unsere Sauce hat keine geheimen Zutaten, sie besteht aus Chili, Essig und Salz. Es ist keine Kunst, sie nachzumachen. Aber ohne den Namen Tabasco verkauft sie sich nicht.»

Wer gegen die von McIlhenny gesetzten Regeln verstößt, bekommt den Zorn der Firma mit voller Wucht zu spüren. Doch man muß kein Saucenhersteller sein, um diesen Zorn auf sich zu ziehen. Das zeigt schon der Fall von Ms. Evangeline Tabasco aus New York City.

1979 bekam Ms. Tabasco einen Brief von Paul McIlhenny:

Würden Sie wohl so freundlich sein, uns über die Herkunft Ihres Namens Auskunft zu geben? Stammen Sie oder Ihre Vorfahren möglicherweise aus St. Martinville, Louisiana? Sie wissen sicherlich, daß der Name Tabasco, wenn er sich auf ein Lebensmittel bezieht, ein geschütztes Warenzeichen ist und nur von unserer Firma geführt werden darf. Uns ist bekannt, daß ein Bundesstaat, ein Fluß und mehrere Ortschaften in Mexiko diesen Namen tragen, doch als Personenname ist er uns noch nicht begegnet. Für eine baldige Antwort wären wir Ihnen sehr dankbar.

Ms. Tabasco war, wie sich herausstellte, der Künstlername von Sam Wiener, einem auf Collagen spezialisierten Aktionskünstler. Doch wie kam er auf die Idee, sich ausgerechnet Evangeline Tabasco zu nennen? Er stamme, schrieb Sam Wiener, tatsächlich aus Louisiana, und der Name habe sich «ganz natürlich aus der Evangeline-Sauce und der Tabasco-Sauce, den beiden herausragenden Produkten dieses Staates, ergeben…»

Die Antwort darauf kam natürlich nicht von Paul McIlhenny, sondern von seinem Anwalt, Julius R. Lunsford junior, dessen Kanzlei sich auf Wirtschaftsrecht spezialisiert hat. «Der Gebrauch des Warenzeichens unserer Mandantin ist sowohl unlauter als auch illegal…», schrieb Lunsford.

Es entspann sich ein längerer Briefwechsel, ohne daß der Streit endgültig geklärt werden konnte:

Ihr Brief erinnerte mich an meinen Freund Willie Philadelphia, den ich vor einiger Zeit aus den Augen verloren habe. Die Firma Kraft war damals in den Jahren gleich nach dem Krieg mächtig sauer auf ihn und wollte ihn überreden, seinen Namen zu ändern. Vielleicht können Sie sich daran erinnern, daß Willie damals als Fahnenstangenbesetzer traurige Berühmtheit erlangte. Jedenfalls ist der Fall nie vor Gericht gekommen. Als die Stadt Philadelphia anbot, ihre gesamte Anwaltschaft für Willie ins Feld zu schicken, hat Kraft einen Rückzieher gemacht.
– Tabasco

…Wir möchten Ihnen ins Gedächtnis rufen, daß das Ereignis, auf das Sie sich beziehen, vor Inkrafttreten des heute gültigen Gesetzes zum Schutz eingetragener Warenzeichen stattfand… Wir hoffen auf Ihre Bereitschaft, die Interessen unserer Mandantin zu respektieren, und wür-

den uns freuen, wenn sie sich entschließen könnten, einen Namen anzunehmen, der nicht fälschlicherweise mit der McIlhenny Company in Verbindung gebracht werden kann...
– Lunsford junior

...Wenn Sie meine Kunstwerke gesehen hätten, anstatt sich einzig und allein auf meinen Namen zu fixieren, würden Sie sicherlich verstehen, daß letztendlich nur das Gesamtkunstwerk zählt. Wie schon Will Shakespeare sagte: «Was ist ein Name? Was uns Rose heißt / wie es auch hieße, würde lieblich duften»...
– Tabasco

Lieber Mr. Wiener oder Ms. Tabasco... Ihr Zitat aus Romeo und Julia ist sehr interessant, aber das Zitat aus Othello ist noch viel bedeutender. Vielleicht erinnern Sie sich? Dort heißt es: «Wer meine Börse stiehlt... der raubt mir das / Was ihn nicht reicher macht, mich aber bettelarm»...
– Lunsford junior

Als Walter Greenleaf, Professor für Gartenbau an der Auburn University in Auburn, Alabama, mit McIlhenny in Konflikt geriet, gestaltete sich der Gedankenaustausch nicht ganz so geistreich – im Gegenteil, er war ziemlich feindselig.

Es ging um eine neue Varietät des Tabasco-Chilis, die der Professor 1970 gezüchtet hatte; er nannte seine Züchtung Greenleaf Tabasco. McIlhenny wollte durchsetzen, daß der Chili entweder ganz vom Markt verschwand oder einen völlig neuen Namen bekam.

Ursprünglich war McIlhenny sogar ganz begeistert von Professor Greenleafs neuer Varietät, die, anders als alle anderen Tabascosorten, gegen das gefährliche Tabak-Ätzmosaikvirus resistent war. Professor Greenleaf war dieser Züchtungserfolg eher zufällig gelungen. Er hatte versucht, einen resistenten Tomatenpaprika zu züchten. Da der Tabasco vom Ätzmosaikvirus besonders verheerend getroffen wird, beschloß er, das Virus und seine Auswirkungen zunächst am Beispiel des Tabascos zu studieren.

Von einem bei Campbell Soup arbeitenden Pflanzenpathologen hatte er erfahren, daß es in Peru einen Chili der Art *Capsicum chinense* gibt, der aufgrund seiner genetischen Ausstattung gegen das Virus resistent ist. Er beschaffte sich diesen Chili und stellte fest, daß der Tabasco das entsprechende Gen sehr viel rascher akzeptierte als der Tomatenpaprika. Angesichts der Tatsache, daß es ungeheuer schwierig ist, ein ganz bestimmtes Gen auf eine andere Pflanze zu übertragen, wurde sein Zufallserfolg in der Chili-Industrie als regelrechte Sensation gefeiert. Auch die McIlhenny Company hörte davon, sandte ihre Topmanager zu Professor Greenleaf und bot ihm für den Abschluß seiner Arbeit finanzielle Unterstützung an. Es dauerte zehn Jahre, bis schließlich durch sorgfältige Zuchtarbeit ein dauerhaft resistenter Tabasco entstanden war. Für die McIlhenny Company hätte dies ein Grund zum Feiern sein können – doch sie hatte nicht bedacht, daß Professor Greenleaf nach den gängigen wissenschaftlichen Gepflogenheiten das Recht hatte, seinen Chili «Greenleaf Tabasco» zu nennen. Mehr noch: Professor Greenleaf und sein Team berichteten in einer zehnseitigen Hochglanzbroschüre, die im Dezember 1970 von der Auburn's Agricultural Experiment Station veröffentlicht wurde, von ihrem Forschungserfolg.

Das versetzte, wie mir Professor Greenleaf erzählte, die Leute von McIlhenny erst recht in Rage, denn alles, was ein aus Steuergeldern finanziertes landwirtschaftliches Institut in den USA veröffentlicht, wird automatisch öffentliches Eigentum. «Da McIlhenny kein Exklusivrecht an dem Tabasco erzwingen konnte, wollten sie, daß ich ihn ‹Greenleaf Chili› nenne und das Wort ‹Tabasco› weglasse. In einem Brief schrieb mir ein hoher McIlhenny-Manager: ‹Auf diese Weise könnten Sie Ihren Namen mit der Neuentwicklung verbinden, ohne mit unserem Warenzeichen in Konflikt zu geraten. Für die wissenschaftliche Ehre, die Ihnen selbstverständlich gebührt, ist doch letztendlich unerheblich, ob es um Tabasco oder ganz allgemein um Chili geht.›»

McIlhennys Interesse lag auf der Hand: Plötzlich gab es einen Tabasco, der dem Zugriff der Firma entzogen war. Welchen Anspruch sollte die Company auf einen Tabasco erheben, der sich genetisch von dem angeblich so einzigartigen, vom Firmengründer Edmund McIlhenny gezogenen Tabasco unterschied? Selbst der Name «Tabascan», den Professor Greenleaf schließlich als Kompromiß vorschlug, traf nicht auf McIlhennys Zustimmung. «Wie Sie sich vorstellen können, würde ein Saucenhersteller, der ein Wort wie ‹Tabascan› auf sein Etikett druckt, das geschützte Warenzeichen unserer Firma aushöhlen und uns dazu zwingen, kostspielige rechtliche Maßnahmen einzuleiten. Wir appellieren daher an ihr Rechtsgefühl», schrieb die McIlhenny Company.

Ich fragte den inzwischen emeritierten Professor, warum er seine neue Varietät nicht einfach «Greenleaf Chili» genannt habe.

«Warum hätte ich das tun sollen?» fragte er zurück. «Es ist ein Tabasco.»

Als klar wurde, daß Greenleaf auf seinem Standpunkt beharrte, drohte McIlhenny damit, sowohl ihn als auch die Universität zu verklagen. «Die Anwälte der Firma schickten eine wahre Flut von bösen Briefen», erzählte er mir. «Und was tat die Universitätsleitung? Anstatt mich zu unterstützen, warfen sie mir vor, den guten Ruf der Universität aufs Spiel zu setzen. Die Atmosphäre wurde immer feindseliger, aber ich hatte eine feste Anstellung, deshalb konnten sie mich nicht einfach hinauswerfen.» Die Anwälte der Auburn University lehnten es ab, zu der Sache Stellung zu nehmen.

«Erst als der Fall an die Staatsanwaltschaft ging, beruhigte sich die Lage wieder», sagte Professor Greenleaf. Inzwischen hatte Dr. Charles B. Heiser, Professor der Botanik an der

Indiana University in Bloomington, von McIlhenny den Auftrag bekommen, in den Regeln zur Internationalen Nomenklatur von Kulturpflanzen nach einem Schlupfloch zu suchen, durch das sich Greenleafs Namensgebung umgehen ließe. «Da der Name ‹Greenleaf Tabasco› unter völlig korrekten Umständen bereits publiziert worden ist, müssen wir, fürchte ich, damit leben», informierte Dr. Heiser seine Auftraggeber.

Professor Greenleaf verkauft den Samen seiner Züchtung heute an verschiedene Firmen und bereitet für sich und seine Freunde aus den Früchten eine Sauce zu. «Ich will den Greenleaf Tabasco am Leben erhalten», sagte er mir.

Aber er hatte auch noch einen kleinen Epilog zu der ganzen Geschichte bereit: Einige Jahre nach seiner Auseinandersetzung mit der McIlhenny Company bekam er Besuch von einem «Unterhändler» der Saucenfirma. Diesmal ging es nicht darum, einen neuen Krieg zu entfesseln; der Besucher bat um einige Samen des Greenleaf Tabasco, und Professor Greenleaf erfüllte ihm seine Bitte.

«Der Mann sagte mir, McIlhenny brauche den Samen dringend, weil das Virus sonst alle Tabascopflanzen in Louisiana vernichten würde», sagte Professor Greenleaf. «Und ohne Tabascopflanzen kann es auch keine Tabascosauce mehr geben.»

8
Der schärfste Chili der Welt

In Mexiko gibt es mehr Chilisorten als irgendwo sonst auf der Welt, und die verschiedensten Möglichkeiten ihrer Zubereitung kennzeichnen die mexikanische Küche. Bei diesem reichen Angebot haben viele eine tiefverwurzelte Treue zu der einen oder anderen Sorte entwickelt, und in manchen Fällen haben die jeweiligen kulinarischen Vorlieben sogar zu regelrechten Kämpfen geführt, die entlang geographischer oder genealogischer Fronten verlaufen.

Als gutes Beispiel bietet sich der Habanero an. Er hat in etwa die Größe und Form einer Walnuß und ist der schärfste Chili, den wir heute kennen. Eine weitere Eigenheit ist sein unverkennbarer Duft. In Mexiko reklamieren ihn die Mayas für sich. Der Habanero wächst fast ausschließlich auf der südmexikanischen Halbinsel Yukatan, dem angestammten Gebiet der Mayas. Auf alle anderen Chilisorten schauen die Mayas so verächtlich herab wie auf die herrschende Schicht europäischstämmiger Mexikaner, das Vermächtnis der spanischen «Entdeckung» der Neuen Welt. Diese «Neuankömmlinge» ziehen den sanftmütigeren Jalapeño und den Serrano vor.

«Für mich ist er in Mexiko noch immer ein Außenseiter», sagte mir José Antonio Laborde, ein anerkannter Chili-Experte am Instituto Nacional de Investigaciones Agrícolas (INIA), als ich ihn nach seiner Meinung über den Habanero fragte. Und für den Fall, daß ich seine Worte nicht verstanden hatte, verfiel der weltgewandte Wissenschaftler europäi-

213

scher Abstammung in wilde Zuckungen und abenteuerliche Grimassen. Er sprach von der großen Popularität des Jalapeño, der für Nichtmexikaner fast so etwas wie ein Symbol des Landes geworden ist. Der dunkelgrüne, etwa fünf Zentimeter lange, leicht kegelförmige Chili verleihe vielen mexikanischen Gerichten einen scharfen Biß. Und auch der «schöne, knackige Serrano», ein schlanker, spitz zulaufender, etwa vier Zentimeter langer Chili, schmecke köstlich und angenehm scharf. Aber der Habanero? «Er riecht nach Parfüm», winkte Laborde verächtlich ab.

Als ich dies Evaristo Ordoñez Pool, einem Maya, berichtete, verzog sich dessen Mund zu einem abfälligen Lächeln. Der Regierungsvertreter der Landwirtschaftsbehörde in Uxmal bei Mérida, der Hauptstadt von Yukatan, sagte, er sei sich bewußt, daß die Europäer den Habanero verächtlich abtun würden. «Womöglich liegt es daran, weil er der Chili der Mayas ist», erklärte der Maya mit dem sanften, schwermütigen Blick. Andererseits, konterte er, würde es den Mayas nicht im Traum einfallen, in einen Jalapeño zu beißen, denn der sei im Grunde völlig geschmacklos und bereite ihnen bloß Magenschmerzen und Verdauungsprobleme. Zum Jalapeño würden Mayas nur Zuflucht nehmen, wenn es keinen Habanero gebe oder er zu teuer sei. «Ehe ich einen Jalapeño anfasse, esse ich lieber einen Maxic oder einen Xcatix, wenn ich keinen Habanero bekommen kann», sagte Ordoñez Pool entschieden und bezog sich dabei auf zwei Chilisorten, die in Yukatan wild vorkommen und früher den Göttern der Mayas als Opfer dargebracht wurden (inzwischen wird der Xcatic auch kommerziell angebaut). «Und wenn ich es mir recht überlege», fügte er schließlich hinzu, «esse ich, wenn es keinen Habanero gibt, am liebsten gar nichts.»

Mir wurde rasch klar, daß der Habanero für die Mayas ein Symbol ihrer Unabhängigkeit ist und sie den Jalapeño mit den europäischstämmigen Mexikanern gleichsetzen.

Doch ehe sich mir die Rivalität zwischen Habanero und Jalapeño noch näher erschloß, bummelte ich durch die Hauptstraße von Cancún, einem voll und ganz auf die Bedürfnisse der Besucher zugeschnittenen Touristen-Mekka. Selbst in diesem Gewirr von Hotels, Geschäften und Cafés war das mit grünen Markisen geschmückte Restaurant Jalapeño's nicht zu übersehen. Der Name zog mich magnetisch an. Er versprach Spezialistentum und eine Leidenschaft, die der meinen nahestand.

Die mit Jalapeño-Gerichten kräftig gewürzte Speisekarte machte dem Namen des Etablissements alle Ehre: Gefüllte Jalapeños mit Krabben und Chihuahua-Käse, Jalapeño-Burger, Fisch mit Jalapeños, Rindfleisch mit gerösteten Jalapeños... um nur einige der angebotenen Speisen zu nennen. Und für den Fall, daß manche Gäste diese Jalapeño-Manie doch ein wenig übertrieben finden würden, wird der *Ensalada de la casa* in der Erklärung als «Salat ohne Jalapeños» angezeigt. Natürlich muß sich in Cancún jedes Restaurant an den Gaumen der Touristen ausrichten, doch wer will, kann so gut wie jedes Gericht mit frischen, gerösteten, pürierten oder eingelegten Jalapeños bekommen. Im Kühlschrank der Restaurantküche warten darüber hinaus noch andere Chilisorten auf ihre Verwendung, ohne auf der Speisekarte gesondert angepriesen zu werden.

Ein dritter Vorrat ganz besonders scharfen Chilis ist nur für die Köche und die Küchenhilfen da – und natürlich für Lalo Garland, den Mann, der für die gepfefferten Kreationen des Restaurants verantwortlich ist. Der junge Peruaner ist mit einer starken Leidenschaft für scharfen Chili und der Sehnsucht nach einem gemächlichen Leben am Meer aufgewachsen. Beide Wünsche haben sich für ihn in Cancún aufs beste erfüllt.

Als meine Fragen dem freundlichen Kellner zu kompliziert wurden, winkte er Garland herbei. In seiner weißen Schürze kam er an meinen Tisch, zog sich einen Stuhl heran und gab sich sogleich als wahrer Chilifan zu erkennen. Selbst etwas so Einfaches wie einen Salat könne er nicht ohne dicke Streifen aus frischem Serrano essen, erzählte er mir mit einem verschmitzten Lächeln. Und beim Zubereiten der Gerichte in der Küche spiele er am liebsten mit scharfem Chili herum. Ein Blick in das brechend volle Restaurant zeigte mir, daß seine Gäste diese Spielereien wohl zu schätzen wußten.

Garland ist Chefkoch und Teilhaber im Jalapeño's. Als man ihn in die Küche rief, forderte er mich auf, ihm zu folgen. Ich sprang begeistert auf. Garland hatte mir vorgeschlagen, mit Jalapeños rellenos (gefüllten Jalapeños), seinem Leibgericht, zu beginnen. Er würde es vor meinen Augen für mich zubereiten.

Ich fragte ihn, wie er zum Kochen gekommen sei. Garland sagte, er habe zwar in Houston am technischen College studiert, eigentlich aber schon die ganze Zeit über davon geträumt, später einmal Koch zu werden. Natürlich nicht irgendein Koch – nein, er habe von Anfang an vorgehabt, sich auf scharfen Chili zu spezialisieren. Er sei mit dem schärfsten Chili Perus aufgewachsen. Und als College-Student habe er die jungen Frauen vor allem mit seinen Kochkünsten ins Schwitzen gebracht. Nach dem Examen habe er für seinen Vater in Houston als Ölhändler gearbeitet. Aber das Ölgeschäft sei furchtbar hektisch gewesen, er habe tagaus, tagein irgendwelche Ölkontingente ankaufen und zu höheren Preisen weiterverkaufen müssen, wobei Nachfrage und Angebot, Devisenkurse und politische Ereignisse zu ständigen Preisschwankungen geführt hätten und jede einzelne dieser Größen einen erwarteten Millionengewinn plötzlich in einen nicht mehr zu verkraftenden Verlust hätte umwandeln können. «Ein Fehler, und man ist am Ende», sagte Garland. «Eines Tages beschloß ich, mir in Zukunft nur noch über Garzeiten Sorgen zu machen. Das Schlimmste, was einem dabei passieren kann, ist ein verkochtes Gericht.»

Garland hat keine formale Ausbildung absolviert, sondern gleich mit der Praxis begonnen und sich in örtlichen Restaurants Arbeit gesucht. Anfangs hat er Teller gewaschen, sich dann bis zum Schneidebrett und schließlich bis zum Herd hochgearbeitet. «Ich wollte die Grundlagen lernen und meine Zeit nicht damit verschwenden, irgendwelche fremdländischen Küchen kennenzulernen. Ich wußte, in welche Richtung ich gehen wollte, und dafür wollte ich mir auch meine Phantasie aufsparen.»

Garland schloß sich mit drei Geschäftspartnern zusammen, zog 1987 nach Cancún und machte Jalapeño's auf. Er wurde Chefkoch und warb Bruce Bignold für die Küche an. Bignold, der während des Studiums in mehreren Restaurantküchen gearbeitet hatte, hängte seinen Job als Finanzberater in Seattle an den Nagel und wurde ebenfalls Teilhaber des Restaurants.

Als ich in die Küche kam, dachte ich einen Moment lang, ich sei in ein Restaurant in Chinatown geraten. Ein Dutzend Männer mit asiatischen Zügen arbeiteten emsig an der Spüle, den Schneidebrettern und den Herden. Sie waren Mayas und stammten fast alle aus Mérida, erfuhr ich später. Ich hatte zwar schon von den Mayas, ihrem sanften Äußeren und ihrer feurigen Leidenschaft für den scharfen Habanero gehört, bis dahin aber noch keine Mayas gesehen. In einem Restaurant, das sich auf Chiligerichte spezialisiert hat, waren sie natürlich als Köche genau richtig. Aus diesem Grund hatte Garland sie auch angeheuert, erzählte er mir später, auch wenn ihr lässiger Umgang mit scharfen Schoten sich manchmal als gefährlich erwies. Sie vergaßen nämlich allzuschnell, daß nicht alle Gäste so stahlharte Mägen hatten wie sie. «Wir müssen sie immer wieder daran erinnern, daß sie für Touristen kochen», lachte Bignold.

Gelegentlich ignorierten sie diese Tatsache aber auch bewußt, wie zum Beispiel an dem einen Abend, als einer von ihnen eine Gruppe von Mayas im Lokal sichtete und von diesem seltenen Anblick in ziemliche Begeisterung versetzt wurde. Als die Gäste die ersten Bissen kosteten, brach ein fürchterliches Schniefen und Husten aus, und sie rangen verzweifelt nach Luft. Bignold ging der Sache nach und lief aufgebracht in die Küche. «Nein, nein, das sind keine Mayas, das sind japanische Touristen!» schrie er die Köche an. Bignold erzählte, die Köche seien betroffen gewesen, doch nicht etwa, weil sie zuviel Chili verwendet hatten, sondern weil die Gäste nun doch keine Mayas waren. Mayas haben in Mexiko nur selten finanziellen Erfolg. Der Anblick einer Gruppe wohlhabender Mayas in einem gehobenen Restaurant wie dem Jalapeño's hatte bei den Köchen eine Woge des Stolzes ausgelöst. «Sie waren sehr enttäuscht», sagte Bignold.

Von den Mayas, die in der Küche arbeiteten, sprach keiner Spanisch, so daß Bignold sich ihre Sprache, Yucatecatl, beizubringen versuchte. Es sei eine schwere Sprache, stöhnte er. Zumindest hatte er eine andere Herausforderung, die mit seinem Job verbunden war, erfolgreich bewältigt: Er vertrug scharfen Chili. Ehe er nach Cancún kam, hatte er nie besonders scharf gegessen, geschweige denn in einen frischen scharfen Chili gebissen. «Jetzt esse ich Chili zum Frühstück, zum Mittag- und zum Abendessen. Ich höre erst auf, wenn mir der Hintern brennt.»

Garland öffnete den riesigen Kühlschrank und holte einen Strohkorb mit Jalapeños heraus. «Die habe ich erst heute morgen gekauft. Bei uns ist immer alles so frisch wie möglich.» Sein Gesicht verzog sich zu einem hintersinnigen Grinsen, wie ich es bei echten Chilifans schon oft gesehen hatte. Das Innere des Kühlschranks sah wie die Auslage eines Gemüseladens aus: rote und grüne Tomaten, Auberginen, Gurken, grüne und weiße Zwiebeln, Kartoffeln, Avocados, Kürbis, Zucchini, Zitronen, Limonen, Petersilie, Koriander, Sellerie, Berge von Romanasalat und frischen Pilzen. Und dazwischen verschiedene Körbchen mit Jalapeño, Poblano, Habanero, Serrano. «Wir legen keine großen Vorräte an», erklärt Garland. «Diese Chilischoten hier werden bis morgen alle verschwunden sein.»

Er wählte sechs große, gedrungene Jalapeños aus und ließ die Früchte in eine Friteuse gleiten, die über einem Gasbrenner hing. «Ich nehme nur ganz feste, knackige Schoten, sonst sind sie am Ende völlig matschig.» Nach etwa einer halben Minute holte er die brutzelnden Schoten heraus, rieb sie mit einem kleinen Handtuch ab und deckte sie zu, damit sie in Ruhe schwitzen konnten. Wenige Minuten später rieb er die Schoten zwischen Daumen und Zeigefinger hin und her und löste so die cellophanartige Schale. Die anfangs hellgrün glänzenden Schoten waren jetzt olivgrün, und die Oberfläche war porös genug, um sich mit der Panade zu verbinden. Mit einem scharfen Messer schnitt Garland die Früchte vom Stiel bis zur Spitze auf, entfernte die Samenkörner und die Scheidewände. Dann schob er jeweils eine dünne Scheibe Chihuahua-Käse und eine große Krabbe in die Schlitze, wälzte die Schoten in einer Mischung aus Mehl, gehackten Walnüssen, Salz, gemahlenem Pfeffer und Petersilie, tunkte sie in einen Eierteig ein und ließ sie vorsichtig in die Friteuse gleiten. Als der Teig goldbraun ausgebacken war, holte er die gefüllten Schoten wieder heraus und arrangierte sie auf einem Teller mit geschnittenen Salatblättern.

Ich folgte Garland, der den Teller für mich zu meinem Tisch trug. Die Jalapeños schmeckten herrlich scharf und nussig – besser als jeder gefüllte Chili, den ich je gegessen hatte. Als Hauptgericht empfahl mir Garland Fisch in einer Sauce aus Wein, Knoblauch, gehackten Zwiebeln, Tomaten und in Streifen geschnittenem Serrano. «Serrano ist ein sehr würziger Chili, gleichzeitig scharf und süß», sagte er. In anderen Restaurants hatte ich gesehen, daß er manchmal sogar die übliche Olive im eisgekühlten Martini ersetzt.

Jeden Morgen in aller Frühe ist Garland auf dem Gemüsemarkt, und zwar auch dann, wenn er keine Vorräte zu kaufen hat. Selbst eine in den vielen Discos der Stadt durchzechte und durchtanzte Nacht kann ihn nicht davon abhalten, dem morgendlichen Ritual beizuwohnen. Mag er auch noch so müde und verschlafen sein – wenn er über den Markt schlendere und das Aroma der frischen Früchte einsauge, sei er sofort von allen Anstrengungen der Nacht geheilt, erzählte er mir. Er liebe die Fülle der Waren, ihre satten Formen und Farben. «Ich berühre sie, ich drücke sie, ich beiße hinein. Umgeben von frischen Gemüsen und Früchten bin ich immer glücklich. Ich rieche die Erde. Ich schmecke die Sonne. Und ich bekomme wieder Lust, meine Schürze anzuziehen und in die Küche zur Arbeit zu gehen.»

Als wir eines Morgens beim Großmarkt La Flor de Puebla ankamen, gestand er mir, daß er alle in Flaschen und Dosen konservierten oder zu Pulver zermahlenen Gewürze aus tiefstem Herzen verabscheue. Deshalb mache er um die Frische des Oregano und der Petersilie auch so viel Aufhebens. Doch an diesem Morgen stand der Chili im Zentrum seiner Aufmerksamkeit. Er hatte mich als Publikum, und dies war seine Chance, seine Vernarrtheit auszuleben.

Der Markt lag mitten in der Innenstadt, doch jenseits der ausgetretenen Touristenpfade. Er war laut und überfüllt, der Boden war glitschig und feucht. Leere Holzkisten standen zu gefährlichen Türmen aufgestapelt übereinander. Klimatisierte Lastwagen waren bis auf wenige Millimeter an die Türen herangefahren. Träger liefen mit Säcken, Kisten und Bündeln auf den Köpfen hin und her, um sie zu entladen. Drinnen wimmelte es nur so von Einzelhändlern, Restaurantbesitzern, Hausfrauen und Küchenhilfen. Der Duft der frischen Gemüse und Früchte war ebenso stark wie der muffige, abgestandene Geruch vom feuchten, mit verfaulten Blättern und Verpackungsstroh bedeckten Boden. Das Gemisch war weder abstoßend noch besonders angenehm. Doch sobald man sich eine frische Frucht unter die Nase hielt, wurde das Gleichgewicht zugunsten der angenehmen Düfte verschoben. Beim Kauf von Chili müsse man sich häufig auf die eigene Nase verlassen, sagte Garland, denn manchmal kann eine feurig rote Schote im Geschmack so schwächlich sein wie eine wäßrige Gurke. «Wenn gerade niemand hinschaut, breche ich die Schoten auf», gestand mir

Garland und bahnte sich einen Weg durch die von Säcken, Körben und Regalen gesäumten Pfade.

Garland verglich den Augenschmaus auf dem Markt in Cancún mit den monotonen, verblichenen Farben in amerikanischen Gemüseläden und Supermärkten. Hier war Spinat noch strahlend, nicht schmutziggrün; die Schalotten schimmerten milchig weiß, nicht gelblich fahl; die Auberginen hatten tiefe, satte Farben, und das Rot der Tomaten war so intensiv, daß es fast unwirklich erschien. Auf dem Weg zum Chili blieb Garland immer wieder stehen, um dieses oder jenes Gemüse in die Hand zu nehmen. Rubinrote Zwiebeln. Weiße Zwiebeln. Zwiebeln, so groß wie Melonen. Zwiebeln, so klein wie Kirschen. Runde gelbe Kürbisse. Krumme grüne Kürbisse. Weiße Auberginen, runde Auberginen. Berge von Lauch und Mangold. Haufen aus Koriander, Spinat, Salat. Melonen, so klein wie Zwiebeln. Melonen, so groß wie Fußbälle. Tomaten, so fleischig, daß die zarte Haut fast zu platzen schien. Die hohen Gemüsestapel erinnern mich an die bröckelnden Pyramiden der Maya-Ruinen. «*Perdón*», sagen die Kunden, schieben sich aneinander vorbei und schaffen es trotz der Enge, daß sich das Ganze nicht in eine riesige Schüssel gemischten Salat verwandelt.

Ein Mann kratzte mit dem rechten Daumen an einem Jalapeño und roch daran. «Wieviel kosten die Jalapeños?» schrie er dem Mann zu, der hinter der Kasse stand.

Garland biß ein Stück von einem Jalapeño ab und warf den Rest in den Korb zurück. «Wenn du einen Jalapeño füllen willst, darf er nicht so scharf sein, daß man gläserweise Bier hinterhertrinken muß. Wenn er wiederum zu mild ist, könntest du ebensogut auch eine Gurke füllen. Ich suche nach dem richtigen Gleichgewicht. Dieses Gleichgewicht hat man im Kopf, und dann versucht man, einen Chili zu finden, der diesem vorgestellten Geschmack möglichst genau entspricht. Manchmal findet man ihn, manchmal aber auch nicht.» Garland schien die Suche sichtlich zu genießen.

Endlich stießen wir auf zweiundzwanzig Kisten – blaue

und rote Wäschekörbe aus Plastik –, die in zwei Reihen auf niedrigen Regalen aufgebaut waren. Auf handgeschriebenen Schildern stand, was sie enthielten: Chile morrón. Chile poblano. Chile habanero. Chile serrano. Chile xcatic. Chile dulce. Jalapeño. Chile pimiento. Auf dem Markt gab es ebenso viele getrocknete und geräucherte wie frische Chilisorten. Manche hatten keine erklärenden Schilder; vielleicht waren ihre Namen allgemein bekannt. Ein Chili war dunkelrot, etwa so groß wie eine kleine Aubergine, und ziemlich runzelig. In dem Nachbarkorb lag flacher, schwarzer Chili, der auf den ersten Blick aussah wie Schokoladenkekse. Daneben wurde erbsengroßer hellroter Chili angeboten. Aber es gab auch länglichen lachsroten Chili, dessen Größe und Form an grüne Bohnen erinnerte. Manche waren beschildert: Chile piquín. Chile de arbol. Chile mulato. Chile seco. Chile ancho. Chile guajillo. Chile pasilla.

«Wieviel kosten die Poblanos?» wollte ein Kunde wissen.

«Eintausendeinhundert», rief einer der Männer, die hinter dem Tresen standen. Der Kunde drückte einige Schoten, dann ging er weiter.

«Vier Kilo frische Jala-pe-ños!» rief ein Mann neben einem besonders großen Korb.

Garland meinte, die Poblanos wirkten nicht mehr ganz frisch. «Ein bißchen zu runzelig», sagte er. «Poblanos müssen so glatt sein wie ein Babypopo. Keine Falten, keine braunen Flecke.» Die besten Früchte gab es sowieso hinten im Kühlraum, wo spezielle Kunden wie Garland bedient wurden. Gefolgt von einem Verkäufer, ging Garland forsch hinein, nahm einen Poblano vom Stapel, brach ihn auf und biß hinein. Während er noch auf dem Chili kaute, als wäre es eine Karotte, bestellte er sechs Dutzend von den graugrünen, leicht rechteckigen Früchten. Aber auch die etwas runzeligen Poblanos im vorderen Teil des Marktes würden sich leicht verkaufen, versicherte mir Garland, als wir aus dem Kühlraum traten. «Der Poblano ist der Hauptdarsteller auf den Speisekarten der hiesigen Restaurants.»

Tatsächlich zog der Poblano mehr Kunden an als jeder andere Chili auf dem Gemüsemarkt. Eine ältere Frau drückte und roch an jeder einzelnen Schote, ehe sie sie vorsichtig in ihre kleine Sackleinentasche gleiten ließ. Der nächste Kunde gab sich noch mehr Mühe: Er suchte so lange, bis er lauter Schoten gefunden hatte, die sich in ihrer Form und Größe möglichst genau entsprachen. Der Poblano ist weich und rundlich und wird von allen Chilisorten in Mexiko am häufigsten gefüllt serviert. Schwimmt er, mit Käse gefüllt, in einer würzigen Tomatensoße, heißt er Chile relleno. Besteht die Füllung aus Obst und Fleisch und die Sauce aus süßem Bauernkäse, Walnüssen und Granatapfelsamen, entsteht ein Herbstklassiker, rot, weiß und grün wie die mexikanische Flagge: Chile en nogada. Meist sind die hellgrünen Poblanos weniger scharf als die dunklen. «Aber bei Poblanos ist die Schärfe schwer vorauszusagen», erklärte mir Garland. «Die dunklen sind meist schärfer, aber manchmal sind die hellgrünen oder roten am allerschärfsten.»

Garland nahm einen rötlichen Poblano in die Hand und biß genüßlich hinein. Sofort verzog sich sein Gesicht, und er spuckte das angebissene Stück schnell wieder aus. «Sehen Sie, was ich meine? Dieser hier ist höllisch scharf», sagte er und rang nach Luft. «Vom bloßen Anblick her hätte man das niemals sagen können.» Garland sagte mir, den Poblano setze er hauptsächlich ein, um seinen Gerichten «einen erdigen Geschmack zu geben». Der Jalapeño dagegen habe kaum Aroma. So sei der Poblano fester Bestandteil einer Marinade, die außerdem aus Knoblauch, Sellerie, Zwiebeln, Koriander und Jalapeño bestehe. Zum Einsatz komme sie beim marinierten, gegrillten Huhn, Pollo al parilla. Andere Restaurants servieren geröstete Poblanostreifen in warmen, feuchten Crêpes; und für eine Vielzahl von Rezepten wird das Fruchtfleisch des Poblano zu einer erdigen Mousse verrührt.

Je nachdem, wie er getrocknet oder verarbeitet wird, bekommt der Poblano einen neuen Namen: Ancho heißt der runzelige, herzförmige, dunkel mahagonifarbene Typ, Mulato der schwarze, schärfere. Der getrocknete Poblano wird eingeweicht, zu einer Paste verrührt und für eine Reihe köstlicher Saucen verwendet. Zu diesen Saucen gehört auch die Mole poblano, Mexikos Nationalspeise, deren Zutatenliste kaum zu glauben ist. Zunächst werden Ancho, Mulato und Chile pasilla (ein ebenfalls mahagonifarbener Chili, der aber dünner, länger und schärfer ist als die beiden anderen) eingeweicht und verrührt. Diese Paste wird dann mit Schokolade, Zimt, Kreuzkümmel, Rosinen, Mandeln, Knoblauch und Tomaten gemischt. Anschließend kommen noch Fett und Brühe dazu, und das Ganze wird mehrere Stunden zu einer dickflüssigen Sauce verkocht, die zugleich bitter, erdig, süß und würzig schmeckt. Sie bildet die Grundlage für ein würziges Eintopfgericht, für das vor allem Putenfleisch verwendet wird. Um das legendäre Gericht zuzubereiten, bedarf es schon eines beachtlichen Könnens.

Erfunden wurde es, so sagt man, von einer Nonne des Klosters Santa Rosa in Puebla, und zwar zu Ehren des Erzbischofs, der das Kloster hatte erbauen lassen und ihm nun einen Besuch abstatten wollte. Um ihre Hochschätzung zum Ausdruck zu bringen, mischte die Nonne Zutaten aus der Neuen Welt – Schokolade und Chili – mit Zutaten, die aus der Alten Welt kamen. In einer anderen Version der Geschichte erscheint die Sauce allerdings nicht so gedankenschwer. Es heißt darin, die Nonne habe für den Besuch des Vizekönigs Pute zubereiten wollen und auf einem Tablett neben dem Herd Schokolade, Chili, Knoblauch und andere Gewürze bereitgestellt. Ein plötzlicher Windstoß habe alles durcheinandergewirbelt, und da sie die einzelnen Zutaten nicht mehr voneinander habe trennen können, habe die Nonne einfach alles zusammen in den Topf getan.

Garland zählte die Sauce nicht zu seinen Lieblingsgerichten, und er versuchte auch gar nicht erst, sie in seinem Restaurant anzubieten. «Ich habe sie nie gemocht. Sie ist mir einfach zu reichhaltig und liegt mir nach dem Essen zentnerschwer im Magen.»

«Da ist Guajillo.» Garland zeigte auf einen Stapel getrockneter Schoten, die etwa zwölf Zentimeter lang und dreieinhalb Zentimeter breit waren. «Er wird reif gepflückt und anschließend in der Sonne getrocknet. Man löst die Samen heraus, kocht die Schoten und verrührt sie zu einer Paste. Wenn man damit einen Braten bestreicht, gibt sie dem Fleisch einen scharfen, nussigen Geschmack. Hmm!»

Als nächstes zeigte Garland auf einen Korb mit getrockneten Schoten, die man in Mexiko Chipotle nennt. Sie waren runzelig, gebogen, dunkelrot und rochen nach Teer. «Mit denen kann man besonders bei Hackfleischgerichten ein rauchiges Aroma erzielen.»

Garland ging langsam weiter und nannte die Namen der verschiedenen Chilisorten. Seco war klein und hellrot, Piquín klein und rund. «Der Piquín ist sehr, sehr scharf. Am besten brät man ihn mit Knoblauch und Fisch oder Rindfleisch. In Peru nennen wir den Piquín, solange er noch grün ist, *Pipi de mono*, das heißt ‹kleiner Affenpimmel›.»

Beim nächsten Korb sagte er: «Dieser gelblich-grüne Chili heißt Xcatic. Schon die alten Mayas kannten ihn. Er ist süß und scharf zugleich.» Garland biß in eine gelbe Schote, warf sie zurück in den Korb und griff nach einem rötlichen Xcatic. «Aber das trifft wohl eher auf den roten Xcatic zu, der gelbe ist einfach nur höllisch scharf.»

Als nächstes nahm er fünf Morrón-Schoten in die Hand. «Sie sehen aus wie Gemüsepaprika, gehören aber zu den scharfen Chilisorten. Ich würde wetten, daß jede Schote unterschiedlich scharf ist.» Ich befürchtete schon, er würde in jede der fünf Schoten beißen, um seine Behauptung zu beweisen. «Das glaube ich gerne», sagte ich schnell und war erleichtert, als er die Schoten zurück in den Korb legte.

Die ehrfurchtgebietende Vielfalt an Früchten, die sich in Form, Aroma und Schärfe deutlich voneinander unterschieden, führte mir noch einmal deutlich vor Augen, welche herausragende Rolle der Chili in der mexikanischen Küche spielt. Kein anderes Land der Welt kann mithalten, wenn es um die mexikanische Phantasie beim Einsatz verschiedener Chilisorten geht. Auf dem mexikanischen Markt sind 140 Chilisorten zu haben. Ob frisch, getrocknet oder geröstet – jede davon wird für einen ganz besonderen Effekt eingesetzt. Frische Jalapeños rühmt man wegen ihrer Schärfe; unter dem Namen Chipotle schmeckt der gleiche, aber getrocknete und geräucherte Chili sowohl rauchig als auch scharf. Der getrocknete Ancho entfaltet eine volle, angenehme Schärfe; in frischer Form wird er als Poblano vor allem wegen seiner Fleischigkeit geschätzt. Da sich die Chilisorten, selbst wenn sie den gleichen Schärfegrad besitzen, im Charakter ihrer Schärfe unterscheiden – manche brennen sofort, andere erst, wenn man den Bissen hinunterschluckt, manche brennen auf der Zungenspitze, manche auf den Lippen, manche auf dem hinteren Teil der Zunge –, wählen mexikanische Köche den jeweils verwendeten Chili sorgfältig aus und kombinieren verschiedene Typen, um das gewünschte Aroma und den richtigen Biß zu erzielen.

Diese Form der Alchimie hat sich über die Jahre so kunstvoll entwickelt und ist im mexikanischen Gaumen so fest verankert, daß die echten Gourmets am Geschmack der Speisen bestimmen können, welcher Chili bei der Zubereitung verwendet wurde. Elisabeth Rozin, die als Expertin in Aromafragen gilt und darüber schon einiges geschrieben hat, sagte mir bei einem Gespräch über dieses Thema: «In der mexikanischen Küche wird der Chili so manipuliert, daß die unterschiedlichen Aromen und Schärfegrade das Spektrum an Geschmackserlebnissen voll ausschöpfen. Das gibt es sonst nirgendwo auf der Welt. In anderen kulinarischen Hochkulturen – in Indien, in Indonesien, in China oder Thailand – verläßt man sich hauptsächlich auf den einen oder anderen Typ von Chili, und zwar vor allem auf dessen vertraute Schärfe. Natürlich wird Chili auch in Mexiko wegen seiner Schärfe genossen, aber im Laufe der Zeit ist eine umfangreiche Skala feiner Abstufungen entstanden. Und das komplizierte Wechselspiel zwischen den verschiedenen

Chilitypen war schon voll entwickelt, ehe die Spanier kamen. Wenn man die Beschreibungen der Gerichte liest, welche die spanischen Eroberer in Mexiko zu essen bekamen, kann man sich vorstellen, daß sie sich fast alle die Kehle verbrannten. Damals war schon die ganze Palette vorhanden.»

Warum die Köchinnen und Köche in Mexiko im Umgang mit dem Chili eine so beispiellose Kreativität entwickelten, darüber läßt sich nur spekulieren. Elisabeth Rozin glaubt, daß die mexikanische Urbevölkerung mit Hilfe des Chili ihre hauptsächlich stärkehaltige Nahrung schmackhafter machte. In Indien, Indonesien und China besaß man bereits andere scharfe Gewürze wie Gelbwurz, Ingwer, Senf und schwarzen Pfeffer. Als der Chili dann aus der Neuen Welt kam, wurden seine Früchte, die schärfer waren als alles andere, was man in Asien kannte, zwar begeistert aufgenommen, doch hauptsächlich wegen ihrer Schärfe, nicht so sehr wegen ihrer aromatischen Möglichkeiten. Obgleich die indische Küche ohne den scharfen Chili nicht mehr vorstellbar ist, liegt ihre Besonderheit doch in dem Zusammenspiel unterschiedlichster Aromen durch die Verwendung einer ganzen Bandbreite von Gewürzen.

Dennoch, die Behauptung, in Indien gehe man mit dem Chili nicht so kreativ um wie in Mexiko, ärgert viele Vertreter der indischen Küche. Madhur Jaffrey, die indische Schauspielerin und Kochbuchautorin, die in allen Fragen der indischen Küche als unbestrittene Autorität gilt, ist eine von ihnen. «Nur eine Person mit einem unterentwickelten Geschmackssinn würde einen solchen Blödsinn behaupten!» sagte sie mir.

Ich hielt dagegen, daß die indische Küche sehr viel weniger unterschiedlichen Chili kennt als die mexikanische.

«Wir haben den herrlichsten eingelegten Chili aus Benares, dem heutigen Varanasi. Er wird mit fünfzig verschiedenen Gewürzen gefüllt und in Öl oder Limonensaft mariniert. Dieser Chili ist weltberühmt. In Neu-Delhi wird Chili mit Senf eingelegt. Wir haben alle möglichen Arten von gefülltem Chili, kleine und große. Der einzige Unterschied ist, daß wir ihnen, anders als in Mexiko, nicht allen einzelne Namen gegeben haben.»

Nach allem, was ich gesehen hatte, konnte mich das nicht überzeugen.

*L*alo Garland kaufte nicht viel auf dem Großmarkt in Cancún, denn er war hauptsächlich meinetwegen hergekommen. Allerdings füllte er eine kleine Plastiktüte mit Habaneros für sein Küchenpersonal. Manchmal müßte er sich über diesen Chili mehr Gedanken machen als über alle anderen zusammen, sagte er. «Fünf Kilo verschwinden jede Woche roh in den Mägen meiner Köche.» Garland schüttelte den Kopf. Den Gästen kann er diesen Chili mit der explosiven Schärfe nicht zumuten. Nur bei einem einzigen Gericht auf der Speisekarte, *Taquitos de carne* (geröstetes Fleisch mit Tortillas aus Maismehl), ist der Habanero, vermischt mit Zwiebeln, Petersilie, Olivenöl, Salz und schwarzem Pfeffer, in der Sauce versteckt.

Bei unserem Marktbummel entdeckte Garland einen Stand mit Eisenpfannen, der gleichzeitig auch Aspirin, Seife, Zahnpasta, Shampoo, alkoholfreie Getränke, Knoblauch, Zwiebeln und Habaneros verkaufte. Garland wählte eine Pfanne und feilschte um den Preis – «Wenn man nicht feilscht, hat man das Gefühl, übers Ohr gehauen zu werden» –, zahlte aber schließlich doch, was der Verkäufer von ihm verlangte. Es war eine kleine Pfanne, gerade groß genug für ein Fischfilet.

«Die ist für mich», erklärte er mir. «Ich will mir schwarzen Fisch machen. Haben Sie schon mal schwarzen Fisch mit Piquín gegessen?»

«Leider nicht», sagte ich. Der winzige rote Piquín hat es in sich. «Kleine Granaten» nennt Garland die höllisch scharfen Schoten. Aber schwarzer Fisch, das Leibgericht der Cajuns, der Siedler französischer Abstammung im Süden Louisianas, wird traditionell mit einer Würzmischung zubereitet, die vor allem aus scharfem Paprikapulver besteht. Der Fisch wird damit bedeckt und in einer glühend heißen Eisenpfanne so lange gebraten, bis er außen schwarz wird. «Mit dem Pulver, das gefällt mir nicht. Man fährt mit der Gabel über den Fisch, und die ganze Kruste bröckelt ab», sagte Garland. «Deshalb nehme ich frischen Piquín, frischen Jalapeño, frischen Oregano, frischen Poblano und frische Zwiebeln. Ich rühre alles zusammen, streiche den Fisch damit ein und brutzele ihn in der extrem heißen Pfanne. Hmmm… ich habe den Geschmack schon auf der Zunge!»

Am nächsten Abend wimmelte es im Jalapeño's vor amerikanischen und europäischen Touristen. Von der Sonne verbrannte Frauen schlürften eisgekühlte Cocktails, Margaritas und andere pastellfarbene Drinks, die Männer tranken Corona-Bier. Garland ließ mir als Vorspeise Shrimps Corona zukommen; sie waren in einem Teig aus Mehl, Corona-Bier, Thymian, Koriander, Oregano, Salz und Serrano fritiert. Eine Sauce aus Jalapeño, Ananas und Dijon-Senf begleitete das Gericht. «Ist die Sauce nicht ein Gedicht?» fragte er, als er während einer seiner häufigen Pausen aus der Küche an meinen Tisch kam.

Als Bignold mich sah, rief er: «Nach Ihnen habe ich schon gesucht.» Aufgeregt erzählte er mir, ein Bauer, der das Restaurant mit frischen Waren beliefern wolle, habe als Werbegeschenk eine Handvoll Chili dagelassen.

«Ich habe keine Ahnung, was für Chili das ist. Er ist höllisch scharf und voller Samen. Ich habe die Schoten für Sie aufgehoben.»

Zehn Minuten später kam er mit verlegenem Gesichtsausdruck wieder zurück. «Die Schoten sind verschwunden. Die Jungs in der Küche haben sie samt und sonders verschlungen, und zwar roh. Können Sie sich das vorstellen? Unsere Köche dachten, wir hätten den Chili für sie gekauft. Offenbar wächst er wild in ihren Dörfern in Yukatan. Maxic haben sie ihn genannt. Ich hätte nie gedacht, daß jemand ihn roh essen kann. Aber für sie war es ein Festessen, und sie haben damit ihr Heimweh gestillt.»

In Mexiko haben die Menschen vor etwa achttausend Jahren als Jäger und Sammler Geschmack am Chili gefunden. Bei archäologischen Ausgrabungen im südmexikanischen Tehuacán-Tal hat man schon 1960 entsprechende Beweise gefunden. Das wissenschaftliche Projekt hat entscheidende Informationen über die prähistorische Domestizierung von Pflanzen geliefert. Die ältesten Schichten, die aus der Zeit um 7000 vor Christus stammten, enthielten karbonisierte Ablagerungen von Chili und Avocadokernen. In den Schichten, die dem Zeitraum zwischen 7000 und 5000 vor Christus zugeordnet wurden, fanden sich Ablagerungen von Kürbis, Avocado, Baumwolle, Amaranth, Mais und Chili. Auch in allen nachfolgenden Schichten, die jeweils eine wichtige Phase der Zivilisation repräsentierten, ließen sich Chilisamen nachweisen.

Bei der Ausgrabung förderte man sogar einen fast intakten ganzen Chili zutage, der aus der Zeit zwischen 5000 bis 3400 vor Christus stammt. Die dünne, längliche Schote stimmt, was ihre Form und Farbe angeht, mit den heute verbreiteten Sorten der Spezies *Capsicum annuum* überein. Am meisten ähnelt sie dem in Mexiko weit verbreiteten Pasilla-Chili.

«Da sich die Chilireste eindeutig nachweisen lassen und der Chili nicht ursprünglich aus dieser Gegend stammt, können wir schließen, daß er schon vor etwa achttausend Jahren im Tehuacán-Tal angebaut wurde», sagte mir der Ausgrabungsleiter, Richard MacNeish von der Peabody Foundation for Archaeology in Andover, Massachusetts, als ich ihn nach meiner Rückkehr in die USA aufsuchte. MacNeish war auch an anderen Ausgrabungen im Bundesstaat Tamaulipas im Nordosten Mexikos maßgeblich beteiligt. Die dort gefundenen Chilireste ließen sich auf den Zeitraum zwischen 6544 und 6244 vor Christus datieren – «plus minus vierhundertfünfzig Jahre», erklärte er. Die Ausgrabungen im Tehuacán-Tal waren jedoch noch aufschlußreicher, ließen sie doch die Vermutung zu, daß Chili in jenem Gebiet möglicherweise sogar noch vor dem Mais und dem Kürbis kultiviert worden ist.

So wie der schwarze Pfeffer in Europa einmal als Zahlungsmittel und Maßstab für den eigenen Wohlstand herhalten mußte, spielte der Chili in Südamerika für den «Tribut» – Steuern, welche die Dorfbewohner ihren Häuptlingen und Königen zu zahlen hatten – eine wichtige Rolle. Unter der kriegerischen Herrschaft der Tolteken wurden zum Beispiel dreizehn der dreißig Bezirke im Reich genötigt, ihren Tribut allein in Chili zu entrichten. Während der Regentschaft von Nezahualcóyotl mußten seine Untertanen an jedem siebzigsten Tag zwanzig Körbe Ancho, zwanzig Körbe Menudo und zehn Körbe Pequeños abliefern. Nach der spanischen Eroberung verlangte Antonio de Mendoza, der erste Vizekönig von Neu-Spanien, von den eroberten Städten unter anderem 400 Kisten getrockneten Chili.

1529 kam Bruder Bernardino de Sahagun nach Neu-Spanien und schrieb ausführliche Schilderungen über das Leben der Azteken nieder. Der Mönch berichtete, die aztekischen Adligen hätten geschmortes Huhn mit Chili, Fisch mit Chili und Frösche mit Chili gegessen und ihre Getränke, darunter auch einen Schokoladentrank, mit Chili gewürzt. Am häufigsten verwendeten sie offenbar gelbliche Chilischoten. «Auch die armen Azteken aßen Chili, nur daß sie insgesamt weniger zu essen hatten», schrieb Bruder Bernardino.

Im 16. Jahrhundert veranstaltete die Stadt Santa Catarina Texupa in Oaxaca für einen auf der Durchreise befindlichen Bischof ein rauschendes Fest. Bei der peniblen Abrechnung der Ausgaben wurden folgende Einkäufe aufgeführt: Wein, Hühner, Eier und zwei Arten Chili (grüne und getrocknete rote).

Alle historischen Berichte sprechen jedoch dafür, daß die Vorfahren der Maya-Köche in Lalo Garlands Restaurant die unerschrockensten Chilifreunde waren. 1549 hielt Bruder Diego de Landa, ein Franziskanermönch, der als Zerstörer von «Teufelswerk» wie den Idolen und Hieroglyphen der Mayas berühmt-berüchtigt war, in seinen Aufzeichnungen fest:

> Die Mayas rösten den Mais, zermahlen ihn dann und vermischen ihn mit Wasser zu einem sehr erfrischenden Getränk, das sie mit indianischem Pfeffer oder Kakao würzen.
>
> Ihren heißen Morgentrank vermischen sie mit Pfeffer, während des Tages nehmen sie dann nur noch kalte Getränke zu sich... Wenn sie kein Fleisch haben, bereiten sie Saucen aus Pfeffer zu und [essen sie mit] Gemüse... Die Früchte ihres Pfeffers haben mannigfaltige Formen; von manchen werden die Samen als Würze genutzt. Andere essen sie gebacken oder gekocht, und wieder andere [lagern und nutzen sie] im Haushalt.

Bis heute halten es die Mayas, deren Siedlungsgebiet sich über die gesamte mexikanische Halbinsel Yukatan, Belize und Guatemala bis ins nördliche Honduras und El Salvador erstreckt, mit dem Verzehr von Chili so, wie es die ersten spanischen Beobachter beschrieben haben. Einmalig ist aber auch ihre Besessenheit von nur einem Chili, dem Habanero.

Meine Neugier führte mich daher schon bald nach Mérida, der Hauptstadt Yukatans. «Ich würde sagen, von den Leuten hier im Büro baut jeder zu Hause Chili an», sagte mir Leticia Alvarado vom Secretaría de Agricultura y Recursos Hidraulicos (SARH). Sie sah sich in dem großen Büro um, das sie sich mit den anderen Landwirtschaftsexpertinnen und -experten teilte. «Ich kenne niemanden, der nicht mindestens eine Habaneropflanze zu Hause hat.» (Ein Mann an einem Schreibtisch hob den Kopf und nickte.) «Die Kinder hier fangen mit drei Jahren an, Habanero zu essen. In Yukatan gibt es nur wenige Menschen, die keinen Habanero mögen, und wenn Sie mich fragen, kommen die meisten davon woanders her – sie sind Fremde.»

Alvarado erzählte mir, in ihrem Haus hingen fünf Chilipflanzen in Töpfen von der Decke. «Die Hühner lieben sie. Die Ratten lieben sie. Die Ziegen lieben sie. Wenn der Habanero auf dem Markt zu teuer ist, stellen wir uns auf die Zehenspitzen und pflücken uns welchen. Manchmal muß man für nur drei Habaneros zweihundert Pesos bezahlen. Viele arme Leute können sich das nicht leisten.»

Im Reiseführer werden die Touristen vor dem Habanero gewarnt: «Selbst der größte Macho hat mit diesem Chili Probleme.» Im Los Almendros, einem Eßlokal an der Plaza de Mejorada, das in seiner Werbung die «echte Yukatan-Küche» verspricht, kann man diese Behauptung auf die Probe stellen. Mit seinem schlichten Mobiliar und den hektischen Kellnern strahlt das Restaurant die Atmosphäre eines geschäftigen Kaffeehauses aus. Als ich zur Tür hereinkam, wurde ich sofort begrüßt und an einen Tisch geführt. Und ehe ich noch auf meinem Stuhl saß, hatte der Kellner auch schon drei kleine Schüsseln auf meinen Tisch gestellt und war eilig in Richtung Küche weitergehastet. In der einen Schüssel lagen zwei geröstete Habaneros in Limonensaft, in der zweiten ein kleingeschnittener Habanero mit roten Zwiebelringen, und die dritte enthielt eine grüne Habanerosauce. Auf der üppig illustrierten Speisekarte zierte der Habanero alle drei Hauptgerichte: *Combinado Yucateco* (eine Zusammenstellung von gegrilltem und im Ofen gebackenem Schweinefleisch), *Pollo Ticuleno* (paniertes Hühnchenfleisch mit Schinken, Käse, gebackenen Bohnen und Tomatensauce) und *Escabeche de Pueblo* (im Backofen zubereitetes Putenfleisch mit schwarzem Pfeffer, Nelken, Essig und Zwiebeln). Ein ganzer Habanero thronte auf den Speisen wie eine Kirsche oder Erdbeere auf einem nordamerikanischen Dessert.

Der Habanero wird meist vor dem Verzehr geröstet. Die Mayas haben ohnehin eine Vorliebe für das Rösten, essen auch Knoblauch und Tomaten selten roh. Um ihr berühmtes Gericht *Cochinita Pibil* (in Bananenblättern gedünstetes Schweinefleisch) zuzubereiten, graben sie ein ofengroßes Loch in die Erde und bedecken den Boden mit großen Steinen. Über die Steine stapeln sie Holzscheite und zünden sie an. Wenn sich die Flammen gelegt haben, wickeln sie das Schweinefleisch in Bananenblätter ein und legen es in einem Metallbehälter auf die Glut. Diesen Behälter bedecken sie mit feuchtem Sackleinen, auf das sie wiederum Glut und heiße Steine vom Boden des Ofens schichten. Schließlich füllen sie das Ganze mit einem Teil der ausgehobenen Erde auf und lassen das Fleisch viele Stunden oder gar die ganze Nacht lang garen.

Die Mayas wissen, daß die Hitze vielfach erst das volle Aroma zum Vorschein bringt. Beim Rösten drängen die pikanten Säfte an die Oberfläche der Habaneroschote, so daß sie noch schärfer und aromatischer schmeckt.

Ich schnitt die beiden gerösteten Habaneros in kleine Streifen und streute sie über meine Vorspeise, *Cochinita Horneada con Achiote* (Schweinebraten mit Achiote, dem Samen des Orleanstrauchs, der häufig mit Orangensaft zu einer Paste verarbeitet wird). Diese erste richtige Begegnung mit dem Habanero wird mir vor allem deshalb im Gedächtnis bleiben, weil ich Unmengen von Negra-Leon-Bier zu meinem Essen trank und, was noch viel erstaunlicher war, eine vorübergehende leichte Taubheit verspürte. «Der Habanero macht uns taub, damit wir unsere eigenen Schreie nicht hören», erklärte mir der Kellner lachend und diagnostizierte die Symptome, die auch nach dem Essen noch ein paar Stunden anhielten, «als Habanerorausch».

Trotz seiner extremen Schärfe ist der Habanero eine der sanftesten Chilisorten, die ich je probiert habe. Seine Schärfe hat nichts Beißendes, und anders als die Schärfe vieler anderer Chilisorten setzt sie sich nicht hartnäckig auf der Zunge fest. Der Habanero hat einen vollen, samtigen Geschmack.

Obgleich die Mayas verächtlich auf den mexikanischen Jalapeño herabschauen und sich stolz an ihren «ureigenen» Habanero halten, könnte es durchaus sein, daß auch er in Yukatan eigentlich ein Fremder ist. Allein die Tatsache, daß er, im Gegensatz zu anderen Chilisorten in Mexiko, selten gekocht oder mitgegart wird, sehen viele schon als Beweis dafür an, daß er noch nicht allzu lange im Siedlungsgebiet der Mayas zu Hause ist. Sein Name legt die Vermutung nahe, daß er ursprünglich aus der kubanischen Hauptstadt Havanna stammt, zumal zwischen Yukatan und Kuba einmal eine rege Handelsverbindung bestand. Auf Kuba existiert der Habanero jedoch nicht mehr; es scheint, als sei er mit der Vernichtung der Urbevölkerung auf der Insel untergegangen. Aber die Mayas sind fest davon überzeugt, daß der Habanero, wenn es ihn jemals auf Kuba gegeben hätte, nicht spurlos verschwunden wäre, und nehmen dies zum Anlaß, um Yukatan als Heimat ihres Lieblingschilis zu reklamieren. Andere meinen, der Name «Habanero» sei von Java abgeleitet, einem wichtigen Stützpunkt auf einer der Handelsrouten, die Mexiko mit Spanien und Asien verband. Verwandte des Habanero existieren unter anderem Namen auf Jamaika (Scotch bonnet), in Liberia (Ziegenbock-Chili), in Brasilien (Pimento de Cheori) und im peruanischen Amazonasgebiet (Pero Charapilla).

Ein Verwandter des Habanero wurde auch in St. Augustine, Florida, gefunden, wo man ihn «Datil» nennt. Jean Andrews, die texanische Künstlerin und Chili-Expertin, eilte, als sie von diesem Fund erfuhr, sofort nach Florida, um sich die Pflanzen anzuschauen und ein paar Schoten mitzunehmen. Sie schickte einige Proben mit der Bitte um botanische Bestimmung an Hardy Eshbaugh, den Botanikprofessor von der Miami University in Ohio, den ich auf seiner Suche nach dem Ur-Chili in Bolivien begleitet hatte. «Es könnte sein, daß er der einzige Chili dieser Art in den Vereinigten Staaten ist», erklärte mir Andrews aufgeregt. Und sie sollte recht behalten: Eshbaugh identifizierte den Datil als Mitglied der Spezies *Capsicum chinense*, zu der auch der Habanero zählt. Die Schoten des Datil sind zunächst weiß, werden dann limonengrün und nehmen schließlich bei voller Reife eine herrlich goldgelbe Färbung an. Sie sind etwas größer als die Habaneroschoten aus Yukatan, aber sie verströmen den gleichen, unverwechselbaren Duft.

Jean Andrews meint, der für die USA so ungewöhnliche Chili müsse mit spanischen Siedlern oder Kaufleuten aus Kuba oder von den Westindischen Inseln nach Florida gekommen sein. Der Legende nach haben ihn Immigranten von der Mittelmeerinsel Menorca, die 1768 als Arbeitskräfte auf die englischen Indigoplantagen in Florida kamen, mit nach St. Augustine gebracht. Doch Andrews sagte mir, auf der Baleareninsel gebe es keinerlei Anzeichen dafür, daß es dort jemals einen ähnlichen Chili gegeben habe. Man könne daher mit einiger Sicherheit davon ausgehen, daß der Chili bereits an der Ostküste Floridas existierte, als die Menorkiner nach St. Augustine kamen. Wahrscheinlich verliebten sie sich auf den ersten Biß in diesen äußerst scharfen Chili, der bis heute ein Hauptbestandteil der Küche ihrer Nachfahren blieb. Jedenfalls sah der leicht runzelige Chili für die Leute von der Mittelmeerinsel wie eine Dattel aus, die im menorkinischen Spanisch «Datil» heißt.

Aber die Mayas hören gar nicht gern, daß ihr Lieblingschili

möglicherweise aus dem Ausland kommt – nach allem, was sie von Eindringlingen zu erleiden hatten.

Immer wieder hatten sie gegen Invasoren wie Hernandez de Córdoba und Francisco de Montejo zu kämpfen. Obgleich sie sich 1542 letztendlich unterwerfen mußten, verbündeten sie sich einmal sogar mit der texanischen Marine, um gemeinsam gegen Mexiko und für ihre eigene Unabhängigkeit zu streiten. Bis heute kämpfen Maya-Guerillas gegen die mexikanische Zentralregierung. Ebenso trotzig und stolz halten die Mayas an ihrem Chili fest.

Auf die Frage, was am Habanero eigentlich so besonders wäre, antwortete mir Evaristo Ordoñez Pool, einer der landwirtschaftlichen Berater des Regierungsbüros in Uxmal, der Habanero verändere auf äußerst angenehme Weise den Gemütszustand, was kein anderer Chili und schon gar nicht der Jalapeño zustande bringe. «Wenn ich Habanero esse, habe ich das Gefühl, mein Kopf fängt an zu schweben. Leider dauert es nur fünfzehn bis zwanzig Minuten.»

Ordoñez Pool erzählte mir, kürzlich habe ihn ein Texaner besucht, der sich darüber Gedanken machte, ob man aus Habanero Tränengas herstellen könne. «Warum sollte jemand auf die Idee kommen, unseren wunderbaren Chili für Tränengas zu verschwenden?» fragte er.

«Warum sollte jemand auf die Idee kommen, einen Chili zu essen, aus dem man Tränengas herstellen kann?» gab ich zurück.

«Zugegeben, unser Chili ist scharf, aber er schadet unseren Mägen nicht. Auch Leute, die nicht in Yukatan wohnen, sagen uns immer wieder, der Habanero sei der einzige Chili, von dem sie keine Magenschmerzen bekämen. Mein Arzt verbietet es seinen Patienten sogar, Jalapeños zu essen.»

Diese Behauptung hatte ich schon von anderen Mayas, aber auch schon außerhalb Yukatans gehört. So zum Beispiel von Dr. Rubén Conde, einem Arzt für Allgemeinmedizin, der in Mérida viele Jahre lang eine Praxis unterhalten hatte, ehe er nach Cancún zog und dort Touristen behandelte.

«Der Habanero ist nur im Mund so scharf. Er enthält viel weniger Reizmittel als anderer Chili», hatte er mir gesagt. «Ich weiß nicht, woran das liegt. Niemand hat je untersucht, worin sich der Habanero von anderem Chili unterscheidet. Ich weiß nur, daß ich bei den Mayas nie irgendwelche gesundheitlichen Probleme feststellen konnte, die auf den Habanero zurückzuführen waren. Aus eigener Erfahrung kann ich sagen: Wenn Sie anderen Chili in den Mengen essen, in denen die Mayas ihren Habanero verzehren, müssen Sie mit Magenkrämpfen, Unterleibsschmerzen, Darmproblemen, Gastritis und Hämorrhoiden rechnen.»

In den siebziger Jahren war der Habanero fast vom Aussterben bedroht. Ordoñez Pool gehörte zu denen, die diesen einzigartigen Chili retteten. In ganz Yukatan wurden die Pflanzen immer schwächlicher, und mit jedem Jahr schrumpfte die Ernte. Die Farmer schauten hilflos zu, und auch die landwirtschaftlichen Berater der Regierung wußten keinen Rat. Schließlich stellte sich heraus, daß die Ursache des Problems bei den Bauern selbst lag. Anstatt die Früchte der gesündesten Pflanzen für das folgende Jahr aufzubewahren, behielten sie stets die kümmerlichsten Schoten zurück, weil sie auf dem Markt keine guten Preise erzielten. Ordoñez Pool und seine Kollegen sammelten in den verschiedensten Teilen des Staates die besten verfügbaren Habaneroschoten und brachten nach siebenjähriger sorgfältiger Kreuzung eine neue, robuste Sorte heraus. Die Samen verteilten sie an die Bauern.

Am Ende ihrer Bemühungen hatten die Forscher sogar zwei unterschiedliche Habanerotypen entwickelt. Der eine, den sie «Uxmal» nannten, bevorzugte einen weichen, fruchtbaren Boden, der andere, nach dem Instituto Nacional de Investigaciones Agrícolas «INIA» benannt, gedieh besser in steinigem Gelände. «Da es in Yukatan sowohl steinige als auch fruchtbare Böden gibt, beschlossen wir, beide Typen einzusetzen», sagte Ordoñez Pool. Der Uxmal bildet im allgemeinen vier Früchte pro Knoten aus, der INIA drei. Uxmal ist fünf Zentimeter lang und etwa zweieinhalb Zentimeter breit, etwas kleiner als der INIA, der von den Bauern bevorzugt wird, weil die Pflanzen kompakt sind und weniger Raum einnehmen; allerdings gilt der Uxmal als aromatischer. «Aber wenn Sie mich fragen, die Leute hier sind nicht so wählerisch. Sie sind glücklich, wenn sie irgendeinen Habanero haben», sagte mir Ordoñez Pool.

Der wichtigste Grund dafür, daß der Habanero als Ware so knapp ist, liegt darin, daß er sich an die Wachstumsbedingungen in Yukatan so gewöhnt hat, daß er nirgendwo sonst gedeiht. In einer Veröffentlichung des mexikanischen Landwirtschaftsministeriums heißt es: «Der Chili wächst ausnahmslos in Yukatan... Kommerzielle Versuche in anderen Landesteilen sind ohne Erfolg geblieben.» Auch Ordoñez Pools Institut hatte Samen der beiden Neuentwicklungen in die Nachbarstaaten Veracruz und weiter nördlich, nach Guanajuato und Sinaloa, gesandt. «In diesen Staaten werden alle Chilisorten außer dem Habanero angebaut. Wir versuchen gerade herauszufinden, warum der Habanero unter anderen Bedingungen so schlecht wächst.»

Auch auf diese botanische Tatsache verweisen die Mayas, um ihre enge Bindung an ihren Lieblingschili zu bekräftigen, der zur Spezies *Capsicum chinense* gehört. Fast alle anderen Chilisorten, die in Mexiko angebaut werden, werden der Spezies *Capsicum annuum* zugerechnet.

In Yukatan wird der Habanero auf etwa fünfhundert Farmen angebaut. Zusammen haben sie eine Anbaufläche von rund zweihundertfünfzig Hektar. Die jährliche Produktion beträgt zweitausendfünfhundert Tonnen, und 60 Prozent dieser Ernte werden in Yukatan selbst verbraucht. Der Rest wird exportiert, vor allem in die angrenzenden Bundesstaaten Quintana Roo und Campeche. Was den Gewinn für die Bauern betrifft, rangiert der Chili hinter Mais, Bohnen, Hirse und Melonen, jedoch vor Kokosnüssen, Zwiebeln und Erdnüssen.

«Unter bestimmten Umständen kann der Habanero aber auch zur profitabelsten aller Nutzpflanzen werden», erklärte mir Rafael Lopez, ein junger landwirtschaftlicher Berater im Regierungsbüro in Mérida. Lopez baut selbst Habanero an, «um nebenbei noch ein bißchen Geld zu verdienen». Einen Hektar zu bepflanzen hatte ihn eine Million Pesos gekostet; durch den Verkauf hoffte er, drei bis fünf Millionen Pesos zu erzielen, machte sich aber Sorgen, in dieser Saison wegen der allgemein guten Ernte möglicherweise nicht auf seine Kosten zu kommen.

«Beim Anbau von Habanero», sagte er, «kann man sehr reich, aber auch sehr arm werden.»

In Yukatan schwankten die Großmarktpreise mit der Unberechenbarkeit von Aktienkursen. Bei meiner Ankunft boten die Supermärkte den Habanero für 5000 Pesos pro Kilo an. Einen Monat früher hatte der Preis noch bei 10000 bis 15000 Pesos gelegen, und eine Woche später war er bereits wieder auf 8000 Pesos gestiegen.

Anders als bei den Aktienkursen werden die Schwankungen jedoch nicht durch Veränderungen bei der Nachfrage hervorgerufen. Im Gegenteil, die Nachfrage ist bemerkenswert konstant. Aber das Angebot ist nahezu unberechenbar. Die Schoten werden zu unterschiedlichen Zeiten reif, so daß es keinen stetigen Nachschub gibt und der Preis von Tag zu Tat schwanken kann. Außerdem ist der Habanero schwieriger anzubauen als alle anderen Chilisorten. Der steinige Boden, den er bevorzugt, ist schwer zu pflügen und von Unkraut freizuhalten. Die Pflanzen brauchen viel Wasser, das bei steinigem Boden schwerer zu gewinnen ist. Die Farmer graben *pozos*, doch es kann durchaus sein, daß diese Brunnen in der Mitte der Saison plötzlich versiegen.

Carmelo Chi Cauich bestellt auf einer kleinen, hügeligen Lichtung in der Nähe von Uxmal einen Hektar Habanero. Seine Farm gehört zu den größten der Gegend. Um dort hinzukommen, müssen seine Landarbeiter durch ein wildes Dschungelgebiet wandern. Die landwirtschaftlichen Berater, die ihn regelmäßig besuchen, um ihm beim Aufbau einer Modellfarm zu helfen, die andere Bauern zum Anbau von

Habanero ermutigen soll, quälen sich mit einem Jeep mühsam zwischen Baumstümpfen und Felsbrocken voran. Eines Nachmittags begleitete ich sie auf ihrer holprigen Fahrt.

«Ein noch größeres Feld könnten wir unmöglich bestellen», sagte mir der Bauer nach einer höchst ungewöhnlichen Begrüßung. Nach dem üblichen Händedruck hatte er die hohle Hand auf meine gelegt und abschließend seinen Daumen mit meinem verhakt. Kleine Falten verliefen im Zickzack über Chi Cauichs Gesicht, und seine haselnußbraunen Augen strahlten Herzlichkeit aus. «Um diesen Boden zu bearbeiten, kann man keine Maschinen einsetzen.» Er mußte drei *pozos* in den steinigen Boden graben und das Wasser mit Motorpumpen nach oben holen – eine äußerst kostspielige Angelegenheit. Chi Cauich sagte, in der Gegend rund um Mérida müßten die Brunnen acht Meter tief gegraben werden, bis man auf Wasser stieß. Im nächstgrößeren Anbaugebiet bei Ticul könne das Grundwasser sogar bis zu vierundzwanzig Meter tief liegen, so daß man für die Pumpen noch größere Motoren einsetzen müsse.

«Ich brauche alle zwei bis drei Tage fünf, sechs Leute, nur um die Pflanzen zu bewässern», sagte Chi Cauich und zeigte auf die Plastikrohre, die sich durch seine Felder schlängelten. Am Tag meines Besuches hatten Chi Cauichs Pflücker zehn Holzkisten mit insgesamt 100 Kilogramm Habanero gefüllt. Alle zwei bis drei Tage gingen sie durch die Felder, um die reifen Schoten abzuernten.

Zum Abschied steckte mir Chi Cauich eine Handvoll Schoten zu, die er selbst für mich ausgewählt hatte. «In Yukatan sagen wir: Kein Essen schmeckt ohne Habanero.»

9
Der Chili-Rausch

Wahre Chilifans hegen nicht nur eine Vorliebe für scharfe Sachen – sie werden von einem regelrechten Verlangen getrieben. Natürlich stillen sie beim Essen auch ihren Hunger, doch erst die Vorfreude auf die Schärfe des Chilis, die jeden Bissen begleitet, läßt ihnen das Wasser im Mund zusammenlaufen und macht die Mahlzeit für sie zu einem wahren Genuß. Mag das Essen noch so köstlich sein, und wurde es noch so sorgfältig zubereitet – erst der Chili erschließt ihnen die sinnliche Dimension. Kurz: Mit dem Chili steht oder fällt ihre gesamte kulinarische Existenz.

Nehmt ihnen den Chili weg, und sie verbreiten am Eßtisch Mißmut und schmollende Langeweile. Womöglich ziehen sie sich gar beleidigt zurück und beschließen, lieber zu hungern, als eine Mahlzeit ohne Chili zu essen. Oder sie stürzen sich in hektische Anstrengungen, um doch noch an ihren geliebten Chili zu gelangen. Ihre Augen leuchten, wenn sie von ihrem Lieblingschili sprechen. Sie stöhnen wohlig «Ah!», wenn sie in eine knackige Schote beißen. Und während sie noch schniefen und nach Luft ringen, verlangen sie schon nach mehr, damit die Wogen der süßen Qual nicht allzu rasch verebben.

Wahre Chilifans sind süchtig, und ihr Suchtstoff kann, was die Auswirkungen auf ihr Verhalten betrifft, mit Koffein und Nikotin, vielleicht sogar mit Alkohol und anderen Drogen mithalten. Würde man den Anonymen Alkoholikern die Symptome eines Chilifans schildern, würden sie mit Sicherheit Anzeichen einer fortschreitenden Suchterkrankung attestieren. Das Suchtverhalten ist nicht auf den ersten Blick zu erkennen. Niemand dreht kleingeschnittenen Chili zu Glimmstengeln zusammen oder schleicht sich heimlich ins Badezimmer, um Chilipulver zu schnupfen. Doch wie ich in Gesellschaft eingefleischter Chilifans häufig beobachtet habe, kann die enge Bindung zwischen Mensch und Chili ebenso bizarre und komische Formen annehmen. Hier einige Kostproben.

Nehme jedes Essen an, Chili vorhanden

Zubin Mehta ist so abhängig vom Chili, daß er ständig ein paar Schoten bei sich trägt und selbst die bekanntesten Restaurants der *haute cuisine*, in denen eigentlich schon die Frage nach dem Salzstreuer als krasse Respektlosigkeit gegen die Kunst der erlauchten Köche gilt, nie ohne Chili betritt. Wenn auch nicht in einem solchen Restaurant, sondern bei einem privaten Diner erlebte einer meiner Freunde, wie der berühmte Dirigent ein paar scharfe Chilischoten aus der Tasche zog.

Ich machte Mehta per Telefon in Tel Aviv ausfindig, wohin er gereist war, um die israelischen Philharmoniker zu dirigieren. Ich erwischte ihn kurz vor einer Probe in seinem Hotelzimmer. Ich stellte mich vor und fragte: «Stimmt die Geschichte?»

Der Zeitpunkt für meine Frage hätte, wie sich herausstellte, gar nicht besser gewählt sein können. Der Dirigent hatte gerade zwei getrocknete rote Chilischoten in einer Streichholzschachtel verstaut und in seine Jackentasche geschoben. «Ohne Chili hätte ich selbst im Cirque das Gefühl, Krankenhausessen vorgesetzt zu bekommen», sagte er mir.

Im Cirque?

In dem Vier-Sterne-Restaurant, in dem Zubin Mehta in New York zu speisen pflegt, strecken die Kellner bei der Begrüßung schon automatisch die Hände nach der Schachtel mit dem Chili aus. «Sie tragen den Chili sofort in die Küche, und der Chefkoch selbst würzt meine Speisen damit.»

Selbst indische Restaurants betritt Zubin Mehta nur mit dem eigenen Chili in der Tasche. (Einige Zeit nach unserem Telefongespräch traf ich ihn in einem indischen Restaurant in New York, und er streckte mir zum Beweis einen gefährlich aussehenden Tabasco entgegen.) Den eigenen Chili in ein indisches Restaurant zu tragen ist ungefähr so exentrisch, wie selbstgebackenes Brot mit in eine Bäckerei zu nehmen. Doch Zubin Mehta schwört auf seine eigene Ernte. In seinem Garten in Los Angeles baut er drei Sorten an – Jalapeño, Tabasco und ungarischen Kirschpaprika. Ein mexikanischer Gärtner pflegt die Chilipflanzen. «Aber die reifen Schoten auszuwählen und zu pflücken steht mir alleine zu», erklärte er mir.

Normalerweise trägt er seinen Chili in einer Streichholzschachtel mit sich herum. Nur bei besonderen Gelegenheiten benutzt er ein vergoldetes Döschen. Bei einem Bankett, zu dem ihn die Königin von England eingeladen habe, erzählte er mir, habe er sein Chilidöschen sogar herumgereicht.

«Und hat die Königin welchen genommen?»

«Nein, sie hat das Döschen weitergegeben.»

Andere habe er mit seiner Vorliebe für scharfen Chili aber durchaus angesteckt, sagte er. «Mrs. Sinatra hat früher nur Tabascosauce benutzt, jetzt greift sie zum frischen Tabasco. Und Gregory Peck baut sogar eigenen Chili an, nachdem er meinen Garten gesehen hat. Ich bin sehr froh darüber, denn wenn wir uns früher beim Essen trafen, mußte ich meinen Chili immer mit ihm teilen.»

Auch den König von Spanien habe er mit seiner Chili-Manie beeindruckt, erzählte mir Zubin Mehta. Als Juan Carlos zum Essen in sein Haus in Los Angeles gekommen sei, hätten ihn die saftigen roten Tabascoschoten in Mehtas Garten geradezu fasziniert. «Er hat sich eine Handvoll gepflückt und in die Tasche gesteckt», sagte Mehta. «Wer weiß, vielleicht wachsen jetzt irgendwo in seinem Palast Abkömmlinge meines Chilis.»

In gewisser Weise empfand ich es als feine Ironie des Schicksals, daß der König von Spanien sich bei einem Inder eine Handvoll Chili pflückte. Schließlich waren es Juan Carlos' Vorgänger auf dem spanischen Königsthron, die Kolumbus seine Reise finanzierten, damit er den schwarzen Pfeffer und andere Gewürze aus Indien nach Spanien holte. Wie wir wissen, landete Kolumbus statt dessen in der Karibik und brachte aus dem «Land der Indianer» einen völlig anderen Pfeffer mit.

Riveras Chilisamen

Wenn es nach Lucienne Bloch Dimitroff ginge, behielten wir Diego Rivera nicht nur wegen seiner berühmten Wandgemälde, sondern auch wegen seiner Vorliebe für scharfen Chili in Erinnerung. Vor einigen Jahren schenkte Riveras langjährige Assistentin dem Detroit Institute of Arts ein Samenkorn, das noch von dem Meister stammte. Ich las zufällig in der Lokalzeitung davon und rief sofort bei der temperamentvollen neunundsiebzigjährigen Dame an.

«Chili spielte in Riveras Leben eine große Rolle», erzählte sie mir. «Er war ihm mindestens ebenso wichtig wie seine Farben.» Dimitroff und ihr Ehemann wirkten über viele Jahre als seine Assistenten, übertrugen Zeichnungen vom Papier auf Wände, bereiteten Farben und Untergründe vor.

Auf das Samenkorn stieß sie, als sie 1988 Riveras Wandgemälde am Detroiter Institut restaurierte. Das Gemälde stellt die Metamorphose von Eisen, Kohle, Kalk und Sand in ein Auto dar. Einen Schwamm in der Hand, stand Dimitroff auf einem Gerüst vierzehn Meter über dem Boden, als sie einen öligen Fleck auf dem Wandgemälde bemerkte. Als sie vorsichtig über den Fleck fuhr, fiel ein Samenkorn herunter. Sie konnte es nicht mehr rechtzeitig auffangen, fand jedoch noch ein zweites, verwahrte es in einer leeren Filmdose und schrieb auf das Etikett: «Riveras Chilisamen». Später schlang sie eine Schleife darum und übereignete die Dose dem Institut.

«Der Samen muß mit seinem Speichel auf das Bild gekommen sein», sagte sie. «Wahrscheinlich war es ein besonders scharfer Chili.»

Dimitroff fragte sich, ob sie vielleicht indirekt für den Chilisamen auf dem Wandgemälde verantwortlich war. Schließlich hatte Frida Kahlo, Riveras Frau, ihr oft genug vorgeworfen, den Maler an immer schärferen Chili gewöhnt zu haben, während sie im Juli 1933 nach einer Fehlgeburt im Krankenhaus lag.

In Kahlos Abwesenheit hatte Dimitroff die zusätzliche Aufgabe übernommen, Rivera zu bekochen. Als erstes zeigte ihr Rivera, wie man getrockneten roten Chili röstet. (Dank der großen Zahl mexikanischer Immigranten, die wegen der Arbeitsplätze in der Autoindustrie nach Detroit kamen, war das Angebot an Chili in der Stadt stets ausreichend.) Offenbar hatte sich Frida Kahlo bis dahin geweigert, Chili zu rösten, weil das die Schärfe noch mehr zur Geltung bringt. Auf Riveras Drängen bereitete Dimitroff seine Mahlzeiten mit großzügig bemessenen Mengen an geröstetem Chili zu. Dann kam der Tag, an dem Riveras Frau von ihrem zweiwöchigen Krankenhausaufenthalt nach Hause zurückkehrte. Mit einem Löffel kostete sie von den Resten vom Vortag – Rindfleisch mit Kohl – und spuckte sie sofort wieder aus.

«Sie sagte, so etwas würde sie keinem Hund zum Fraß vorsetzen», erzählte Dimitroff kichernd. «Sie hatte Angst, die Chili-Exzesse würden ihren Mann früher oder später das Leben kosten.»

Doch Rivera kam seiner Assistentin zu Hilfe. «Diego aß den Rest vor Fridas Augen auf, ohne auch nur einmal mit der

Wimper zu zucken. Dann erzählte er, schon als Student in Spanien habe er eine Schüssel scharfen Chilis und eine Schüssel Kirschen essen und zwischen beiden keinen Unterschied feststellen können.»

Chili schlichtet Streit

In Indien ist vor allem der Süden des Landes für seinen hohen Chilikonsum bekannt. Im südöstlichen Bundesstaat Andhra Pradesh liegt das größte Anbaugebiet Indiens. Schon zur britischen Zeit wurde in Haiderabad, der heutigen Hauptstadt des Bundesstaates, nach offiziellen Regierungsberichten pro Kopf der meiste Chili verzehrt, nämlich 6,375 Kilo pro Jahr. Der zweithöchste Chilikonsum wurde mit 4,713 Kilo pro Jahr in Bombay registriert.

Den größten Anteil an diesen Zahlen hatten die armen Leute. In der Küche der Reichen und Adligen, die schwarzen Pfeffer, Kardamom, Safran und andere exotische Gewürze jener Zeit bevorzugten, spielte der Chili keine so große Rolle. Aber die Armen konnten sich keine exotischen Gewürze leisten und waren daher auf den Chili angewiesen.

Eines Sommers besuchte ich die Familie eines Freundes. Seine Vorfahren waren die Herrscher des früheren Staates Haiderabad, der sich 1724 vom Mogulreich unabhängig erklärte und wegen seines Wohlstands und auch seiner Küche großen Ruhm genoß. Ich hatte mich vorher telefonisch angemeldet und erklärt, daß mein besonderes Interesse dem Chili galt. Ich wollte erfahren, welche Rolle er in der Küche der Aristokratie innehatte. Als ich in Haider Manzil, dem alten Herrensitz der Familie, ankam, begrüßten mich Begum Husain, eine höchst energische Frau, und ihr Bruder Agha Sirtaj Hasan Mirza.

«Der Chili ist ein Lieblingsthema meines Mannes, er könnte Ihnen endlose Geschichten erzählen, aber leider liegt er mit einer Angina im Bett», sagte die Begum, während sie mich ins Wohnzimmer führte. Die großen, verblichenen, fadenscheinigen Teppiche zeugten vom Glanz der vergangenen Mogulherrschaft.

Ich fragte, ob der Chili in erster Linie als Gewürz der Armen anzusehen sei.

«In der Aristokratie in Haiderabad wird viel Chili gegessen», antwortete die Begum. «Aber die unteren Klassen essen sehr viel mehr. Ich brauche da bloß an meine Dienerschaft zu denken. Ständig muß ich neue Vorräte kaufen, sonst arbeiten sie immer langsamer und stöhnen: ‹Ach, ich bin so erschöpft›, ‹Oh, mein Kopf tut so weh›, oder ‹Mir ist schon ganz schwindelig.› Wir haben sechs Bedienstete, und zusammen vertilgen sie Monat für Monat anderthalb Kilo roten Chili.»

«Warum über die Dienerschaft jammern? Schau dir doch deine eigene Familie an», schaltete sich Hasan Mirza, ihr Bruder, ein.

«Ja, da hast du recht», sagte die Begum, die selbst nur mäßig scharfe Sachen aß. «Die Familie meiner Schwiegermutter war zu fünft. Wissen Sie, wieviel Chili sie verbraucht haben? Zwanzig Kilo pro Jahr! Das sind mehr als anderthalb Kilo pro Monat. Mein Großvater und meine Großmutter aßen tagaus, tagein jeweils zwei Chilischoten zum Mittagessen und zwei Chilischoten zum Abendessen. Und meine Eltern haben so gut wie jedes Gericht mit Chili gewürzt. Ich weiß noch, wie ich als Kind gebetet habe: ‹O großer Allah, mach, daß der Chili eine Rupie pro Kilo kostet! So teuer, daß die Leute endlich aufhören, Chili zu essen.› Das war vor fünfunddreißig Jahren. Damals konnte man fünf Kilo für eine Rupie kaufen. Heute kostet das Kilo mindestens dreißig Rupien, und die Leute essen sogar noch mehr Chili als früher.»

Nach dem Tee wollte mir die Begum einen Brief zeigen, der ihrer Meinung nach mehr über den Chili sagte als jede kulinarische Spitzfindigkeit. Wenig später folgte ich ihr in ein angrenzendes dreistöckiges Gebäude, das sie und ihr Mann in ein Museum für islamische Gelehrte verwandeln wollten, Es beherbergte die alten Besitztümer der Familie: Bücher, Briefe, Schwerter, Gerätschaften, Mogulgewänder, Gebetsperlen, Fotos, Wappen, Münzsammlungen ihres Ururgroßvaters, des Nizams von Haiderabad, und eine riesige Sammlung anderer Memorabilien.

Vor einer Glasvitrine blieb sie stehen und holte einen ganzen Stapel Briefe heraus. Sie stammten von so außergewöhnlichen Gestalten der indischen Geschichte wie Mahatma Gandhi, Maharadscha Krishna Prasad, Salar Jung und dem bengalischen Dichter Rabindranath Tagore und warteten noch darauf, sortiert und registriert zu werden. Die Begum blätterte die Papiere durch und las mir währenddessen aus diesem oder jenem Brief einen Absatz vor, den sie für besonders interessant hielt.

«Hier ist er», sagte sie schließlich, als sie den Brief gefunden hatte, den sie mir zeigen wollte. «Er stammt von Haza Hasan Nizami, dem berühmten Sufi aus Delhi, und richtet sich an meinen Vater. Die beiden haben einen Disput darüber geführt, wer von ihnen das reinere Urdu sprach. Jeder behauptete, das reinste Urdu zu sprechen. In zahllosen Briefen stellten sie Behauptungen und Gegenbehauptungen auf. Schließlich schrieb Haza Hasan Nizami: ‹Wie kann mein Urdu sich von Deinem unterscheiden? Schließlich habe ich als Kind Chili aus Deinem Dorf gegessen›.» Die Begum schaute mich bedeutungsvoll an.

«Und damit war der Streit ein für allemal beendet», sagte sie.

Chili in seriösem Gewand

Die Chili-Manie ist jedoch keinesfalls auf Menschen mexikanischer oder indischer Herkunft beschränkt, und diese Völker sind nicht etwa genetisch für den Verzehr scharfer Speisen prädisponiert. «Immer, wenn ich an Henri Cartier-Bresson denke, sehe ich ihn am Tisch sitzen, eine Tube nordafrikanische Chilipaste in der einen, ein Taschenmesser in der anderen Hand…» begann ein Artikel über den berühmten französischen Fotografen im *New Yorker* vom Oktober 1989. Auch in der westlichen Welt findet man zahlreiche Chililiebhaber. Zu ihnen gehörte ein Geschäftsmann aus Michigan namens Sid. Ein Fremder, der mich 1986 in Detroit mit einer kleinen Silberdose voll winzigen roten Chilis überraschte, hatte mich auf seine Fährte gebracht. Die fein verzierte Dose schien für etwas anderes gemacht zu sein, vielleicht für Kokain. Er verwende sie nur für den kleinen scharfen Chili, den Sid in seinem Garten ziehe, vertraute mir der Fremde an.

Als ich Sid wenig später anrief, erzählte er mir, er habe in seinem Garten ein zwölf mal achtzehn Meter großes Chilibeet und «für den Notfall» wüchsen in großen Blumentöpfen direkt vor seiner Terrassentür weitere Chilipflanzen. «Manchmal will ich mir ganz auf die Schnelle ein paar Schoten pflücken», erklärte er.

«Nennen Sie mir einen Chili, und ich zeige Ihnen, wo er in meinem Garten wächst», fuhr er großspurig fort, um diese Behauptung gleich darauf wieder ein wenig abzumildern: «Ich habe alle meine Lieblingschilisorten gepflanzt. Natürlich nur die, die in unserem Klima gedeihen.»

Dann rasselte er ein halbes Dutzend Sorten herunter: «Mit dem milden Chili Largo würze ich meine Frühstückseier; Cayenne kommt in alle Nudelgerichte; mit dem extrem scharfen Chipotle garniere ich meine Sandwiches; der Serrano kommt in den Salat und eignet sich auch für eine ganze Reihe anderer Gerichte… Das einzige, was ich noch nie mit Chili probiert habe, ist Eis, aber ich muß sagen, ich bin schon mehrmals in Versuchung geraten…»

Bei einem Treffen seriöser, in gediegenen Tweed gekleideter Gentlemen in einem New Yorker Club beobachtete ich amüsiert, wie der Chili die Augen dieser Männer, von denen man gemeinhin annimmt, ihre gewagtesten Ausflüge in das exotische Land der Gewürze würden mit dem Spritzer Tabascosauce in ihrer Bloody Mary enden, zum Leuchten brachte. Es begann alles damit, daß jemand sich beschwerte, der Tabasco in seinem Drink sei nicht scharf genug. «Sie sollten mal die scharfen Saucen auf Jamaika probieren», sagte er. Ein anderer Mann, der längere Zeit die Regierung von Peru in banktechnischen Fragen beraten hatte, pflichtete ihm bei: «In Lima habe ich immer diesen kleinen runden Chili gekauft. Aber es ist mir bis heute nicht gelungen, die verflixten Dinger hier bei uns anzubauen.» Der Mann lebte in Tuxedo, New York – wohl kaum das klimatisch günstigste Anbaugebiet für einen peruanischen Chili. Ein anderer schwärmte: «In Bhutan gibt es einen köstlichen Chili. Am besten schmeckt er mit Wodka – man braucht nur einen Tropfen pro Flasche.» Und so schlürften sie an einem verregneten New Yorker Sonntagnachmittag ihre Drinks und schwärmten mit verträumten Blicken davon, wie sehr sie sich in den Chili, dem sie auf ihren Reisen durch Afrika, Südamerika oder Indien zunächst mit großer Zurückhaltung begegnet waren, vernarrt hatten. Eine Woche später hörte ich, zwei der Männer hätten postalisch ihre Lieblingschilis ausgetauscht.

Doch auch mich selbst hat die Chili-Manie schon in die absurdesten Situationen gebracht, und so bin ich äußerst nachsichtig, wenn es um das Suchtverhalten anderer Menschen geht. Nach meiner ersten Begegnung mit dem Habanero im Los Almendros in Mérida, Yukatan, zerbrach ich mir den Kopf darüber, wie ich zumindest einen kleinen Vorrat der köstlichen Schoten mit nach New York nehmen könnte. Obgleich der Habanero mit Fug und Recht als schärfster Chili gilt, hatte mich sein samtiges Aroma in eine herrlich sanfte Trance versetzt. Diesen Chili mußte ich unbedingt haben – für mich und für alle befreundeten New Yorker Chilifans, die der Habanero ganz bestimmt tief beeindrucken würde. Mit bangen Gefühlen dachte ich jedoch an den US-amerikanischen Zoll, der es allen Reisenden streng verbietet, frische Lebensmittel einzuführen. Eine Frau aus Kansas hatte mir einmal erzählt, ihre mexikanische Großmutter habe sich einen speziellen Gürtel genäht, in dem sie frische Chilischoten durch die Kontrolle schmuggelte. Da die heutigen Zollbeamten mit allen Wassern gewaschen sind, kam diese Methode für mich nicht in Frage.

Ich ersann eine andere Art der Beschaffungskriminalität. Beim Rückflug in die Staaten hatte ich eine braune Papiertüte mit frischem Habanero, ein großes Glas Wasser und eine kleine Flasche Essig dabei. Als das Flugzeug der Aeromexico landete, kippte ich den Essig in das Glas und ließ die Habaneroschoten in die saure Mischung gleiten.

«Haben Sie irgendwelche Pflanzen, frisches Obst oder Gemüse dabei?» hörte ich in Gedanken schon die Zollbeamten fragen.

«Nein!»

Ich brauchte nicht zu lügen, denn strenggenommen trug ich bloß ein Glas mit eingelegtem Habanero über die Grenze, und das war selbst nach den strengen US-Gesetzen völlig legal. Leider hat mich der Zoll überhaupt nichts gefragt.

Gleich am Taxistand vor dem Flughafen goß ich die Flüssigkeit aus dem Glas, um meinen frischen Habanero zu retten. Einen Teil der wertvollen Importware verschenkte ich an Freundinnen und Freunde, von denen sich einige regelmäßig durch Kurierdienste frischen Chili aus Texas und Louisiana beschaffen lassen. Der Habanero war ein großer Erfolg. Einer der Empfänger, mein Freund Peter, der an der Wall Street arbeitet und einen Magen aus Stahl besitzt, rief mich eine Woche später an, weil er herausfinden wollte, ob er sich den Chili mit Federal Express aus Yukatan zuschicken lassen könnte.

Was hat er eigentlich, der Chili? Womit zieht er mehr als ein Viertel aller menschlichen Zungen in seinen Bann? Daß es Menschen nach Schokolade verlangt, gilt als völlig normal. Und obgleich der salzige, glitschige Kaviar längst nicht jedermanns Sache ist, stellt man seine weltweite Anhängerschaft kaum in Frage. Aber bei Chili? Ich habe mich oft gefragt, worin seine Anziehungskraft besteht – vor allem, wenn ich einem unerschütterlichen Fan gegenübersaß, der sich in begeisterten Lobeshymnen über «seinen» Chili erging, während ihm die Schärfe der heimtückischen Schoten Tränen in die Augen trieb.

Ich erörterte die Frage mit Vertreterinnen und Vertretern der Ernährungswissenschaft und Psychologie, aber auch mit Menschen, die sich bemühten, eine Erklärung für ihr eigenes Suchtverhalten zu finden. Eine Ursache der vom Chili ausgehenden Faszination scheint in den psychologischen Veränderungen zu liegen, die durch das Capsaicin im menschlichen Körper ausgelöst werden. Der Psychologe Paul Rozin von der University of Pennsylvania gehört zu den Verfechtern dieser Theorie, die auch mir zunehmend plausibel erscheint. Danach ist es vor allem die Reaktion des Gehirns auf das brennend scharfe Capsaicin, das die Chilifans süchtig macht.

Kommt das Capsaicin in Kontakt mit den Nervenenden im Mund, vermitteln die Botenstoffe ein Signal, das im Gehirn den Eindruck weckt, die entsprechende Stelle im Mund würde verbrennen. Natürlich verbrennt das Capsaicin den Mund aber nicht so, wie eine kochend heiße Speise oder eine ätzende Säure das tun würde. Die Neurotransmitter senden also im Grunde ein falsches Signal an das Gehirn. Wieso sie dies tun, ist bis heute ein Rätsel. Man vermutet, daß sie das Capsaicin nicht eindeutig identifizieren können und daher voller Panik zur schlimmsten aller Botschaften greifen: «Feuer! Feuer!» Das Gehirn – das von anderen scharfen Gewürzen wie schwarzem Pfeffer, japanischem Wasabi oder Ingwer nicht in Alarm versetzt wird – schaltet, um die gefährliche Substanz wieder loszuwerden, sozusagen in den höchsten Gang: Das Herz klopft schneller, der Mund produziert mehr Speichel, die Nase beginnt zu laufen, der Verdauungstrakt arbeitet schneller, und die Schweißdrüsen setzen zur Schwerstarbeit an.

Und nun kommt die Krönung all dieser physiologischen Veränderungen: Unter dem Eindruck, der Körper sei erheblich verletzt worden, setzt das Gehirn die Ausscheidung des körpereigenen Schmerzmittels, des Endorphins, in Gang. Es wirkt ähnlich wie Morphin oder Novokain, stillt den Schmerz und führt zu einem Rausch. Endorphin wird normalerweise bei körperlichen Verletzungen ausgeschüttet. Da das Capsaicin jedoch keine eigentliche Verletzung anrichtet – es wird keine Körperfunktion beeinträchtigt und auch kein Gewebe zerstört –, verabreicht man sich quasi, wenn man in einen Chili beißt, die milde Dosis eines Schmerzmittels, ohne daß dafür ein objektiver Grund bestünde. Und schon beim zweiten Biß, für den die Zunge noch ebenso empfindlich ist, auch wenn die Toleranzschwelle sich ganz allmählich erhöht, wird durch einen weiteren Schmerzreiz noch mehr Endorphin freigesetzt. Mit jedem Biß steigt der Endorphinpegel. «Je stärker die Endorphinausschüttung, desto intensiver das Wohlgefühl», erklärte mir Paul Rozin, und hinter seinem buschigen graumelierten Bart war ein Lächeln zu erkennen.

Die Endorphintheorie erklärt auch, warum wahre Chilifans nach immer schärferem Chili verlangen, bis sie die Schärfe tatsächlich nicht mehr ertragen können: Es ist die vermehrte Ausschüttung von Endorphin, die jeden Biß in süße Qual verwandelt. «Wenn wir uns aus Versehen den Fuß verstauchen, würde das Gehirn vielleicht die gleiche Menge Endorphin freisetzen. Es kommt aber nicht zum Rausch, weil wir uns den Fuß nicht mehrere Male hintereinander verstauchen», sagte Rozin.

Rozin hat Menschen und Tieren Chili zu essen gegeben und ihr Verhalten genau beobachtet. Gemeinsam mit seiner (inzwischen geschiedenen) Frau Elisabeth, einer Ernährungswissenschaftlerin, hat er zahlreiche Aufsätze zum Thema veröffentlicht. Die Aufsätze tragen Titel wie «Struktur und Erwerb geschmacklicher Vorlieben für scharfen Chilipfeffer beim Menschen», «Manche mögen's heiß: Eine Analyse hedonistischer Reaktionen auf den Verzehr von scharfem Chilipfeffer», «Erworbene Ernährungspräferenzen bei Schimpansen», «Reversion angeborener Abneigungen: Ein Versuch, Ratten an den Verzehr von scharfem Chilipfeffer zu gewöhnen», und schließlich «Auswirkungen oral verabreichten Capsaicins auf die Aromasensibilität beim Menschen».

Ergänzend hat Rozin eine eher psychologisch orientierte Erklärung vorgeschlagen. Nach dieser Theorie kommt der Verzehr von scharfem Chili einer Begegnung mit einem Hund gleich, der zwar schrecklich laut bellt, aber nicht beißt. Rozin vergleicht diese Erfahrung mit der Lust an einer Achterbahnfahrt: Der Körper jagt von einem Schreck zum nächsten, doch das Wissen, daß es trotz des freien Falls und aller atemberaubenden Kurven nicht zur Verletzung kommen wird, führt letztendlich zu lustvollen Gefühlen. Je größer der Schreck, desto größer auch der Lustgewinn. «Wenn man Chili ißt, hat man das Gefühl, daß der Mund verbrennt, weiß aber gleichzeitig, daß es nicht stimmt. Auf diese Form des gutartigen Masochismus haben es die Chilifans abgesehen», sagte Rozin und wies auf ähnliche Effekte beim Saunabaden oder kalten Duschen hin. «Das anfängliche Unbehagen verwandelt sich in ein alles umfassendes Wohlgefühl.»

Elisabeth Rozin sieht das Ganze eher aus der Perspektive der Ernährungswissenschaftlerin. Wir trafen uns in einem mexikanischen Restaurant in Philadelphia, dessen Besitzer uns mit einer großen Auswahl seltener Chilis überraschte. Wenn sie nicht gerade den Koch lobte, erklärte mir Elisabeth, warum sich die Menschen ihrer Meinung nach mit dem bissigen Chili einlassen. Nach ihrer Theorie erhöht der Chili die Empfindlichkeit des Mundes, so daß er die Speisen als aromatischer und geschmackvoller wahrnimmt, als sie es tatsächlich sind. (Mit ihrer Erklärung widerspricht sie der Behauptung vieler Chilihasser, die scharfen Schoten würden die Zunge betäuben. Tatsächlich scheint genau das Gegenteil der Fall zu sein.)

Das Capsaicin bringt die Geschmacksknospen offenbar zum Blühen, so daß der nun um so empfindlicher gewordene Mund die Struktur, die Saftigkeit und das Aroma des Essens noch intensiver wahrnimmt. Knoblauch, Koriander, Ingwer und andere Gewürze haben in einem gewissen Maße einen ähnlichen Effekt. Die alten Hindus glaubten, unterschiedliche Geschmacksreize würden verschiedene Teile des Munds – und damit auch verschiedene Teile des Körpers – stimulieren, und komponierten daher die ausgefeiltesten Gerichte, die sie mit einer möglichst großen Bandbreite von Gewürzen verfeinerten – ein Grundsatz, der die indische Küche bis heute leitet. «Der Chili ist dagegen sehr direkt. Mit einem einzigen Fanfarenstoß verleiht er einem einfachen Essen ganz ungeahnte, neue Dimensionen», sagte Elisabeth Rozin. «Wumm! Und mit einem Mal ist das Essen – oder vielmehr seine Wahrnehmung – radikal verändert.»

Thymian, Basilikum, Oregano oder Knoblauch verfeinern die Speisen, indem sie den verwendeten Lebensmitteln Aroma und Geschmack verleihen. Der Chili dagegen hat selbst kein nennenswertes Aroma und verwandelt dennoch jedes Essen auf so grundsätzliche Weise, wie man dies selbst mit intensiven Gewürzen wie Koriander oder Knoblauch nicht zu erreichen vermag.

Daß der Chili einfache Gerichte enorm aufwerten kann, spiegelt sich in der Tatsache wider, daß er vor allem bei den Völkern so beliebt ist, deren Ernährung sich größtenteils auf relativ geschmacklose Lebensmittel wie Mais, Reis und Bohnen stützt. Selbst die besten Tortillas schmecken fade, wenn man sie pur verzehrt. Erst wenn man sie mit ein wenig Salsa vom Serrano oder Habanero bestreicht, steigt das papierdünne mexikanische Brot zur Delikatesse auf. Und genauso essen auch viele arme Menschen in Mexiko ihre Tortillas. In Indien gilt flaches Weizenbrot mit Zwiebelringen und grünem Chili bei vielen Bauern als erschwingliches und geschmackvolles Essen. In *Nectar in a Sieve*, einem 1954 erschienenen Roman über das ländliche Indien, schrieb Kamala Markandaya: «...wenn die Zunge gegen schlichten Reis rebelliert, nach *ghee* [geklärter Butter], Salz und Gewürzen verlangt, die man sich gar nicht leisten kann, macht der scharfe Biß eines Chilis selbst die einfachste Mahlzeit annehmbar.»

«Überall, wo sich die Ernährung größtenteils auf pflanzliche Lebensmittel stützt, ist der Einsatz von Gewürzen größer», meinte Elisabeth Rozin. «Daraus folgere ich, daß pflanzlichen Lebensmitteln im Vergleich zum Fleisch etwas fehlt, das durch den Chili wieder wettgemacht werden kann.» So erklärt sie sich auch, warum man in Irland, Deutschland oder Frankreich, wo das Fleisch in der Ernährung eine große Rolle spielt, nicht auf den Chili zurückgegriffen hat.

Doch die Tatsache, daß Chili und Paprika in anderen Ländern auch bei Fleischgerichten zum Einsatz kommen, zeigt, daß auch an sich schon sehr schmackhaftes Rinder-, Schweine-, Lamm- oder Hühnchenfleisch mit Hilfe der scharfen Schoten auf der Aromaskala um einige Punkte nach oben katapultiert werden kann. Denken wir nur an das Eintopfgericht *Chili con carne*, das der Schriftsteller O. Henry in «The Enchanted Kiss» als «eine Mischung von einzigartigem Geschmack und flammendem Genuß» beschrieb, die großzügig gewürzten indischen Huhn- oder Lamm-«Vindaloos» oder die chinesischen Gerichte aus Tsetschuan.

Die Fähigkeit des Chilis, die Geschmacksknospen der Zunge zum Platzen zu bringen, hat auch die Anthropologin Carol Farber von der University of Western Ontario in London, Ontario, auf den Chiligeschmack gebracht. «Durch den Chili fühle ich Teile meines Mundes, die ich sonst beim üblichen westlichen Essen gar nicht spüren würde», sagte sie und erzählte mir, sie habe den Chili entdeckt, als sie mit einer Theatergruppe durch Bengalen reiste. «Zu allen Mahlzeiten haben die Schauspieler auf frischem, grünem Chili bestanden.»

Doch der Chili versetzt nicht nur die Geschmacksknospen in höchste Alarmbereitschaft, er fördert auch den Speichelfluß und trägt dadurch ebenfalls zur besseren Genießbarkeit der Speisen bei. Außerdem aktiviert er die Verdauung, so daß eingeschworene Chililiebhaber oft mehr essen als andere Leute.

Manchmal habe ich mich gefragt, ob der erhöhte Speichelfluß vielleicht mit zu den Streichen gehört, die das Capsaicin dem Gehirn so gerne spielt. Normalerweise läßt uns der Anblick appetitlicher Speisen das Wasser im Mund zusammenlaufen. Es könnte daher doch durchaus sein, daß wir umgekehrt, wenn uns der Mund wäßrig wird, glauben, etwas besonders Köstliches zu verspeisen. Der vom Chili ausgelöste Speichelfluß könnte das Gehirn zu begeisterten Reaktionen zwingen. «Laß es dir schmecken!» ruft das Gehirn. «Hmmm! Was für ein Genuß!» Allerdings habe ich es bisher noch nicht gewagt, meine Theorie maßgeblichen Experten zur Prüfung vorzulegen...

Denkbar wäre allerdings auch, daß der Chili selbst eine rauschauslösende Substanz enthält, auf die sich die Sucht der Chilifans richtet. Schließlich gehört die Gattung *Capsicum* zur Familie der Nachtschattengewächse, zu denen auch Kartoffeln, Tomaten, Auberginen und Tabak zählen – und so gefährliche Pflanzen wie der halluzinogene Stechapfel, das giftige Bilsenkraut und Belladonna, die Tollkirsche. Sie alle besitzen Alkaloide, die auf das menschliche Nervensystem einwirken. Die in den Capsicum-Früchten enthaltenen Alkaloide sind chemisch mit Koffein, Morphin, Chinin, Strychnin und Nikotin verwandt. Dr. Andrew Well, der die psychedelischen Eigenschaften von Marihuana und bestimmten Pilzen untersucht hat, kam zu dem Schluß, daß die psychotropen Auswirkungen des Capsaicins so geringfügig sind, daß man sie nicht mit denen anderer Mitglieder der Familie der Nachtschattengewächse gleichsetzen kann.

Nur eine einzige Chilipflanze ist für stärkere psychotrope Eigenschaften bekannt – und ausgerechnet sie trägt keine Früchte. Die Urbevölkerung auf den Inseln Mikronesiens im westlichen Pazifik bereitet aus den Wurzeln des Sakau-Chilis ein berauschendes Getränk. Sie zerstoßen die Wurzeln, wickeln den Brei in Hibiskusrinde und pressen den Saft in ein Trinkgefäß. Die etwas schleimige, bitter schmeckende Flüssigkeit ist wegen ihrer leicht berauschenden Wirkung sehr beliebt.

1768 führte der englische Botaniker und Forschungsreisende James Cook den Sakau als *Piper methysticum* oder «berauschenden Pfeffer» auf. Doch die Vermutung, der Chili selbst besitze einen berauschenden Inhaltsstoff, mag ein wenig weit hergeholt sein, obwohl das Suchtverhalten vieler Chilifans so manches ernsthafte Forschungsteam zu entsprechenden Untersuchungen angespornt hat. «Aber darüber möchten wir lieber nichts veröffentlichen», erklärte mir Roy Nakayama, der inzwischen verstorbene Botanikprofessor von der New Mexico University. «Ich sage immer: Damit machen wir nur die Pferde scheu, und außerdem hat unsere Drogenpolizei heute schon genug zu tun.»

*W*enn ich an den bissigen Charakter des Chilis denke, frage ich mich, welcher Mensch wohl als erster diesen gewaltigen Bluff durchschaute. Schließlich meiden wir von Natur aus alles, was auf den ersten Biß unangenehm schmeckt, weil es häufig auch tatsächlich schädlich oder sogar tödlich ist. Und niemand kann bestreiten, daß der erste Eindruck, den wir von Chili bekommen, geschmacklich eher abstoßend ist. Woher wußten unsere Vorfahren, daß die Schärfe des Chilis nur eine leere Drohung ist? Vielleicht haben sie als erstes in einen milden Chili gebissen und sich dann ganz allmählich die Scoville-Skala hinaufgeknabbert, bis sie entdeckten, daß selbst der schärfste Chili nicht nur keine tödliche Wirkung hat, sondern sogar angenehme Gefühle weckt.

Andererseits kann es kaum überraschen, daß man dem Chili auf die Schliche kam. Denken wir an *Amanita muscaria*, den Fliegenpilz, einen wahrhaft gefährlichen Burschen. In winzigen Mengen eingenommen, wirkt er halluzinogen. Überschreitet man die prekäre Schwelle, bringt er den Tod. Irgendwie hat der Mensch gelernt, daß der hochgiftige Pilz in winzigen Dosen nur einen Rausch verursacht. Bis heute essen Menschen in Nordfinnland und Ostsibirien kleine Bröckchen von dem Pilz und trinken anschließend, anstatt mehr Fliegenpilz zu sich zu nehmen und damit die tödliche Wirkung zu riskieren, den eigenen Urin, um die halluzinogene Erfahrung hinauszuzögern.

*I*n der Wissenschaft geht man allgemein davon aus, daß die Schärfe dem Chili dazu diente, weidende Tiere abzuschrekken. Tatsächlich machen wildlebende Tiere einen Bogen um Chilipflanzen, und in Laborexperimenten hat sich gezeigt, daß Affen, Ratten und Mäuse angewidert zurückweichen, wenn ihr gewohntes Futter mit scharfem Chili garniert wird. Aufgrund dieser Beobachtungen versucht eine Forschergruppe am Monnell Institute der University of Pennsylvania, ein im wesentlichen aus Capsaicin bestehendes Mittel zu entwickeln, das Nutzpflanzen vor Wildfraß schützt. «Gegen Rehe, Kaninchen und Feldmäuse scheint das Mittel zu wirken», sagte mir Russell Mason, ein Mitglied des Forschungsteams. Das hörte sich gut an, doch wie ich bald erfahren sollte, war Skepsis durchaus angebracht.

Russell Reidinger, Direktor des Denver Wildlife Research Center, erzählte mir nämlich, er habe von 1974 bis 1978 gemeinsam mit einer Gruppe von Wissenschaftlern auf den Philippinen, wo Nagetiere auf den Feldern jährlich Schäden in Millionenhöhe anrichten, an einem Mittel gegen Wildfraß gearbeitet. «Dabei haben wir auch an den Chili gedacht», sagte Reidinger. «Aber dann kam eines Tages einer unserer Leute grinsend von den Versuchsfeldern zurück und zeigte uns die traurigen Überreste einiger Chilipflanzen, die von Ratten völlig zerfressen waren. Wir waren überrascht, daß die Ratten sich über den dicken, extrem scharfen Chili hergemacht hatten, den ich nicht einmal mit der Zunge berühren konnte. Jedenfalls hat das Erlebnis unsere Begeisterung für den Chili gründlich gedämpft.»

Russell Mason hat auch ein mit Chiliglasur überzogenes Vogelfutter im Programm, das Eichhörnchen und andere Räuber von Futterhäuschen fernhalten soll. Interessanterweise stören sich die Vögel nicht am Chili. «Sie merken offenbar überhaupt keinen Unterschied, während die Eichhörnchen in voller Panik die Flucht ergreifen», sagte Mason. Die Vögel, die ja auch maßgeblich daran beteiligt waren, daß sich der wilde Chili von den Anden aus in andere Gebiete der Neuen Welt verbreiten konnte, sind gegen Capsaicin immun. «Wir haben Vögel mit einer zweiprozentigen Capsaicin-Lösung gefüttert», berichtete Mason. «Jeder Mensch wäre tot umgefallen, aber die Vögel haben das Zeug geschlürft, ohne auch nur mit einer Feder zu zucken.»

Ich erzählte Mason, daß ich in dem 1874 von A. Hume verfaßten Bericht «The Islands of the Bay of Bengal» von einer Taubenart gelesen hatte, die auf den Inseln Andaman und Nicobar lebt und sich ausschließlich von dem kleinen, extrem scharfen Vogelaugen-Chili ernährt, den es auf den Inseln im Überfluß gibt. Die Menschen auf den Inseln glauben, die Vögel würden die scharfen Schoten vor allem deshalb essen, damit ihr Fleisch für Raubtiere ungenießbar wird. Hume schrieb jedoch, der Ornithologe, der sich mit den Tauben beschäftigte, habe mehrere Vögel verzehrt, aber «nicht eine Spur von Schärfe» feststellen können.

«Eine interessante Geschichte», sagte Mason. «Wir versuchen nämlich gerade, Hühner mit Chili und anderen Gewürzen zu füttern, um vorgewürztes Geflügelfleisch auf den Markt bringen zu können.»

Das Bemerkenswerte am Chili ist, daß selbst Tiere, die sich eigentlich abgestoßen fühlen sollen, nicht widerstehen können, wenn sie erst einmal die angenehme Kehrseite der feurigen Schärfe kennengelernt haben. Offenbar bedarf es nur der menschlichen Vermittlung. So haben sich zum Beispiel die Ziegen, Hunde und Hühner in der mexikanischen Provinz Yukatan den Verzehr scharfer Schoten bei den Menschen abgeguckt und inzwischen selbst eine ausgesprochene Vorliebe für den Habanero entwickelt, obwohl dieser Chili so scharf ist. In Yukatan sieht man deshalb häufig Habaneropflanzen in Blumentöpfen von Hauswänden oder Decken hängen, weil sie so dem Zugriff unerwünschter Mitesser entzogen sind. In Indien verzehren Katzen, Hunde und sogar Kühe mit großem Vergnügen scharfe Schoten, und ich habe häufig beobachtet, was für ein trauriges Gesicht sie machen, wenn man ihnen einfachen Reis und ungewürzte Essensreste vorsetzt.

In einem von dem Psychologen Paul Rozin begleiteten Experiment bekamen Schimpansen identisch aussehende scharfe und einfache Cracker. Anfangs bevorzugten sie die einfachen Cracker, doch nach einigen Wochen probierten sie auch von den scharfen und entwickelten allmählich eine große Vorliebe für den Chiligeschmack. Aus diesem Grund zweifele ich auch daran, daß Mason mit seinem präparierten Vogelsamen langfristiger Erfolg beschieden ist. Früher oder später werden die Eichhörnchen merken, daß die Vögel die glasierten Körner mit Genuß verzehren; sie werden mutiger werden und schließlich selbst in den Kreis der Chili-Anhänger aufrücken. Vielleicht besteht die einzige

Möglichkeit, sie vom Vogelfutter fernzuhalten, darin, sie erst süchtig zu machen und dann wieder zu normalem Vogelfutter überzugehen. Ich glaube, die Eichhörnchen würden sich enttäuscht zurückziehen und die faden Körner großzügig den Vögeln überlassen!

Ähnlich wie die Tiere lassen sich auch Menschen allmählich an den Genuß scharfen Chilis heranführen. Mexiko ist ein gutes Beispiel für dieses Phänomen. Der Chili wird dort, anders als etwa in Indien, meist nicht mitgegart, sondern als Beilage serviert, und zwar meist in Form einer Salsa. Die Kinder können wählen, ob sie ihre Mahlzeit mit oder ohne Salsa essen. Aber sie sehen Tag für Tag, wie die Erwachsenen ihr Essen damit würzen, und früher oder später kommen auch sie auf den Geschmack. Am Ende haben sie nicht nur eine gewisse Vorliebe für den Chili entwickelt – sie können sich auch nicht mehr vorstellen, jemals freiwillig auf ihn zu verzichten.

Daß sich auch Uneingeweihte bekehren lassen, werden alle im Westen lebenden Chilifans mit großer Erleichterung aufnehmen. Oft genug ziehen sie in Gesellschaft von Essern, die sich bisher nicht mit Chili haben anfreunden können, erstaunte Blicke auf sich. Umgekehrt nehmen sie mit ungläubigem Staunen zur Kenntnis, daß es tatsächlich Menschen gibt, die noch nie einen Chili gesehen haben. So ging es mir zum Beispiel mit meinem Freund Bill, der als Anwalt in Detroit lebt und arbeitet. Als wir uns kennenlernten, nahm er einen frischen Chili von dem Teller, der auf dem Eßtisch stand, und biß beherzt hinein. Sekunden später drehte er sich mit rotem, schmerzverzerrtem Gesicht zu mir um und fragte entsetzt: «Was ist denn mit diesen Erbsenschoten los?» Doch wie überzeugt ein echter Chilifan seine Freunde davon, auch ein thailändisches oder vietnamesisches Restaurant in Erwägung zu ziehen, wenn es darum geht, gemeinsam essen zu gehen? Und wie verhält er sich am besten, wenn er andere zu sich nach Hause zum Essen eingeladen hat?

Ratlos steht er in der Küche, rührt in seinen Pfannen und Töpfen und fragt sich bang, ob seine Gäste sich auch amüsieren werden. Er wagt einen kurzen Blick ins Wohnzimmer und sieht seine Gäste, wie sie höflich plaudern, ihre halbgeleerten Gläser in den Händen balancieren und auf die vorsichtshalber als italienisches Essen angekündigte Mahlzeit warten.

Den Gästen ist nicht bewußt, daß ihr Gastgeber längst dem Reiz der Schärfe verfallen ist und jedes Rezept, das ihm in die Quere kommt, mit diesem oder jenem Chili traktiert. Der Habanero hüpft wie von selbst in die Pfanne, in denen Pilze oder Tintenfischringe schmurgeln, der vorwitzige kleine Piquín klettert von ganz allein aus seinem luftdichten Glas und setzt zum Kopfsprung in die Pastasauce an, und der anschmiegsame Serrano legt sich fast automatisch zwischen die Tomaten- und Mozzarellascheiben. Aber es kann sehr gut sein, daß die von allen drei ausgehende Schärfe nicht jedermanns Vorstellung von einem guten italienischen Essen entspricht und auch ein Hinweis auf die pikante süditalienische Küche nicht die erwünschte Nachsicht bewirkt.

Sind die Gäste gegangen, begutachtet der Gastgeber aufmerksam das schmutzige Geschirr in der Küche, um den Erfolg des Abends abzuschätzen. Die Teller sind voll von Resten, die eifrig hin- und hergewendet wurden, um den Eindruck zu erwecken, es habe geschmeckt. Doch der Gastgeber weiß es besser. Sein eigener Magen ist zufrieden, aber es tut ihm um seine Gäste leid. Was kann er tun, um ähnliche Erfahrungen in Zukunft zu vermeiden? Schließlich kann er sich seine Freunde nicht nur in der Chili-Fangemeinde suchen. Um gute Freundschaften zu pflegen, bedarf es des Feingefühls, und im Fall unseres Chilifans heißt das, daß er die Rolle eines Vermittlers einnehmen muß.

Missionarischer Eifer hat bisher noch selten gewirkt, und es hat auch wenig Zweck, die eigene Begeisterung für den

Chili gleich beim ersten Mal mit Hilfe möglichst hoher Sco-ville-Grade hinauszuposaunen. Die meisten Chilineulinge sind diesem Ansturm nicht gewachsen und können die Vor-stellung, eine ähnlich feurige Begegnung noch einmal zu er-leben, kaum ertragen. (Allerdings scheint es auch in dieser Hinsicht Ausnahmen zu geben. Mein Freund Bill aus Detroit hat anfangs schrecklich geflucht und geschworen, niemals wieder eine scharfe «Erbsenschote» anzufassen. Zwei Jahre später wollte er am Telefon von mir wissen, wie er frischen Chili für den Winter aufbewahren könne. Er und seine Frau hatten den ganzen Garten mit Chili bepflanzt!) Ich halte mich meist an die mexikanische Strategie, biete scharfen Chili als Beilage oder in einer Extraschüssel an und überlasse es ihm selbst, meine Gäste zu verführen. Ist der Chili Be-standteil des Hauptgerichts, bereite ich meine Gäste mit di-versen Geschichten über die geheimnisvollen und vorteil-haften Eigenschaften des Chilis auf die Begegnung vor und appelliere an ihre Toleranz und Aufgeschlossenheit: «Man muß nur bereit sein für die neue Erfahrung...»

Bei einer entsprechenden Bereitschaft wirkt dieser Initia-tionsritus Wunder. Im Grunde ist die gleiche Geisteshaltung nötig, die von Gläubigen empfohlen wird, wenn es um die göttliche Offenbarung geht. Und in vielen Fällen führt die auf diese Weise sorgfältig vorbereitete Begegnung mit dem Chili tatsächlich zu einem Glaubenssprung. Sicher, der erste Biß ruft Schwitzen, Schniefen und andere Unannehmlich-keiten hervor. Doch der Ausdauernde wird durch ein herr-liches Gefühl der Wärme belohnt – kein Brennen, sondern ein sanftes Glühen –, das sich allmählich im ganzen Körper ausbreitet. Diese neu gewonnene Energie verleiht dem Essen völlig neue Konturen und steigert den Genuß bei jedem ein-zelnen Bissen. Speichel strömt aus den Tiefen der Mund-höhle und läßt das Essen beschwingt und unbeschwert die Kehle hinunterrutschen. Und während der sinnliche Auf-ruhr im Mund allmählich nachläßt, läßt er eine Leere zu-rück, die nach neuen Reizen verlangt. Der Mund – oder ist es das Gehirn? – verzehrt sich nach einer Wiederholung des Ganzen, verführt uns dazu, ein zweites Mal in den Chili zu beißen. Und die Gewißheit, daß die feurige Frucht uns kein Loch in die Zunge brennt, sondern statt dessen unseren Mut mit herrlich besänftigenden Gefühlen belohnen wird, läßt uns diesmal noch herzhafter zubeißen. Irgendwann geraten wir dann tatsächlich in eine gewisse Euphorie, eine milde Trance, hinter der die Wissenschaft den Endorphin-Effekt vermutet, und was uns einmal abstoßend erschien, wird nun zum Gegenstand unserer Sehnsucht. Es kommt, wie der Psychologe Paul Rozin es nennt, zu einem Moment der «hedonistischen Verschiebung».

Einmal auf den Geschmack gekommen, versucht der Chili-Esser unbewußt, den angenehmen Rauschzustand immer wieder aufs neue herbeizuführen. Ich sprach darüber mit Andrew Weil, dem Experten für psychedelische Pflanzen. Er sagte, das Geheimnis der zunehmenden Schärfetoleranz liege in der «Gewißheit, daß sich der Rausch in Form einer Welle aufbaut, einen schaumgekrönten Gipfel erreicht und dann wieder verebbt, ohne den Körper in irgendeiner Weise zu schädigen.» Auf dieser Welle reite der Chili-Esser, getragen von Schmerzempfinden und Endorphin, bis er wohlbehalten an den seichten Strand gelange. «Viele von ihnen entwickeln das ‹Zungensurfen› zu einer wahren Kunst.»

Das gelegentlich vorgebrachte Argument, regelmäßige Chili-Esser könnten deshalb immer schärfere Schoten essen, weil das Capsaicin ihren Mund unempfindlich macht und die Geschmacksknospen schädigt, entbehrt jedenfalls jeder beweisbaren Grundlage. Außerdem würde eine solche Unempfindlichkeit genau den Grund ausschalten, der die Chilifans zu immer neuen Schärfe-Eskapaden treibt: Das Gehirn hätte keinen Grund mehr, Endorphin auszuschütten. Nein, durch den regelmäßigen Chili-Verzehr wird nur die Toleranzschwelle erhöht.

Jenseits aller psychologischen, medizinischen und surftechnischen Theorien hat die große Verbreitung des Chilis mit den Ernährungsprinzipien bestimmter Kulturen zu tun. In der indischen und chinesischen Küche wird das Gleichgewicht von Kalt und Heiß betont – Chili ist heiß, Joghurt und andere Milchprodukte sind kalt –, eine Vorstellung, die ihre Wurzeln in den medizinischen Praktiken dieser Kulturen hat. Merkwürdigerweise gibt es jedoch auch in den Ländern, in deren Küche der Chili eine große Rolle spielt, große Regionen, in denen man sich nicht sehr viel aus seiner Schärfe macht. So wird in China beispielsweise nur in den Provinzen Tsetschuan und Hunan ausgesprochen scharf gegessen. Eine mögliche Erklärung ist, daß diese durch die berühmte Seidenstraße mit anderen Ländern verbundenen Provinzen früher Seide gegen scharfen Chili und andere Gewürze aus Indien eingetauscht haben. Rätselhaft bleibt aber auch, warum der Chili in großen Teilen Europas weitgehend ignoriert wird, obgleich er auf seiner Reise aus der Neuen Welt zuallererst nach Europa kam; nur Ungarn hat sich der Frucht mit Begeisterung angenommen. Große Unterschiede gibt es auch in den Ländern Süd- und Mittelamerikas. In Honduras zum Beispiel hält man nicht viel vom Chili, im Nachbarland Guatemala dagegen wird um den Jalapeño viel Aufhebens gemacht. Günstige beziehungsweise ungünstige Klimazonen für den Chili-Anbau mögen erklären, warum sich manche Gegenden der Welt nur langsam mit den scharfen Früchten anfreunden konnten. Andererseits begaben sich die Europäer auf waghalsige Seefahrten, um den schwarzen Pfeffer aus Indien zu beschaffen. Und heute brauchen sie nur noch in den ausländischen Lebensmittelladen um die Ecke zu gehen, um sich scharfen Chili zu besorgen.

Dennoch, ein Viertel der Weltbevölkerung schwört auf den Chili, und viele Menschen sind sogar süchtig nach ihm – für eine so rachsüchtige Frucht, die jeden, der ihr an den Kragen will, zurückbeißt, ist das ganz bestimmt eine beachtliche

Anhängerschaft. Schon der englische Historiker Edward Gibbon war verblüfft, daß die Römer an einem Geschmack Gefallen fanden, den er selbst als grauenhaft bezeichnete: dem des schwarzen Pfeffers. Die Beeren der in Indien beheimateten Pflanzen wurden zerdrückt, um Fleisch zu würzen und zu konservieren, ja, die Römer vermischten sie sogar mit Tokaierwein, um daraus Liebestränke zu brauen. «Der Pfeffer hat nichts vorzuweisen, was für eine Empfehlung seiner Früchte herhalten könnte, seine einzige Qualität besteht in einer gewissen Schärfe, und doch holen wir ihn ganz allein aus diesem Grund den ganzen weiten Weg von Indien! Wer ist eigentlich als erster darauf verfallen, uns weiszumachen, daß er eßbar ist?» schrieb Gibbon im 18. Jahrhundert über den schwarzen Pfeffer.

Später sollte man dem sehr viel schärferen «indianischen Pfeffer» mit ähnlichem Spott begegnen. Der deutsche Reisende August Elbrich beschrieb die aus Fleisch und scharfem Paprika zubereitete Mahlzeit, die er am Ufer der Donau einnahm, als «gleißende Höllenglut». (Damals hatten die Ungarn ihrem Paprika noch nicht die Schärfe entzogen.) Ein englischer Reisender, den ein herzhafter Biß in einen scharfen Chili in Südamerika angeblich vorübergehend gelähmt hatte, beschrieb ihn als «Geißel Luzifers». Und auch heute noch wird das Bild eines flammenden Infernos beschworen, wenn jemand sich am Chili die Lippen verbrennt. «Feueralarm!» sagen die Leute und greifen nach einem Wasserglas. Der Chili wird stechend, brennend, beißend, ätzend genannt. Vielleicht ist es an der Zeit, daß wir die Schärfe des Chilis in die Reihe anerkannter Geschmacksempfindungen aufnehmen, wie es ein 1987 veröffentlichter Forschungsbericht über den menschlichen Geschmackssinn aus Mysore, Indien, nahelegt. Süß, sauer, salzig und bitter gelten der Wissenschaft als die vier «Grundqualitäten des Geschmacks». Wie wäre es, noch eine fünfte für die scharfen Sachen hinzuzufügen – eine, die beschreibt, was uns den Mund wäßrig macht?

Danksagung

Am Zustandekommen meiner Geschichte über den Chili waren zahlreiche Menschen beteiligt, deren Namen nicht auf den Seiten dieses Buches erscheinen. Holly Neumann, Schriftstellerin und entschiedene Chili-Enthusiastin, las mit unermüdlichem Einsatz das Manuskript und gab mir zahllose wertvolle Anregungen. Martha Hernández Puga übersetzte die spanischen Texte; außerdem führte sie mich durch Yukatan und ebnete auf diese Weise den Weg für meine beeindruckende Begegnung mit dem schärfsten Chili. Zahllose andere Freundinnen und Feunde steuerten Anekdoten zum Thema Chili bei, lenkten meine Aufmerksamkeit auf exotische Begebenheiten, brachten mir Chili aus Ladakh, Belize oder aus der Wüste Arizonas mit, schenkten mir Chilisaucen aus Jamaika, Marokko und Hawaii, ließen sich von mir bei ihren Eßgewohnheiten beobachten oder ertrugen geduldig mein ständiges Gerede über Chili. Mein Dank gilt ihnen allen: Dolly Barnes, John Bussey, Chuck Caulkins, Bill Cox III., Laraine Fletcher, Randall Fruehauf, Melinda Guiles, P. J. Johnson, Josefina Howard, James Marlas, Marta Martino, Abha Mehta, Jim Mehta, Peter Merner, Marie Nugent-Head, Vasil und Gina Pappas, Helen Runnells, Allen Scheuch, William und Kathy Schaefer, Richard Schweid, Fatima Shanaz, Joan Siefert und Sarah Thurber. Außerdem danke ich Jean Andrews, der texanischen Künstlerin und Autorin des wissenschaftlichen Buches über den Chili, die mir stets bereitwillig geholfen hat.

Register

Bruce Chatwin
In Patagonien *Reise in ein fernes Land*
(rororo 12836)
Bruce Chatwin hat auf einer langen Reise dieses malerisch schöne, wilde Land am Ende der Welt erkundet.

Jimmy Burns
Jenseits des silbernen Flusses
Begegnungen in Südamerika
(rororo12643)
Fünf Jahre lang lebte Jimmy Burns in Buenos Aires und bereiste Argentinien, Brasilien, Peru, Ecuador, Bolivien und Chile.
Burns war 1988 Preisträger des Somerset Maugham-Award.

Amos Elon
Jerusalem *Innenansichten einer Spiegelstadt*
(rororo 12652)

Eddy L. Harris
Mississippi Solo *Mit dem Kanu von Minnesota nach New Orleans*
(rororo 12646)

Katie Kickman
Im Tal des Zauberers *Innenansichten aus Bhutan*
(rororo 12651)
Es gibt nur noch wenige Gegenden auf der Erde, die Geheimnisse geblieben sind, und eine davon ist Bhutan. Als eine der ersten Europäerinnen gelang es Katie Hickman, das Land im Himalaya und das wilde Bergvolk der Bragpas zu besuchen.

Ursula von Kardorff
Adieu Paris *Streifzüge durch die Stadt der Bohème*
(rororo 13159)

Bruce Chatwin
In Patagonien
Reise in fernes Land

John Krich
Wo, bitte, liegt Nirwana? *Eine Reise durch Asien*
(rororo 12642)

John David Morley
Grammatik des Lächelns
Japanische Innenansichten
(rororo 12641)

Charles Nicholl
Treffpunkt Café «Fruchtpalast»
Erlebnisse in Kolumbien
(rororo 12582)
«Eines der spannendsten Reisebücher überhaupt – und brillant geschrieben!» *New York Times*
Im Goldenen Dreieck *Eine Reise in Thailand und Burma*
(rororo 13173)

Stuart Stevens
Spuren im heißen Sand
Abenteuer in Afrika
(rororo 12647)

Theodore Zeldin
«Ich liebe das Leben, und das Leben liebt mich» *Was es heißt, Franzose zu sein*
(rororo 12644)

Bücher für jeden Geschmack und viele Gelegenheiten. Zum Geburtstag oder als kleine Aufmerksamkeit zwischendurch. Für Urlaub, Freizeit und lange Lese–Nächte.

Lesebuch der Freunschaft
(rororo 13100)
«Ein Freund ist ein Mensch, vor dem man laut denken kann.»
R. W. Emerson

Lesebuch der Liebe
(rororo 13102)
In diesem Band spiegeln sich die vielen Facetten der Liebe wider – vom ersten spielerischen Verliebtsein bis zu den Herausforderungen der großen Liebe.

Lesebuch des schönen Schauders
(rororo 43050)

Lesebuch «Gute Besserung!»
(rororo 13103)

Lesebuch Perlen der Lust
(rotfuchs 13104)

Lesebuch für Katzenfreunde
(rororo 13101)
Nicht nur humorvolle oder spannende Geschichten von Katzen–Freunden für Katzenfreunde, in denen die Spezies Mensch nicht selten entlarvt wird.

Thriller Lesebuch
(rororo43051)

Lesebuch der «Neuen Frau»
Araberinnen über sich selbst
(rororo 13106)

Rotfuchs–Lesebuch Kinder, Kater & Co.
(rororo 20642)

Schmunzel Lesebuch
(rororo 13105)
In sieben Kapiteln werden hier Texte von mehr als 35 berühmten Autoren präsentiert – von «Klassikern» wie Kurt Tucholsky, James Thurber, Karel Capek, Alfred Polgar und Frank Wedekind ebenso wie von modernen Autoren à la Robert Gernhardt, Richard Rogler, James Herriot und Wolfgang Körner.

Roald Dahl
Roald Dahl's Buch der Schauergeschichten
(rororo 12629)
Die Zimmertemperatur sinkt?
Nach Meinung des Experten
Harry Price («Spukhäuser in
England») ist das ein sicheres
Anzeichen dafür, daß ein
Gespenst im Raum ist. - Wer
aber könnte ein besserer
Führer durch die schaurige
Welt der Geister sein als
Roald Dahl, dessen literarische «Wechselbäder zwischen
Gruseln und Schmunzeln»
(Hessischer Rundfunk) bereits
Millionen Lesern wohlige
Schauer über den Rücken
laufen ließen?

John Collier
Mitternachtsblaue Geschichten
(rororo 1559)
Diese fünfzehn merkwürdigen
Geschichten sind Glanzstücke
durchtriebenen Einfallsreichtums, funkelnden Witzes
und teuflischer Pointen.
«Mit den mitternachtsblauen
Geschichten versüßt Collier
die Lesestunden im fahlen
Schein der Nachttischlampe...
Zwischen Henry Slezar und
Roald Dahl hat auch John
Collier mit seinen
doppelbödigen Geschichten
einen festen Platz im Bücherregal.»
Berliner Morgenpost

Denk nichts Böses *Dreizehn
neue mitternachtsblaue
Geschichten*
(rororo 5751)
«Es gehört zu Colliers Talent,
den Leser am Schluß seiner
unterhaltsamen Kurzgeschichten jedesmal zu verblüffen.»
Hessische Allgemeine

Harry Kressing
Der Koch *Roman*
(rororo 12300)
Wer Kochrezepte sucht, der
wird sie in diesem Buch nicht
finden. Was jene Gestalt, die
sich in dem Städtchen Cobb
als Koch verdingt, unter den
Mitgliedern zweier Familien
mit ihren Künsten anrichtet,
das darf mit Fug als Satanswerk bezeichnet werden.
Dabei beginnt alles ganz
harmlos...
«Ein Musterstück schwarzer
Unterhaltung!»
Die Zeit